Ernst Borkowsky

Das alte Jena und seine Universität

Verlag
der
Wissenschaften

Ernst Borkowsky

Das alte Jena und seine Universität

ISBN/EAN: 9783957008817

Auflage: 1

Erscheinungsjahr: 2016

Erscheinungsort: Norderstedt, Deutschland

Hergestellt in Europa, USA, Kanada, Australien, Japan
Verlag der Wissenschaften in Hansebooks GmbH, Norderstedt

Johann Friedrich der Großmütige
Begründer der Jenaer Universität

Wo bequeme Furten durch den Fluß setzen, wo ein Nebenfluß sich mit ihm eint oder wo ein umsichtiger Vorsprung aus dem Muschelkalk= und Buntsandsteinufer heraustritt, erheben sie sich und flechten sich mit meist deutschen Namen in das Gewirr slawischer Ortsbezeichnungen ein / Saalfeld, Rudolstadt, Orlamünde, Leuchtenburg, Kahla, Dornburg, Camburg, Saaleck, Rudelsburg, Altenburg, Naumburg, Schönburg, Weißenfels, Merseburg und so immer weiter Burg an Burg, die links= saalischen den rechtssaalischen um etwa ein Jahrhundert voraus.

Auch Jena gehört in diese Reihe.

Alt genug ist der Ort, der sich am Einfluß der Leutra in die Saale zwischen ausdrucksvoll geformten Kalkbergen hinlegt. Jani / so wird er 830 urkundlich zum ersten Male genannt. Man deutet den Namen, der von typischer Art ist und sich in der Landschaft wiederholt, deutsch als Bezeichnung eines umgrenzten Bezirkes. Er spricht dafür, daß die Siedlung deutsches Werk war. Und bald erhoben sich diese neuen Volks= elemente herrenhaft und anmaßlich und drängten die beschaulichen sor= bischen Fischer und Bienenzüchter ringsum zur Seite.

Eine schützende Burg bauten die Deutschen auf der Höhe im Nord= westen der heutigen Altstadt, wo jetzt die Johanniskirche mit ihren früh= romanischen Reminiszenzen liegt. Sie ist freilich ganz geschwunden. Und der Urkundenvorrat der ersten Jahrhunderte liefert uns nur spär= lichen Stoff. Erst von der Mitte des dreizehnten Jahrhunderts an findet der Versuch, eine geschichtliche Entwicklung Jenas aufzubauen, in den reichlich anschwellenden Notizen ein sicheres Fundament. Aber diese reden hinwiederum nichts, was nicht auch allen anderen deutschen Sitzen rings= um gemeinsam wäre. Um das Jahr 1250 wuchs die Siedelung zu einem Ort heran, der von seinen Grundherren mit städtischem Recht begabt ward und dessen Bürgerfleiß wehrhafte Ringmauern und Gräben schützten. Seitdem büßte die Burg ihren Zweck ein und mochte verfallen.

Und doch erschloß sich die Zukunft Jenas wenig verheißungsvoll. Kein Bischofssitz oder Fürstenhof gab dem Aufwärtsstreben Rückhalt und Nachdruck. Ihre militärische Bedeutung nahmen der Stadt gemäß der mittelalterlichen Kriegsweise die Burgen edler Geschlechter weg, mit denen sie umstellt war, die Leuchtenburg, die Gleißburg oder Kunitzburg und vor allem der Kirchberg, der seit 937 erwähnt wird. Mit seinen zwei Nachbarburgen, dem Greifberg und dem Windberg, schützte er den Saaleübergang und die thüringisch=meißnische Handelsstraße von Wei=

1*

mar nach Gera. Nur der Fuchsturm blieb bis heute übrig, seit die Erfurter einst am Anfang des vierzehnten Jahrhunderts die drei Burgen gebrochen hatten.

Die Kaufmannsstraße gab der Stadt einige Bedeutung, aber diese mußte sich darin mit anderen Nachbarn teilen. Der Handel konnte nicht recht an der Größe Jenas weiterbauen, denn es fehlte hier ein mit natürlichen Vorzügen begabtes Handelsgebiet. Dazu war die Saale in ihrem oberen und mittleren Laufe keine Lastenträgerin, und auch ihre Ufer machten hier die Kaufmannsreisen nicht bequem. Selbst als später der Frankenweg gangbar wurde, der von Nürnberg kam, nach Naumburg weiterführte und sich bei diesem viel günstiger bedachten Emporium mit der alten Frankfurt-Leipziger Straße verband, wählten doch die süddeutschen Handelsleute, wenn Leipzig ihr Ziel war, immer noch lieber die kürzere Route über den Frankenwaldpaß bei Hof und weiter über Plauen, Zwickau, Altenburg.

Also dies Jena / ein Städtlein ohne ein besonderes Erlebnis, ohne einen scharf geprägten Zweck, ohne die hervorgekehrte Eigenart einer bürgerlichen Erwerbsrichtung.

Die Bevölkerung blieb halb ländlich. Getreide und Raps gediehen, wenn auch nicht mit der lachenden Fülle goldener Auen oder mit dem Gewinn rationeller mönchischer Landwirtschaft. Ringsum in Thüringen sah man schon im dreizehnten Jahrhundert auf den Feldern überall die blaugrünen Blattkronen der Waidpflanze, deren gutbezahlten blauen Farbstoff man auf den Märkten zu Erfurt und Naumburg viel begehrte. Aber in den Urkunden Jenas wird der Waidbau kaum erwähnt. Immerhin bot die Flur ein anderes Bild als heute. Spelt, Hirse und Flachs wechselten noch vielfach mit den Kornfeldern. Wildreicher, dichter Wald lagerte in der Ferne, und die kleinen Rinnsale eilten mit lebendigerer Kraft und mühlentreibend dem Tale zu. An den sonnigen Abhängen der kahlen Höhen zogen sich Weinberge über Weinberge. Ihre Bezeichnungen kehren in dem alten Urkundenbuche der Stadt immer wieder. Bei Winzerla, Klosewitz, Cospeda, Wöllnitz, im Mühltal und am Jenzig, Hirseberg, Mönchberg, Hausberg liegen die besten Rebgärten mit wohl achtzig verschiedenen Namen. Merkwürdige Bezeichnungen sind darunter / die Tasche, der Spiegel, der Schüttedarm, das Uhlengeschrei, der Sunnenbütel. In der Stadt waren unter den Häusern geräumige, kühle Weinkeller, zumal in der Jenergasse und „auf dem sogenannten

4

Schluckein hinter dem Schulgebäude". Der größte war der Fürstenkeller, so groß, daß man mit Wagen in ihn hineinfahren und darin
wenden konnte.

In der mehr gelehrten als kritischen Zeit des sechzehnten Jahrhunderts
wollte Professor Stigel der Stadt einen jüdischen Ursprung zuschreiben,
indem er den Namen Jena von dem hebräischen Worte Jayn, d. h.
Wein, herleitete. Und er machte den Vers dazu:

HINC PLACET HEBRAEO NOBIS HANC NOMINE DICI,
ET VETUS A IAYN NOMEN IENA TENET.

Vier Magnetsteine hat die Stadt, sagte der von ihrem Ruhme sehr
eingenommene Historiograph Beier, „daraus sie ihren Not- und Nähr-,
ja ihren Zehr- und Ehrpfennig lösen kann, als Wein, Meerrettich, Nüsse
und Zwetschen".

Das große Stadtsiegel, das den Drachentöter Michael zeigte, war von
Weinstöcken eingerahmt, und das kleinere wies kurzweg eine Traube
auf. Auch auf den Brakteaten war dies Merkzeichen geprägt. Das
spricht für die Bewertung des Weinbaues, und wir lesen auch, daß der
jenenser Trank auf Frachten bis Weimar und Leipzig und Meißen und
Dresden geführt wurde. Indes ein verwöhnterer Geschmack hat ihn
immer nur mit gutmütiger Ironie geschlürft. „In Jena preßt man
Trauben aus und denkt, es würde Wein daraus" singt ein altes Studentenlied. Luther meinte trocken: Jene, ubi acetum crescit; und der Großherzog Kosimo III. von Florenz, der 1668 hier weilte, spottete, er finde
die Gegend der um Florenz sehr ähnlich, wenn man sich statt der schlichten Weinbergshäuschen florentinische Villen denke; und eins sei ganz
besonders hier bemerkenswert, nämlich daß der Essig sogleich in Trauben an den Stöcken wachse .... Die Kriegsgänge, die gefährliche Konkurrenz gesegneterer Weinländer, die zunehmende Bewertung des Ge-
treidebaus und schließlich verheerende Rebkrankheiten, das alles hat
einem einst lohnenden Gewerbe vom sechzehnten Jahrhundert an den
langsamen Tod gebracht. Schon im Jahre 1558 klagte der Rat bitter
über den Rückgang des Weinbaus; aber noch 1772 sah Beier auf dem
Wege nach Lichtenhain keinen einzigen Acker, sondern eitel Weinwachs,
und die Zeichner setzten noch lange auf ihren Stichen die Stadt mitten
in die Rebenhügel hinein.

Wo ein Gemeinwesen der soliden Wohlhabenheit und des damit

verbundenen Selbstgefühles ermangeln muß, fehlt auch dem Trachten nach bürgerlicher Autonomie und politischer Geltung der kraftvolle Zug.

Jena bedeutet da, wo es zuerst von sich reden macht, ein willkürlich hin und her geworfenes Erbobjekt.

Von den Orlamünder Grafen war es 1140 an die edlen Grafen von Lobdeburg gekommen. Sie spalteten sich zur Zeit, da die Stadt ein historisches Wesen wurde, in vier oder fünf Linien, deren drei / die Leuchtenburger, Elsterberger und Arnshaugker / sich den Besitz Jenas stückweise wie einen Apfel teilten. Eine enge Verschwägerung mit den Arnshaugkern gab dann dem Landgrafen von Thüringen, Friedrich mit der gebissenen Wange, aus dem Hause Wettin, Gelegenheit, in die verworrenen Besitzverhältnisse seine Hand hineinzustecken und durch kluge, vielleicht auch gewaltsame Politik die Stadt ratenweise seinem Hause zuzuwenden. Unter seinem Nachfolger wurde sie 1332 ganz und gar landgräflich. Diese territoriale Verschiebung hatte für Jena die merkwürdige Folge, daß es von seiner Zusammengehörigkeit mit dem alten Herzogtum Franken losgelöst wurde und in den Bestand Sachsens überging, auch statt des fränkischen Land und Lehensrechtes nun das sächsische empfing. Die wettinische Erbteilung 1485 wies die Stadt zunächst den Albertinern zu, aber nach wenigen Wochen schon gab eine nachträgliche Grenzregulierung sie an die Ernestiner. Bei ihnen ist sie geblieben immerdar in Freud und Leid.

Zur Zeit, da Jena landgräflich wurde, errang es seine kommunale Selbständigkeit. Wie in anderen Gemeinwesen sehen wir auch hier nur das Schlußstadium des Entwicklungsprozesses. Mit dem Augenblick, da wir von einem Rat der Stadt hören, ist er auch schon völlig organisiert. Zwei auf ein Jahr gewählte Bürgermeister führen das Regiment mit dreißig Ratskompanen. Diese aber gliedern sich in drei Gruppen. Nur ein Drittel ist jährlich im Amte; das ist der „regierende Rat". Nach Ablauf ihres Amtsjahres treten diese zehn in den „sitzenden Rat", ein Jahr darauf in den „Rat der Ältesten". Darauf darf der Turnus von neuem beginnen. Um das Jahr 1400 erregte die willkürliche Herrschaft der Ratscliquen eine Opposition der Handwerkerinnungen, denen es gelang, sich den Zugang zum Ratsstuhl zu erkämpfen. 1429 erwarb die Stadt die oberste Gerichtsbarkeit vom Landesherrn und den Zoll. Auch das Münzprivilegium besaß sie. Noch heute sind Prägestempel und

Brakteaten jenaischer Münze aus dem vierzehnten und fünfzehnten Jahr=
hundert erhalten; sie zeigen eine, dann zwei Weintrauben.

Wir träumen gerne vom Mittelalter, jener Nacht, die tausend Sterne
erhellen, und alle tragen wir ein Stück der romantischen Zaubermacht
in uns, die Ruinen wieder aufbauen und mit dem bunten Zug des Lebens
erfüllen will. Mit Albrecht Dürers Augen sehen wir ein krauses deutsches
Städtlein, vor dem der heilige Antonius seinen Kreuzesstab in den
Boden stieß, und empfinden es als ein entzückendes Spiel, um diese alten
Zinnenmauern zu wandeln, um die Basteien, die die breiten Streben
stützen, und um die hallenden Tore.... Ein verworrenes Gerage schiebt
sich dahinter, Dächer hoch und spitz, Treppengiebel, Türme mit Erkern
und hölzernen Überbauten.... Eins steigt an dem andern empor, lehnt
sich an, drängt es zur Seite, und alles bleibt doch wieder in Andacht
vor den gewaltigen Kirchenbauten liegen, die sich so heilig=wuchtig auf=
wärts recken.

Am Fuße der alten Burganlage auf dem Heinrichsbühl, von der die
Zeit nichts als einige Stücke der Johanniskirche übrig ließ, lagert sich
die Stadt. In der Aufteilung des Baugrundes offenbart sich trotz aller
scheinbaren Unregelmäßigkeit des Straßengeflechtes ein überlegter Ent=
wurf. Er kehrt in sehr vielen sächsisch=thüringischen Ansiedlungen wieder.
Der Marktplatz mit dem Rathause ist der Mittelpunkt. Die vornehmsten
Häuser, deren gewölbte Erdgeschosse feuersichere Kaufmannshallen wur=
den, umgeben ihn. Neben ihm, aber durch eine Häuserlinie geschieden,
wächst die Kirche auf, in nächster Nähe des Getriebes und doch seinem
Lärm entrückt. Nonnen des Zisterzienserordens haben sie hier gebaut in
unmittelbarem Anschluß an ihr Kloster. In der Reformationszeit, 1525,
ist das Gotteshaus dem Rat der Stadt zugefallen, der sich jedoch schon
vorher dadurch ein Mitbesitzrecht erworben hatte, daß er zu den Kosten
der umständlichen Bauten beisteuerte. Der Turm der Kirche war schon
längst sein Eigentum gewesen.

Vom Kern der alten Siedelung laufen nach den vier Himmelsrich=
tungen die wichtigsten Straßen, die Schloßgasse, die Saalgasse, die
Löbdergasse, die Johannisgasse.

Der Umfang der Stadt ist ein mit der Richtschnur gemessenes Viereck;
ein Graben umgibt es. Hinter ihm stehen die Mauern in einfacher Ver=
teidigungslinie, mit Zinnen bewehrt, hinter denen der hölzerne Wehr=
gang am Zwinger entlang läuft.

Der Mauerbau war ein Regal, und der Bürger durfte nur mit landes=
herrlicher Genehmigung diese Schutzwehr um sein Gemeinwesen ziehen,
die es äußerlich von den dörferlichen Ansiedlungen abhob. Um das Jahr
1350 besitzt Jena einen geschlossenen Mauerring. Bis zum Siege des
Schießpulvers wetteifert dann Generation auf Generation, den kriege=
rischen Ausdruck und die trotzige Miene des Stadtbildes stärker zu be=
tonen. Im Anfang des fünfzehnten Jahrhunderts werden Tore und Türme
und Wälle nach einem neuen Verteidigungssystem umgebaut. Dann
aber rüstet man allmählich ab. Die Widerstandskraft ist den Söldner=
heeren im schmalkaldischen Kriege und im dreißigjährigen Kriege nicht
mehr gewachsen. Im Jahre 1679 baut man zwar die Befestigungen
noch einmal stärker aus, aber sie bewahren doch nur für den kommunalen
Sicherheitsdienst und für die Akzise ihren Wert.

Die Ecken des alten Stadtvierecks sind durch besonders feste Rund=
türme bewehrt; im Nordwesten steht der Pulverturm, im Nordosten der
Schloßturm, im Südosten der Neue Turm, im Südwesten der Turm, der
bis 1860 zur Anatomie benutzt ist. Einige viereckige und halbrunde Türme
unterbrechen den Zug der Mauer, um 200 Schritte voneinander ent=
fernt. Man kann auf alten Plänen im Norden noch zwei, im Osten zwei,
im Süden vier, im Westen einen zählen.

Wo die vier Hauptstraßen die Umwallung erreichen, sind sie durch
kastellartige Toranlagen geschirmt, die zwei durch einen Hofraum ge=
trennte Eingänge haben. Nur das nördliche Tor am Schloß, das Pfört=
chen, darf wegen seiner festen Nachbarschaft an Stärke hinter den an=
deren zurückstehen.

Jenseits des Grabens machen sich den vier Toren gegenüber vier Vor=
städte breit, durch eine eigene Ummauerung und eigene Toreinlässe not=
dürftig verteidigt: die Zwätzener=, die Saale=, die Löbder= und die Jo=
hannisvorstadt. Auch sie sind aus alter Siedelung entstanden und dann
durch das Überquellen der innenstädtischen Bevölkerung belebt.

Der Stadtgraben, dessen Böschungen später gemauert waren, konnte
durch die Lentra unter Wasser gesetzt werden, diente aber im übrigen
als Viehtrift und wurde im achtzehnten Jahrhundert mit nutzbaren
Weidenbäumen bepflanzt. Im Jahre 1664 ließ ihn der Herzog Bern=
hard II. noch einmal tiefer ausstechen / das Volk erzählte sich, weil
man das Herannahen der Türken befürchtete. Am Schlosse wurden im
Graben bei der Zugbrücke wilde Schweine im Gehege zur Hatz gehalten;

Grundriß der berühmten Thüringischen Universitäts-Stadt Jena mit Anzeige ihrer vornehmsten Gebäude In Kupfer gestochen durch M. Zeutter ca. 1750
JOAN FRIED
Stadt Graben
SAALA FLUSS
Jena Städtisches Museum

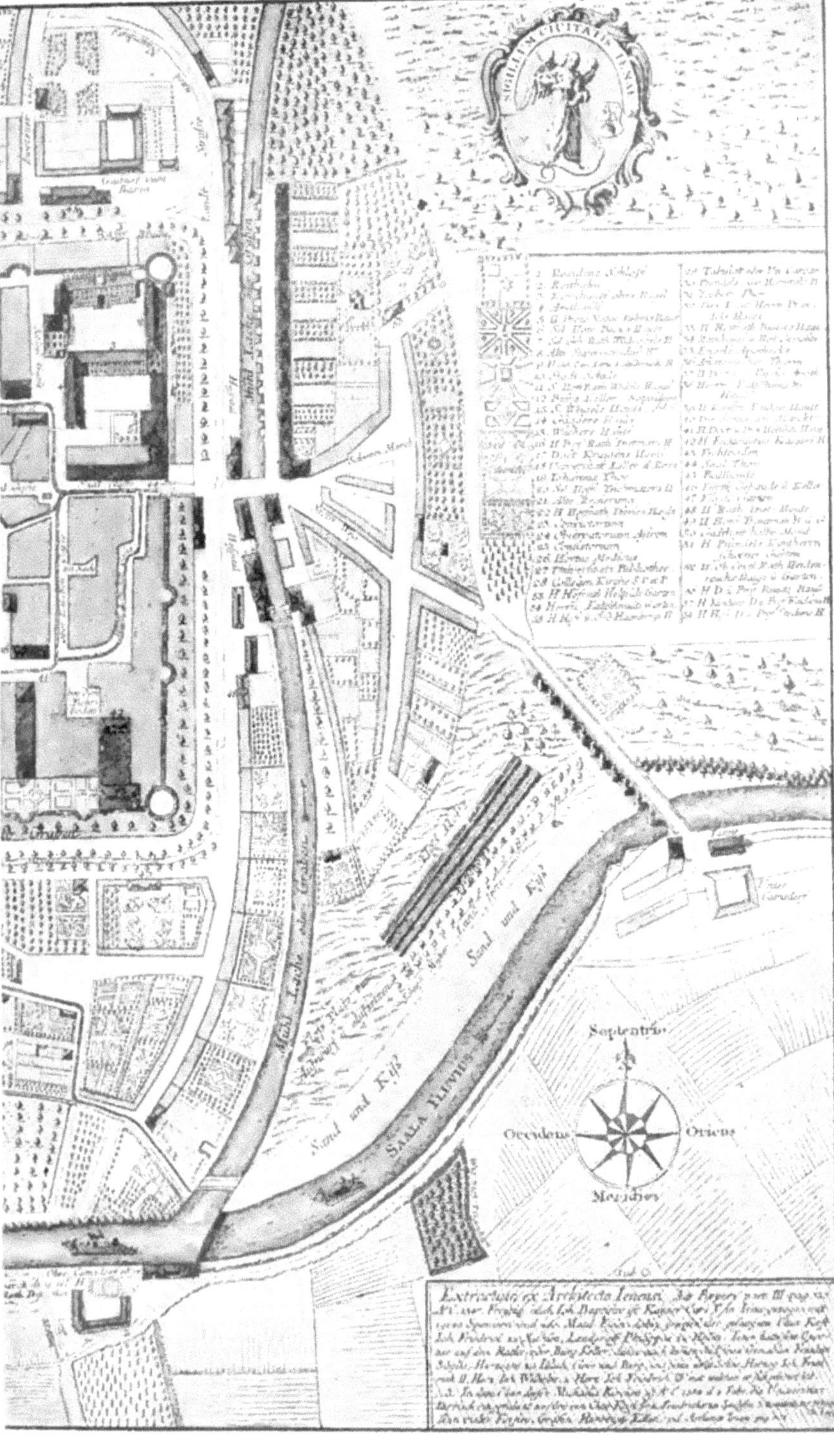

am Pulverturm schoßen die Bürger zwischen den Böschungen mit Arm=
brüsten und Büchsen; und am Johannistor, wo immer Wasser stand,
wuschen die Wäscherinnen ihre Wäsche, mit Hand und Mund gleich
tätig, / „dannenhero wird manches Weibsbild wohl ehemals eine
Klatsche, eine Wasche, eine Trösche genannt". Um den Außenrand des
Grabens liefen schon im achtzehnten Jahrhundert Alleen von Linden=
bäumen und Kastanien, die beliebte Promenade der Bürger. An der
Südwestecke lagen zwei Teiche, aus der Leutra gespeist, und ein dritter
war an der Löbdertorbrücke. Man fischte alljährlich um Ägidien die
Karpfen heraus und verteilte sie unter die Ratsherren und die Geist=
lichkeit.

Die Innenstadt zählte 1675 425 Häuser, 1785 381 und 1850 333,
eine Abnahme, die die Zunahme der Wohlhabenheit ermessen läßt.
Doch immer blieben noch die Wohnungen eng aneinander gepreßt und

Jena im 16.
Jahrhundert
Kpfr. aus:
Braun und
Hogenberg,
Städtebuch
um 1580

Jena
Städtisches
Museum

griffen höher hinauf als sonst in den Städten der Nachbarschaft. Die
Vorstädte insgesamt mochten ehemals eine gleiche Anzahl von Wohn=
stätten wie die eigentliche Stadt aufweisen.

Die älteste Stadtansicht ist ein Stich von der Hand des Weimarer
Konrektors Johannes Mellinger aus dem Jahre 1571. Er ist wertvoll,
und die späteren Zeichner haben ihn ihren Aufnahmen zu Grunde ge=
legt. Er gibt die Stadt von der Camsdorfer Brücke aus, und man sieht
über die Wiesenniederung und über die Häuser des Steinweges dahin
zur Ostseite der Befestigung, die sich mit ihren kegelspitzigen Türmen
stattlich genug ausnimmt. Im Jahre 1650 ist dann Merians Kupfer=
stich datiert, der die Stadt entgegengesetzt von dem alten Burgberge

9

auffaßt, so daß man die Nord= und die Westseite der Umwallung sieht. Das Stadtbild behält nun im wesentlichen seine Physiognomie bis zum neunzehnten Jahrhundert bei.

Verlegen schauen heute die dürftigen Überreste der alten Befestigung zwischen der Aufdringlichkeit ihrer allzulauten Nachbarschaft hervor. Von den Ecktürmen ist der Schloßturm dem neuen Universitätsgebäude gewichen, der Neue Turm hat nur den Fundamentstreifen gerettet, und der Anatomieturm zeigt ein trotziges, von wildem Weingerank über= sponnenes Trümmerstück. Der Pulverturm aber, auch der Keulichte oder Kauliche genannt, ist noch ein guter Zeuge. Er nahm sich am trotzigsten aus und ist noch heute mit seinen halbrund vorspringenden Verteidigungserkern bewehrt und oben mit Zinnen und Bogenfries ge= schmückt. Auf Merians Stich erscheint er höher; eine Grabenausfüllung hat das untere Stück verschüttet.

Die alten Tore hat man abgetragen. Im Jahre 1784 wurde das Pförtchen niedergelegt, und 1819 riß man das Löbdertor ab. Auch Goethe stimmte für diese Verwüstung und hoffte, daß der Abbruch des Tores und die Zuschüttung des Grabens den Anlaß geben möchte, auch die anderen Außenseiten nach diesem Muster zu regulieren. Das Saal= tor fiel erst dem Jahre 1844 zum Opfer. So steht nur noch eins / das Johannistor. Auch dies nicht unbeschädigt, denn das Vordertor ist nicht mehr da, und allein der Turm mit dem Spitzbogendurchgang hat alle Gefahren überdauert. Ein Wahrzeichen war er stets für die jungen Füchse, wenn sie auf der alten Landstraße von Weimar heraufuhren. Den Affenturm nannten ihn die Studenten nach seinen eigentümlich ge= formten Wasserspeiern. Den Erker an der Außenseite mit den gotischen Zieraten hießen sie den Käsekorb; die liederlichen Frauenzimmer saßen dort oben eingesperrt, mehr zum Gaudium als zum Schrecken der Jugend. Die Studenten pflegten die Torwache die Affenwächter zu nennen. Bei einem Renkontre, das darob entstand, erschlugen die Städter 1624 einen Studenten. Ihm hielt der Generalsuperintendent Götze die Leichen= predigt über den Text „Philister über dir!", und schnell hing nun auf allen deutschen Universitäten der Name Philister allen Feinden des jugendlichen Übermutes an.

Wer heute durch das Tor zur Stadt eingeht, den umfängt der matte Hauch des Vergangenen, und entzückt ihn auch in manchem Winkel das Behagliche des architektonischen Ausdrucks und das ungewollt Male=

rische, so muß er doch mit wachem Auge suchen, wenn er redselige
Zeugen der alten Tage finden und mehr sehen will als die septem mi-
racula Jenae.

Andere Städte in der Nachbarschaft lohnen mit reicher bewahrtem
künstlerischen Schmuck.

Das Schloß ist nicht mehr da, wo 1446 Herzog Wilhelm III. seine
Vermählung mit der Tochter Kaiser Albrechts II. feierte; wo Luther
1524 predigte, wo später im siebzehnten Jahrhundert zwei Herzöge von
Sachsen-Jena residierten und wo dann Goethe so oft verweilt hat. Es
war eine Residenz, aus vielen An- und Umbauten zusammengewachsen
und um zwei Höfe gegliedert, ein Durcheinander von hohen Wohn-

häusern und niederen Stallungen, von Schiefer- und Ziegeldächern,
von Gelb und Grau, das wohl des imposanten Zuges entbehrte, aber in
seinen Einzelheiten manchen stillen Reiz bot, besonders wenn man beim
Abendschein über den großen Hof hinübersah zu dem achteckigen Aufbau
des alten Rundturmes. Wir empfinden das noch heute, wenn wir das
Gipsmodell ansehen, das uns allein die Gestalt des Schlosses erhalten
hat. Auf einem Stich, der 1674 bei Christoph Enoch Buchta erschien,
gewahrt man auf dem Dache des großen massiven Schloßbaues, den
Wilhelm III. errichten ließ, eine ganz sonderbare Zierde, die berühmte
Weigelsche Himmelskugel aus Eisenblech, um eine Achse beweglich, mit
den Sternen erster und zweiter Größe geschmückt und von einer Armillar-

sphäre umgeben. Das ungefüge Gestell, das 63 Schuh hoch gewesen sein soll, mußte man wegen seiner gefährlichen Schwere wieder herabnehmen, und dann zierten seit 1718 das Dach zwölf große versilberte Holzstatuen, die ganz im Allegoriengeschmack jener Tage die vier Jahreszeiten, die vier Weltteile und die vier Elemente darstellten.

Am Marktplatz, wo seit der dritten Säkularfeier der Universität das Standbild des Kurfürsten Johann Friedrich steht, klopft der Geist der Vergangenheit am lautesten. Höher und selbstbewußter als sonst in den Straßen schauen hier die Häuser drein. „Wer einen Weinberg am Jenzig hat" / klang ein Sprichwort / „und ein Haus am Markt und neun Acker im Felde und 300 Gulden im Kasten, der mag wohl ein Bürger in Jena bleiben." Hier fochten die Studenten oft genug in rascher Art ihre Händel aus; hier scholl ihr Pereat- und Vivatrufen wider und klangen ihre Lieder; hier sprach am 31. Juli 1892 der alte Reichskanzler zu seiner Jugend.

Wo jetzt der Bismarckbrunnen fließt, sieht man auf alten Bildern einen Obelisken stehen, und das Wasser rinnt aus ihm in ein hölzernes Becken, das mit Wappenschildern geschmückt ist. Dann diente dem Quell eine Zeitlang jener steinerne Löwe als Schmuckstück, den man heute in einer ganz anderen Umgebung, in der oberen Lauengasse, suchen muß. Reizvoll wirkt er auch hier.

Das Rathaus ist eine spätgotische Anlage aus dem Ende des vierzehnten Jahrhunderts, und es hat manche Mode mitgemacht, ehe es sein jetziges behäbiges Aussehen gewann. Der Turm, der ihm den Honoratiorenrang gibt, hat sich erst 1775 zwischen die beiden Satteldächer gesetzt.

Über die Häuser der Nordseite guckt die Michaeliskirche, die Herrscherin der ganzen Stadt. So wie sie jetzt dasteht, ist sie ein Neubau aus der zweiten Hälfte des fünfzehnten Jahrhunderts. Den Turm hat das Jahr 1557 vollendet. Zwei schöne Zierate des Innenraumes, eine Pieta aus bemaltem Kalkstein, die dem vierzehnten Jahrhundert entstammt, und eine holzgeschnitzte, reich vergoldete Krönung Mariä aus dem Anfang des sechzehnten Jahrhunderts, sind jetzt im städtischen Museum aufgestellt.

Drei alte Klöster hatten einst in der Stadt ihren Sitz genommen. Zwei von ihnen, das Zisterzienserinnenkloster zu St. Michael nördlich von der Kirche und das Karmeliterkloster an der Stelle des heutigen Gast-

hofs zum Engel, ließ die Reformationszeit veröden und verfallen. Das
dritte, das Dominikanerkloster der h. Maria und des h. Paulus, opferte
seine Räume der Universität. So blieb es notdürftig erhalten samt seiner
spätgotischen Kirche. Es liegt abseits heute, fast schüchtern; inmitten
der grauen Gebäude grünt auf dem Hofe eine Linde; Jenas stillster
Winkel ist es, und es klingt hier wie der Anfang eines alten Märchens.

Wer dann weiter durch die Gassen streift, findet auf manchem bunt=
farbigen Hofe Galerien und Treppentürmchen und draußen noch an
manchem Hause ein gotisches Rechteckfenster mit Kehlen und Rund=
stäben, ein Baustück aus der Renaissance, ein schmiedeeisernes Ober=
lichtgitter über den Portalen aus der Barockzeit. Oder er bleibt vor
einem behaglichen Rundportal des sechzehnten Jahrhunderts stehen, das
zur Rechten und zur Linken in den Nischenpfeilern zierliche Konsolsitze
zeigt, vor dem alten Aichamt oder dem alten weimarischen Regierungs=
hause. Hie und da, wie hinter der Stadtkirche, blickt ein alter wink=
liger Fachwerkbau mit herausgekehrten Balkenköpfen, und an stattlichen
Häusern gewahrt man diskreten Fassadenschmuck flacher Rokoko= und
Zopfornamente, indes sich im Inneren schöne Stuckdecken mit üppigen
Girlanden und Putten verbergen.

Jena im 18. Jahrhundert

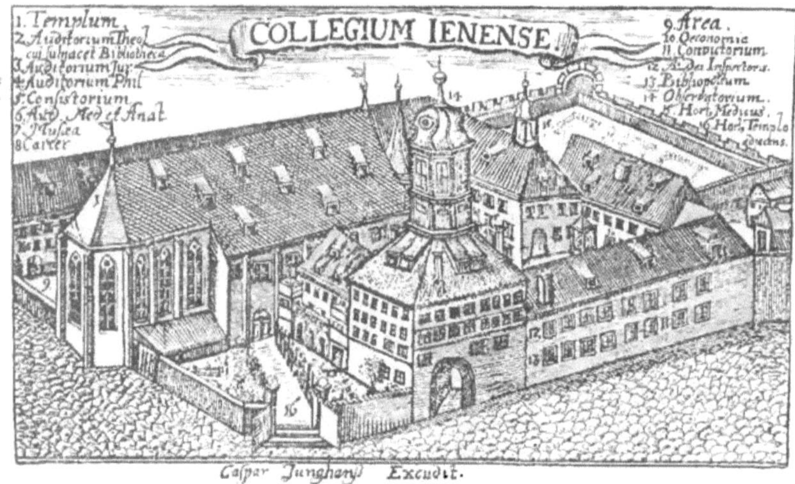

Das Werk Johann Friedrichs und seiner Söhne

Die Weintraube ist das Attribut des mittelalterlichen Jena; die Musen stehen bei seiner Renaissance Pate und werden sein neues Symbol.

Die Errichtung der Universität macht Jenas Namen lite=raturfähig; mit Lobesfloskeln verbrämt, verzeichnen ihn nun die Werke der Gelehrsamkeit. „Ein gemeiner Landschatz, Offizin und Werkstatt aller guten Künste", „das edle Emporium, die Markt= und Kaufstadt der göttlichen und menschlichen Weisheit", „ein Ho=spitium, Wirtshaus und Herberge des heiligen Evangelii und der Mu=sen", „ein schattiges Tal, in welchem die Liebhaber der Gottesfurcht als ein Tau gesammlet und erhalten werden", „eine geistliche Schmelz=Glashütte", „eine schöne Behausung der Musen, eine lustige Kaufstadt der Tugenden, ein ausgeputztes Athen und Sitz der Chariten", „ein hoher Wald, daraus die Musä die Lorbeerzweiglein nehmen und die Kränze und Kronen der Ehren davon machen".

Bei diesem Aufwand schwülstiger Komplimente verzeiht man dann gerne dem Geographus Jenensis seinen patriotischen Dünkel, wenn er sagt: „Ihr Lob hat die Stadt Jena von viel und mancherleien Gütern und Gaben, damit Gott, der einige Schöpfer und mildreiche Geber alles

Guten, sie vor anderen vielen in Thüringen / was sage ich Thüringen? in Teutschland / was sage ich Teutschland? / in Europen, in Asien, in Africen, in Americen, als in den vier Teilen des Erdkreises begnadet, begabet und beseliget hat."

Fürstenwille und Fürstenwort haben die Universität zum Leben gerufen; aber sie stand nicht allsogleich bei der Geburt lächelnd im vollen Ebenmaß der Glieder und prangend im Glanz der Waffenfestigkeit da, wie Zeus' geliebteste Tochter Athene. Es gab für sie eine bängliche Kinderzeit, und die dauerte zehn Jahre.

Am 28. Juni 1547 kam Johann Friedrich der Großmütige nach Jena als Besiegter und Gefangener Karls V. Sein Glück ging nicht mehr auf stolzen Stelzen, wie er einst im Selbstgefühl glückhafter Jugend gerufen hatte. Auf dem Burgkeller nahm er von seinen drei Söhnen Abschied. Land und Leute und der Kurhut waren dahin, der schmalkaldische Bund war gesprengt, die evangelische Lehre in Banden, die Freiheit verspielt. Und in den Bürgerhäusern ringsum lag alles voll spanischer Soldaten. Der so gleichmütig und ergeben gesungen hatte „Wie's Gott gefällt, so g'fällt's mir auch", suchte jetzt nach einer Tat, die seine Seele befreite. Unter dem Druck alles Feindlichen weitete sich sein Wesen und sein Wille. Geistige Kraft sollte aufbauen, was im Waffenkampf zusammengebrochen war.

Die alte sächsische Universität Wittenberg schien für immer aufgelöst, Studenten und Professoren waren zerstoben, die feste Burg des Luthertums gehörte den Siegern. Der sie verloren hatte, aber stand am Fenster des Burgkellers zu Jena und sah auf die Straßen hinunter .... Hier sollte ihm eine neue Hochschule erstehen. Daß ein Gefesselter den Gedanken faßte, war ein Heroismus; den Gedanken aber in die Tat umzusetzen, während noch auf allen Landstraßen das Kriegselend zog, / dazu gehörte die Glaubensfreudigkeit eines reinen Herzens.

In jenen Zeiten, da die Pest noch immer eine der finsteren Mächte war, die das Leben regierten, mußte ein Sitz der Studien, der junge Leute aus allen Landen heranziehen sollte, zunächst die Bürgschaft einer gesunden Lage geben. Und da war Jena erprobt, das zu wiederholten Malen der vor der Pest flüchtenden Wittenberger Universität eine Zufluchtsstätte geworden war. Wolfgang Heider, der 1587 Professor in Jena wurde, schrieb: „Diese Stadt ist ein solcher Ort, der nicht allein zu freien Künsten und Tugenden, zur Weisheit und Beredsamkeit gleichsam er-

dacht und gemacht ist, sondern welcher wegen seiner frischen Luft, ge=
sunden Wassers, hohen Berge, tiefen Täler, schattigen Wälder, fisch=
reichen Saalestromes, lustigen Felder, grünen Wiesen, fröhlichen Wein=
gebirgen, Menge der Vögel und Tieren, allerlei Notdurft und Vorrat
auch mit der Perser Paradies und blühenden Handel= und Kaufstädten
kann verglichen werden." Und der alte Beier meint, daß die Luft in
Jena „temperiert ist und fein gemäßigt, heilsam und gesund, daß sie
auch übertreffen sollte die berühmte Luft zu Almerino, da die Könige
von Portugal, zu Ambaxia, da die Könige von Frankreich, zu Pliedeu=
burg, da die Könige von Ungern, zu Madrid, da die Könige in Hispanien
sich pflegen aufzuhalten und zu erlustieren".

Zudem war das Leben in Jena wohlfeil, und alte Klostergebäude
boten einer gelehrten Anstalt bequemen Unterschlupf. Mit schnellem Eifer
dachten daher die Söhne den Willen des Vaters zu vollstrecken.

Johann Friedrich der Mittlere rief den gelehrten Melanchthon zu
sich, den die Spanier heimatlos gemacht hatten. Seine Berühmtheit
schien für das Gelingen einer neuen Universitätsstiftung die allerbeste
Gewähr zu geben. Nach Luthers Tod war Melanchthon und Witten=
berg eins gewesen. Als praeceptor Germaniae hatte er das ganze ge=
lehrte Unterrichtswesen im protestantischen Deutschland organisiert.
Aber nun erwies sich an ihm, daß Glaube, Gelehrsamkeit und pädago=
gische Klugheit eine wetterfeste Stirn nicht ersetzen können. Als er dem
jungen Herzog in Weimar am 10. Juli 1547 ein Gutachten überreichte,
klang das schon recht wenig nach froher Zuversicht. Zweifel und Be=
denken flossen aus jedem Federstrich. Und die Universität kroch in seinem
Vorschlage schließlich zu einem theologischen und pädagogischen Semi=
nar zusammen, für das er einen Aufwand von 1780 Gulden berechnete.
Dann entzog er sich auch diesem Plane. Verblüfft nahm man wahr, daß
er sich plötzlich wieder in seinem alten Wittenberg befand. Er hatte zwar
persönlich sehr angenehme Erinnerungen an Jena, wo er zweimal schon
mit seinen Studenten auf der Pestflucht ehrenvoll und mit freigebiger
Gastlichkeit aufgenommen war, aber die zähe Gewohnheit klammerte
ihn doch an Wittenberg. Und eben, als die Friedenssonne übers Land
kam, hörte er, daß der Kurfürst Moritz sich nun doch entschied, die alte
kursächsische Universität an der Elbe zu erhalten.

Ihr Ersatz hatte die Jenaer Hochschule sein sollen. War sie nun
überflüssig oder unmöglich geworden? Mit nichten, dachte der gefangene

16

Johann Friedrich, ob sich gleich so frühe schon seiner Idee die Schatten über den Weg legten. Und er hatte den schon herausgefunden, der an Melanchthons Platz springen sollte. Das war Viktorin Strigel, ein Schwabe, aus Kaufbeuren gebürtig, ein tüchtiger Theologe mit gut lutherischer Gesinnung. Von Wittenberg war er vor einem Jahre mit seinem Anhang getreuer Studenten nach Erfurt gegangen. Nun muß man ihn sehen, wie er sich neben dem zarten Melanchthon ausnimmt.

Ein Mann voll Muts, herausfordernd, wenn es sein muß; einer, der
dem Wort den Hieb folgen läßt. Auch noch in der ganzen Spannkraft
der Jugend; er war erst 24 Jahre alt. Wie Eichenholz seine Gestalt,
hoch, breit, bester Bauernschlag. Er trieb grobe Keile in grobe Klötze.

„Ich glaube, du hätteſt einen guten Dreſcher abgegeben", ſagte einſt
jemand zu ihm; da legte er dem ſeine Hand auf die Schulter: „Du haſt
recht, ſiehe, den Flegel habe ich ſchon!"

Strigels Genoſſe wurde ein anderer Wittenberger Dozent, Johannes
Stigel, aus dem Gothaiſchen ſtammend. Beredſamkeit und klaſſiſche
Philologie ſollte er lehren. Auch er war ein raſcher, geſunder Mann,
und gern erzählten ſich ſeine Studenten, wie er einſtmals zu Regens=
burg mit blankem Degen ritterlich für eine Frau eingeſprungen war
und ſie aus den Händen eines zudringlichen Hiſpaniers gelöſt hatte.
Ein munterer Humaniſt, nicht reuchliniſch ſpitz und von Kachel=
ofenluft gebleicht, ſondern mit der friſchen Lebensfarbe eines Konrad
Celtes, ein Kamerad des luſtigen, durſtigen Eobanus Heſſus. Er iſt ſo
gern zu den Toren Jenas hinausſpaziert über die Brücke hin zu den
Bergen und hat dann, ſchwärmender Andacht hingegeben, ſeine Stimmung
in lateiniſchen Dichtungen ausſtrömen laſſen. Denn er war ein ge=
wandter Dichter, und Karl V. hatte ihm die Würde eines poeta lau-
reatus verliehen.

Strigel und Stigel, dieſe beiden Männer mit den zuſammenklingen=
den Namen, bildeten das geſamte Kollegium der neuen hohen Schule,
und dementſprechend war auch die Form, in der ſich nun zuerſt der Stif=
tungsplan Johann Friedrichs verwirklichte, anſpruchslos genug. Die
wirtſchaftlichen und die politiſchen Umſtände erheiſchten überall Mäßi=
gung und Einſchränkung. Die Klöſter, die alten Sitze der mittelalter=
lichen Bildung, hatte die Reformation geleert, und in ihre leeren Räume
zogen dann die Anſtalten ein, von denen bald eine neue Gelehrſamkeit
in die Weite ging. In Jena war es das Dominikaner= oder Pauliner=
kloſter, das geeignet ſchien, der Univerſität zu dienen. Drei Mönche
lebten noch darin; die tat man zu den Bürgern ins Quartier.

Die Kloſtergebäude füllten die Südweſtecke der inneren Stadt an
dem runden Pulverturm aus. Die Kirche iſt eine Stiftung aus dem
dreizehnten Jahrhundert; ihr Umbau wurde 1498 vollendet. Noch 1548
arbeitete man daran, dem kurzen Turm einen ſtattlicheren Oberbau zu
geben, aber man trug ihn ſpäter wieder ab und verlieh ihm 1756 den
fünfeckigen Abſchluß mit dem Schieferhelm, den er noch jetzt trägt.
An ſeiner Außenſeite iſt ein hübſches ſächſiſches Renaiſſancewappen, dem
man unverſtändig ein fremdes Barockſtück aufgeſetzt hat. Die lateiniſche
Inſchrift hat Johannes Stigel gedichtet: „Als Sachſen, durch das

Schicksal zerrissen und den Kriegern preisgegeben, seinen gefangenen Fürsten beklagte, und als die Kirche und die mit ihr verbundenen Pflanzschulen, die die wahren Güter den freien Menschen überliefern, in Trauer waren, hat jener Fürst, die Studien und die edlen Künste auch in seiner Abwesenheit schützend, hier den Aonischen Chören eine willkommene Zufluchtsstätte geschaffen. Drei Brüder, die edlen Nachkommen des Vaters und an Frömmigkeit und Geist ihm gleich, haben diese Stätte weiter ausgeschmückt. Christus, du Wächter und höchster Schützer deiner Gemeinde, verleihe uns Frieden, damit du durch die trefflichen Studien hier gefeiert werdest!"

Ein Stich vom Ende des siebzehnten Jahrhunderts gibt noch einen guten Überblick über die Weise, wie es sich die neue Universität in den alten Klosteranlagen bequem machte, ohne deren Grundlinien zu verwischen. Man übersieht hier das Ganze von der Nordostecke aus und gewahrt, wie sich die Gebäude um zwei Höfe gruppieren, die von einander durch die Kollegienkirche geschieden sind. Da ist vorn ein Garten, gegen die Straßen durch Mauern abgeschlossen. Seine Portalpfeiler hat der Professor Weigel mit zwei Kugeln, einem Himmels und einem Erdglobus, schmücken lassen. Durch diesen Raum ging es schräg hindurch zum Gotteshause. Hier bewegten sich die festlichen Aufzüge der akademischen Jubeltage. Zur Rechten sieht man einen auffallenden, vier Stockwerke hohen quadratischen Bau. Da war gleich im Gewölbe unten das Archiv, dann das akademische Amt und auch eine Buchhandlung. Darüber die Inspektorwohnung. Auf dem Dache strebte ein barocker, achteckiger hölzerner Turmaufbau seit 1657 empor, der als Observatorium diente. Durch den gewölbten Eingang dieses Hauses kam man auf den ersten Hof, und den umgaben das Universitätsgericht, das Konviktorium, die Auditoriengebäude und das Gebäude mit dem Glockentürmchen, in dem sich das sächsischernestinische Konsistorium befand. Auch die Bibliothek war hier. Ihren Grundstock gab die Wittenberger Bücherei, die sich der alte Kurfürst beim Frieden vorbehalten hatte, ein Schatz, 3111 Nummern stark. Um den zweiten Hof südlich der Kirche lagen vor allem die medizinischen Auditorien. Eine Anatomie und ein hortus medicus schlossen sich an, und Karzer, Ökonomiegebäude, Brauhaus, Spritzenhaus machten die Anstalt vollständig, die immer etwas von der klösterlichen Abgeschlossenheit behielt. Auch die Wohnungen der Dozenten und einer Anzahl Studenten waren in dieser Klausur.

Mit der Akademie stand die Stadtkirche allezeit in brüderlicher Verwandtschaft. Hier fanden die festlichen Ereignisse ihren Schauplatz; hier neben dem Portal war ein schwarzes Brett für die akademischen Anschläge und daneben eine Liste der Mietsstuben.

Wer heute an den umständlichen Apparat einer modernen Universität denkt, an die weitläufigen Räume, die mancherlei Fachinstitute, die luftigen Hörsäle, den vielköpfigen Lehrkörper, dem muß die ursprüngliche Ausstattung der alten Jenaer Hochschule rührend einfach erscheinen. Diese Hochschule war auch der Idee nach zuerst noch ein Mittelding zwischen einer Lateinschule und einer privilegierten Universität mit dem Zweck, dem pädagogischen und theologischen Nachwuchs des Landes dienstbar zu sein. „Gott dem Allmächtigen zu Lob und Ehren, auch unsern Landen und Leuten zu einem Trost und Besten und insonderlich, daß rechtschaffene Kirchen- und Schuldiener göttlicher reiner Lehre auferzogen werden" / das waren Johann Friedrichs Worte. Die Bezeichnungen seiner Stiftung vermeidet das Wort Universität und heißt bald Pädagogium, bald Studium, Gymnasium, Akademie.

Am 19. März 1548, am Montag nach Judica, kamen die drei Brüder von Weimar herüber, um des Vaters Werk zu inaugurieren. Nikolaus von Amsdorff, nach dem Verlust seines protestantischen Bistums Naumburg wie ein Patriarch in den Ernestinischen Landen geehrt, und der Kanzler Dr. Georg Brück waren im Gefolge. Am Johannistor standen erwartend der Rat und die Geistlichkeit, und sie schlossen sich dem Trupp an, der zum Dominikanerkloster ritt. In lateinischen Reden feierten hier die beiden Professoren den Segen der Wissenschaft. Stigel sprach „de utilitate studiorum eloquentiae" und Strigel „de gravibus causis, cur his miseris et luctuosis temporibus discendum sit". Eindringlich sprach besonders zum Herzen der Vergleich, den der Theologe aus dem ersten Buch der Könige holte. Es war die Erzählung von dem Thisbiter Elia, den die Witwe in Zarpath mit ihrem unversieglichen Öl und Mehl speiste, als weder Tau noch Regen fallen wollte und das Land ringsum verdorrte. Diese fromme gastliche Frau / das war Jena; der Prophet / das war die Wissenschaft; und auf den reichen Segen Gottes gab die Nutzanwendung Anspruch.

Jena war die erste Universität, deren Gründung von rein konfessionellen Prinzipien ausgegangen war. Traten diese bei der Einweihung unter den allgemein humanistischen Tendenzen zuerst zurück, so sprachen die späteren Statuten sie um so schärfer aus. Es stand der Stiftung an der Stirn geschrieben: „Zur Erhaltung und Fortpflanzung der evangelisch lutherischen Lehre und aller guten Zucht und freien Künste!"

Strigel hielt seine ersten Vorlesungen über die Leidensgeschichte Christi und über den Römerbrief, Stigel über Ciceros De oratore.

Die Zahl der Studierenden, die im ersten Jahre 171 betrug, nahm eilends zu. Auch das Kollegium der Professoren erweiterte sich allmäh-

ERHARDVS SCHNEPFIVS D.
THEOL. NAT; 1. NOV. 1495. OBIIT 1558. DIE NATAL.

lich durch neue Kräfte, und die maßvolle Haltung der theologischen Fakultät gegenüber dem konfessionellen Parteiwesen zog manchen Dozenten hierher, den die Unduldsamkeit aus der Heimat trieb, so Luthers alten Freund Justus Jonas und den Heilbronner Erhard Schnepf, dessen

Gestalt uns noch heute von seinem Leichensteine nachschaut, wenn wir zwischen den Gräbern draußen an der Garnisonkirche vorübergehen. Das Rektorat führten Strigel und Stigel, halbjährlich einander in verträglicher Brüderschaft ablösend.

Am 27. August 1552 erhielt zu Passau Johann Friedrich der Großmütige durch einen kaiserlichen Absolutions- und Restitutionsbrief seine Freiheit zurück und den Besitz der Würden und Länder, die ihm die Wittenberger Kapitulation verheißen hatte. Mit dem Trostgefühl, daß der Ratschluß des Höchsten die politischen Kombinationen Kaiser Karls V. zerschnitten hatte, zog er von Augsburg aus über Nürnberg und Koburg seinem Reiche zu. Nach fünfjähriger Gefangenschaft sah er die Kurfürstin und seine Kinder wieder, und das Jagdschloß Wolfersdorf, wo dies geschah, nannte man seit jenem Tage „die fröhliche Wiederkunft". Am 24. September brach er dann mit seinem ältesten Sohne und mit dem weißbärtigen Lukas Cranach, der schon achtzig Jahre zählte, nach Jena auf. Hinter Lobeda hielt er am Vormittage in dem wildreichen Forst der Wölmisse eine Jagd. Zur Mittagszeit stieg er mit den Waidgesellen in die Pennickenschlucht hinab und fand hier unter den Buchen an der Quelle sein Mahl bereitet. Und ebenda brachten ihm die Gesandten des jenaischen Rats und der Universität den ersten Willkommensgruß. Der poetische Johannes Stigel hat später diesen Moment mit zwei lateinischen Distichen geweiht, und wir lesen seine Verse noch heute da, wo der kühle, klare Fürstenbrunnen aus dem Felsen in die überwölbte Brunnenstube rinnt. Dann ging es nach Wöllnitz hinunter und der Stadt zu. Während die Schar über die Camsdorfer Brücke dahinzog, trug ihnen die Luft den Glockenklang entgegen. Es war vier Uhr geworden, als man uns Schloß herumschwenkte. Am Fürstenkeller, wo das „Logiament" bereitet war, stand in Erwartung die Geistlichkeit mit den Schulen. Die Knaben sangen zweistimmig mit ihren frischen Kehlen das Tedeum, und die Mägdlein respondierten ihnen deutsch. Sie hatten alle Rautenkränze in dem festlich „zu Felde geschlagenen" Haar. Da stand aber auch das Kollegium der Akademieprofessoren und der Haufe der Studierenden, acht Grafen darunter. Es war dem Herrn ein ungewohnter Anblick hier, und mit seinem guten Lächeln sagte er wohlbehaglich zu seinem Sohn und zu Lukas Cranach, die mit ihm im Wagen saßen: „Sieh, da ist Bruder Studium!" Die Professoren beglückwünschten ihn; er hörte höflich mit entblößtem Haupte ihre lateinischen

Grüße und sicherte der jungen Stiftung freundlich seine Gnade zu. Als er in sein Quartier hinaufgegangen war, brachten ihm die Ratsdeputierten mit ihrem Bürgermeister einen köstlichen Pokal voll goldener Münzen und verhießen ihm die übliche Ehrengabe der Stadt: einen Wagen voll Fische, einen Wagen voll Wein, einen Wagen voll Bier, einen Wagen voll Hafer. Noch lange zog am Abend eine freudig erregte Menge durch die Straßen, und rings auf den Bergen flammten die Feuer auf.

Nicht so ganz waren Johann Friedrichs Interessen jetzt bei seiner neuen Stiftung, denn er gab zu der Zeit immer noch nicht das alte Wittenberg verloren. Ja, er setzte fester denn je seine Hoffnung auf diesen Gewinn, zumal da nach Jahresfrist der Kurfürst Moritz eines schnellen Todes starb. Erst seit dies ihm unwiederbringlich verloren blieb, rückte Jena ganz wieder seinen Gedanken nahe. Als er da am 9. Dezember 1553 zu Grimmenstein sein Testament niederschrieb, beschwor er seine Erben, für diese seine Universität „mit unermüdetem Eifer und ohne Ansehen der Unkosten" zu sorgen. Weitherzig steckte er ihr dabei das Ziel: „Gott und der Wahrheit zu Ehren!" Nun sandte er auch seinen ältesten Sohn nach Brüssel zu Karl V., damit er von ihm das Privilegium der Universität erwürbe. Der kam ohne Erfolg zurück, denn der Kaiser schob seine Entscheidung bis zum endgültigen Religionsfrieden hinaus.

Am 3. März 1554 fuhr der Kurfürst dahin, erst fünfzigjährig. Die Söhne standen an seinem Bette und hörten die Worte des Sterbenden, seinen Wunsch, alles anzubieten, um für Jena das kaiserliche Universitätsprivilegium zu erlangen. Das war der Richtungspunkt.

Jena war das Vermächtnis Johann Friedrichs des Großmütigen. Rührig und ruhig hatte sich inzwischen die hohe Schule von selbst über die zu eng gefaßte Sphäre eines pädagogischen und theologischen Seminars hinausgehoben. Seit kurzem las Basilius Monner über Jurisprudenz und Johannes Schröter über Medizin. Damit war nach der Auffassung der Zeit der Lehrkörper genugsam abgerundet, und es fehlte, da die päpstliche Errichtungsbulle für eine rein protestantische Gründung nicht in Betracht kommen konnte, lediglich die kaiserliche Anerkennung und das Privilegium, Magister und Doktoren zu ernennen. Aber das gerade war unerläßlich für das Ansehen der Universität und für die Lebenslaufbahn der Studenten.

Johann Wilhelm ging 1557 selbst nach Prag zum neuen Kaiser Ferdinand. Der zeigte gelegentlich wohl gerne den Protestanten ein lächeln-
des Gesicht, aber hier zauderte er doch vor der Zumutung, eine Stiftung zu privilegieren, die so geradewegs dem Katholizismus Abbruch
zu tun bestimmt war. Er temporisierte. Und nun machte man von Weimar aus den merkwürdigen Versuch, ihm den theologischen Punkt aus
dem Gesicht zu rücken .... Jena sei gesund gelegen .... Eine eigene
Universität müsse doch der Herzog in seinem Lande haben .... Zur
Beförderung der Justitia sei die Gründung recht eigentlich bestimmt.

Endlich verhieß Kaiser Ferdinand die Bestätigung, allein gegen einen
ausdrücklichen Revers, daß der Herzog keine promotiones graduum in

Bildnis des
Professor D.
J. Schröter
(1513—1593)
Lithogr.
nach einem
Gemälde

Jena
Städtisches
Museum

facultate theologica vornehmen lasse, ehe die kirchlichen Streitigkeiten
im Reiche rechtlich beigelegt seien. / Von dieser Klausel mußte Diplo-
matenlist retten.

In Jena lehrte als erster Mediziner der Professor Johannes Schröter.
Ein Weimarer von Geburt, hatte er zu Naumburg auf der Schule seine
humanistische Bildung erhalten. Eine Weile war er Schulrektor, dann
Arzt.

Seine Geschicklichkeit empfahl ihn dem Bruder Karls V., und er blieb
dessen Leibmedikus, bis ihn der Wunsch des alten Johann Friedrich

wieder in die Heimat zog. Er war ein Gelehrter und ein Weltmann, und allerhand persönliche und verwandtschaftliche Beziehungen verbanden ihn noch mit den kaiserlichen Räten in Wien. Im Juli 1557 reiste er nun dahin als herzoglicher Gesandter, dem Kaiser die revidierten Statuten der Universität vorzulegen. Den Revers des Herzogs hatte er in der Tasche. Es mag fraglich sein, ob eine diskrete Verehrung von tausend Gulden, die er dem kaiserlichen Vizekanzler Jakob Jonas übergab, hier schnell Wunderdinge tat, aber es offenbarte sich jedenfalls die Tatsache, daß Ferdinand das Privileg ohne jede Einschränkung erteilte, und ohne den fatalen Revers zu verlangen. Er gab in einer Urkunde vom 15. August 1557 der Universität Jena alle die Rechte und Vergünstigungen, die die Universitäten zu Bononia, Siena, Padua, Pavia, Perugia, Paris und Leipzig besaßen. Zudem erhob er den glückhaften Diplomaten in den Adelsstand und hängte ihm eine goldene Gnadenkette um.

Auch daheim wußte man zu schätzen, was man diesem Manne schuldete. Als er zurückkehrte, holten ihn die Herzöge mitsamt den Professoren und Studenten feierlich ein. Die Bürger schlossen sich in hellen Haufen an; sie fühlten, wieviel der glücklichen Ernte, die nun die Jahre bringen mußten, auf das Verdienst des klugen Gelehrten kam.

Im Jahre 1558 der erste Februar. Die Stadt hatte noch nichts Stolzeres erlebt als diesen Tag. Elf Uhr schlug es, da gingen Pfeifen und Trommeln durch die Gassen. Vierhundert Mann stark zogen die Bürger zum Johannistor bis gegen Schwabhausen dem Herzog entgegen, der von Weimar herüberkam, die Vollendung des väterlichen Werkes zu weihen. In Wehr und Waffen schritten sie, nach Gewerkschaften geordnet; der Stadtschreiber war ihr Hauptmann, und die seidenen Zunftfahnen wehten. Noch hing die lustige Mode an der bunten Phantastik der Landsknechtstracht, aber sie fing doch schon an, sich mit der engen Kleidung zu befreunden, die von Spanien aus über alle Welt ging. Unter dem schief aufgesetzten Barett trugen die Männer das Haar mit geradem Strich von Ohr zu Ohr geschnitten; am Halse guckte das feingefältelte Hemd hervor, und über dem farbigen Wams hing die pelzbesetzte Schaube. Die Beine staken in schlanken Trikots, über die die Bandstreifen der Oberschenkelhosen reich herabfielen. Sechsundzwanzig Trabanten, in die Stadtfarben gekleidet und ihres blitzblanken Harnisches froh, stolzierten voran.

Nach zwei Uhr ritt der Herzog Johann Friedrich der Mittlere mit seinem Bruder Johann Wilhelm heran. Die Herren trugen nach höfischer Art den Hut mit dem schmalen Rande, die steife Halskrause, das goldbetreßte enge Wams, den Schultermantel. Zu ihren Seiten schritten die jungen Pagen, in Samt gekleidet, Straußenfedern auf dem Barett, mit goldenen Ketten behängt. Der Adel der Landschaft war aufgeboten: man sah drei Grafen zu Gleichen, den Grafen zu Henneberg, den Burggrafen zu Kirchberg, die Grafen und Herren zu Gebese und Kraienburg und andere mehr mit ihren Reisigen. Hundert Pferde wurden gezählt.

Nun naht der vereinte Zug der Bürger und der Herzoglichen der Stadt, zwölf Trompeter und Heerpauker mit lustigen Fanfaren an der Spitze. Vor dem Johannistore steht die Geistlichkeit, der Magistrat und die gesamte Universität, mehr als sechshundert Köpfe stark. Unter den Gelehrten in den dunkeln Talaren stehen auch Strigel und Stigel. Aber der Rektor ist jetzt Schröter. Er spricht den lateinischen Willkommensgruß, und er trägt den ganz neuen Amtsornat, den Mantel aus purpurnem Samt mit goldenen, diamantengeschmückten Knöpfen. Die Kette Kaiser Ferdinands hängt darüber. Zwei silberne Zepter, oben mit vergoldeten Kronen besetzt, werden von den Pedellen gehalten. In der nächsten Nähe des Rektors stehen die Studenten aus dem hohen Adel, der junge Graf von Nassau und zwei Freiherren von Andlau.

Die Schar bewegt sich zum Markte, so, daß die Studenten vorangehen und, auseinanderschwenkend, zu beiden Seiten der Straße sich zum Spalier ordnen. Die Bürger schießen ihre Hakenbüchsen ab. Dann gehen die Herzöge ins Quartier.

Der nächste Tag ist der höchste Tag. Die Glocken läuten alle. Auf den Stufen am Portal der Stadtkirche recken sich zwanzig schmucke Bürgersöhne im Harnisch als Ehrenwacht. Auf den Gassen drängt sich Kopf an Kopf. Von allen Dörfern sind die Gaffer hereingeströmt. Nun Pauken- und Trompetenschall. Aus der Löbdergasse, wo Johann Friedrich bei dem Rektor Herberge genommen hat, kommt der Zug heran, von der ganzen Universitätsgemeinde geleitet. Im Chor der Michaelskirche sitzen dann die hohen Herren, im Schiff die Studenten, auf den Emporen die Bürger. Glanz und Farben sind über die kahlen Wände der großen Halle ergossen. Johann Friedrich, im Wort gewandt, erin-

nert in einer lateinischen Rede an seinen Vater, den Verfechter der
evangelischen Lehre und mahnt die Bürgerschaft und die Universität zu
verträglicher Gesinnung. Vor ihm ist eine Tribüne, mit grüner Seide behängt. Hier verliest der Hofrat Peter Brehm mit feierlicher Stimme
das kaiserliche Privilegium und dann der Rat Stephan Clodius die
neuen Universitätsstatuten. Der Bürgermeister Dr. Burckhardt Andreä
dankt dem Herzog für die Gnade, gelobt ein allezeit friedsames Verhalten und überreicht dem Rektor im Namen der Bürgerschaft einen
silbernen, reich vergoldeten Pokal. Den Schluß des Redens macht der
Professor der Eloquenz Stigel, der echt humanistisch über den Nutzen und
die Notwendigkeit einer hohen Schule spricht. Mit dem Tedeum ver-
klingt die Feier in der Kirche.

Dann drängt die weltliche Lust zu ihrem Recht. Erst ein Gastmahl
im Rathause, dann ein Turnier. Denn nirgends mögen die Fürsten und
Ritter ihre mittelalterliche Waffenfreude verleugnen. Ein rechtes Hof-
tagstreiben beginnt. Auf dem Marktplatz sind die Schranken zum Lanzen-
rennen geschlagen; mit Sand und Streu ist die Stechbahn bereitet. Von
den Tribünen schauen, in Pelz gehüllt, die edlen Herren; draußen schiebt
sich das Volk. Pfeifen und Trompeten locken. Wärmende Feuer brennen.
Die beiden älteren herzoglichen Brüder / der jüngere war kränklich /
mischen sich frisch in die Spiele, tuen sogar nach der höfischen Bericht-
erstattung dabei das Beste.

Noch zwei Tage währte das Turnieren, das Ballschlagen, das Fahnen-
schwenken und das Pikenwerfen; dann verbleicht der Glanz, der die
hohen Häuser des Marktes festlich umstrahlt hat. In der Erinnerung
aber erlischt er noch lange nicht, und Stigel, der Poet, setzt sich an den
Tisch, um mit vollem Herzen seinem Freunde zu melden, was er alles
Erhebendes in diesen Tagen erlebt hatte.

Gelehrtenleben und Studententum in Jena bis zum großen Kriege

Wir sind gewohnt, die Universitäten allezeit vor der Front zu sehen, wenn es den munteren Kampf junger Ideen gegen greisenhaftes Dogmentum gilt. Allein bis weit ins achtzehnte Jahrhundert hinein erheben sie auf solche Führerschaft keinen Anspruch.

Die Schuld lag in ihrer Organisation und in der Zielstellung ihrer wissenschaftlichen Wirksamkeit. Sie schleppten zunächst ein so schweres Stück mittelalterlicher Gewohnheit in die Neuzeit mit hinein. Das Kirchliche, das ihnen allen so breit auf der Stirne stand, drängte sie vom flutenden Leben ab. In allen Formen war es ausgeprägt, in dem klösterlichen Zusammenleben der Magister, in ihrem Cölibat, in ihrer mönchischen Genügsamkeit, in der ständischen Absonderung der Studenten und in ihrem Ornat. Aber auch der genossenschaftliche Zwang des bürgerlichen Zunftwesens hatte sich an die Universitäten gehängt. Vieles erinnerte daran, ihre Verfassung, ihre Gliederung, ihre Privilegien; selbst die Rangordnung des Scholaren, Baccalaureus und Magisters entsprach dem Verhältnis des Lehrlings, Gesellen und Meisters.

29

Hier haben Humanismus und Reformation keine Mauern niedergerissen. Melanchthon und Camerarius, deren organisatorische Gedanken die protestantischen Fürsten fast ausnahmslos für ihre Universitäten übernahmen, ließen das alles im Grunde unangetastet.

Und in den alten Formen rumorte kein neuer Geist. Renaissance und Reformation überwarfen sich schnell. Eine Daseinskunst im Sinne des Altertums forderte die leidenschaftliche Gegnerschaft Luthers heraus, und gegen die Pflege einer objektiven Wissenschaft sprang er mit solchem Eifer vor, daß ihm einmal die humanistischen Universitäten als die eigentlichen Burgen des Teufels erschienen. Da begreift man das Wort des empfindlichen Erasmus: „Wo immer das Luthertum herrscht, da sind die Wissenschaften zu Grunde gegangen."

Nach der formalen Bedeutung hin haben die Reformatoren die klassischen Studien sehr wohl gewürdigt; und sie haben, als sie sich in den dreißiger Jahren daran machten, den Studienplan ihrer Hochschulen zu ordnen, dies formale Prinzip dann so folgerichtig und starr durchgeführt, daß neben die Autorität der heiligen Schrift bald als zweite Autorität, beinahe ebenso heilig und hoch, die alten Klassiker traten.

Alle Fachwissenschaften bauen sich auf einem Grunde auf / das ist die allgemeine gelehrte Bildung, die sapiens et eloquens pietas. Zu ihr gelangt der Jüngling nur mit der Hilfe der alten Sprachen und der alten Literatur. Auf diesem Grundriß erheben sich dann die sieben artes, zum trivium und quadrivium geordnet, Grammatik, Rhetorik, Dialektik, / Geometrie, Arithmetik, Musik und Astronomie. Der Student durchläuft erst alle diese weitverzweigten Kammern, ehe er sich mit Nutzen seinem Brotstudium in einer der vier Fakultäten hingeben kann. Auch in ihnen haftet an allen Ecken und Enden viel Philologisches, und immer geben die Quellen des Altertums auch hier noch den heilsamsten Trank.

In dieser sakralen Herübernahme des antiken Wissensbestandes lag für die Gelehrsamkeit die Gefahr der Anämie. Wirklich sucht man vergebens jetzt das Flügelstarke und Fessellösende des jungen Humanismus, das einst in Huttens Tagen das Leben zur Lust gemacht hatte. Lehren und Lernen in lebendiger Verbindung mit freier Forschung und schöpferischer Arbeit kennt keine Hochschule des sechzehnten Jahrhunderts. Die Universitäten hüten ein fest umzirkeltes, fix und fertig bereitetes Wissen, und in behutsam geregelten Kursen geben sie es von Generation

30

an Generation weiter. Das befreit nicht; es bindet. Das entwickelt keine Fähigkeiten; es tötet. Und in dieser Luft erstarren auch alle die nationalen Regungen wieder, die, als Reuchlin noch lebte, wie Lenz= blumen hervorgeschossen waren. Hatte doch selbst ein Laie, der ein eigenstarker Geist war, Albrecht Dürer, es aussprechen dürfen, daß alle Kunst und alle Wissenschaft auf dem Altertum ruhe.

Deutschland war entbarbarisiert und zugleich entgermanisiert. Das Latein drückte die Muttersprache beiseite, deren sich einzelne Humanisten in ihren literarischen Fehden schon geschickt bedient hatten und deren naiver volkstümlicher Kraft Martin Luther so fröhlichen Erfolg schul= dete. Man muß, schrieb ein Naumburger Rektor, das Deutsche ganz aus den Schulen entfernen. „Theutonisare" / wie verächtlich das klang! Über das scholastische Latein hatten sich die klatschenden Pritschenschläge der Epistolae obscurorum virorum hergemacht; man gedachte nun die Korrektheit und die Eleganz dafür zu pflegen. Der Gelehrte hat den Ehrgeiz, Briefe zu schreiben und zu philosophieren wie Cicero, Verse zu machen wie Horaz und Vergil. Aber das jugendliche Umsichblicken, das freie Meistern des Lebens, das fehlt. Kopfschüttelnd steht der Pedant und schaut den Romantikern der Antike nach.

Neben dem Lateinischen wurde auch das Griechische und das Hebrä= ische gepflegt, und ein Lehrstuhl für Poesie und Eloquenz war unent= behrlich. Selbst die faden Wortklaubereien und Plattheiten der scho= lastischen Disputationen, die einst die Humanisten aus der Welt ge= blasen hatten, kehrten zurück und blieben jahrhundertelang ein Testi= monium philosophisch=dialektischer Schulung.

Wie oft hat die Kunst der Renaissance die Allegorien der sieben Wissenschaften gebildet an Kirchenportalen, an Brunnen, an Kanzeln, an den Wänden der Bibliotheken und Festsäle. Nicht mit so rauschender Schönheit, wie sie Melozzo da Forli für den Palast des Herzogs von Urbino malte, griff sie der deutsche Holzschneider auf. Hier steht die Rhetorik im festlichen Kleide, und ein Schwert und eine Lilie, Schärfe und Milde, gehen von ihrem Munde aus, und um sie herum stehen mit ihren Büchern ihre Jünger / Vergil der Poet, Aristoteles der Natur= forscher, Justinian der Gesetzschreiber, Seneca der Moralist, Sallust der Historiker. Zu den Füßen der Frau aber sitzt Cicero und hält seine Rede pro Milone

Schule und Kirche, Länder und Städte regiert die zungenfertige Rhe=

torif. Auch Luther dachte hoch von ihr. „Dialectica", sagt er einmal,
„ist eine hohe Kunst, redet einfältig, schlecht und gerecht, als wenn ich
sage: Gib mir zu trinken! Rhetorica aber schmückts aus und spricht:
Gib mir des lieblichen Safts im Keller, das fein krause stehet und die
Leute fröhlich machet."

Gelegentlich ereiferte sich Luther über den verdammten, hochmütigen, schalkhaften Heiden Aristoteles, aber er wollte doch seinen in Bücher gebundenen Geist auf den Universitäten nicht entbehren. „Das möcht ich gerne leiden," schrieb er an den christlichen Adel deutscher Nation, „daß Aristoteles' Logica, Rhetorica, Poetica behalten oder in eine andere kurze Form gebracht, mit Nutzen gelesen würden, junge Leute zu üben wohl reden und predigen." Sein Freund Melanchthon fand die Form dieser Lehrbücher. Sie waren in den Händen aller Studenten und lagen auf jedem Professorenpult. Derselbe Melanchthon hat dann aus seiner Wittenberger Pflanzschule ringsum in den protestantischen Ländern Schulen und Universitäten mit Lehrern und Professoren versorgt. Auch Jena.

Die theologische Fakultät blieb eine ganze Zeitlang noch die vornehmste, wenngleich der Geistliche nicht mehr mit der alten Ausschließlichkeit als der Gelehrte überhaupt galt. Die Jurisprudenz verlangte, seit sie sich in der Mitte des sechzehnten Jahrhunderts immer entschiedener dem römischen Recht zugewandt hatte, mehr Studenten und Professoren. Die Fürsten holten sich die Berater ihrer Politik aus dem Juristenstande; auch in den Städten mußten die Stadtschreiber und Syndici studiert haben, und von allen Seiten gingen den Professoren Bitten um Rechtsgutachten zu. Der Adel, der im Staats- und Hofdienste eine Lösung seiner wirtschaftlichen Kalamität ahnte, ließ seine jüngeren Söhne in die juristische Fakultät einschreiben, und bald errang selbst der bürgerliche Doktor der Rechte durch seinen Stand den Rang der Ritterbürtigen. Später schwang sich die ärztliche Fakultät auf. Die philosophische aber oder die Artistenfakultät, wie sie bisher geheißen hatte, blieb zunächst die Vorschule für die anderen drei.

Noch schlossen sich die Wissenschaften nicht selbstgefällig voneinander ab. Sie blieben verästelt und fühlten lebendig den gemeinsamen Wurzelboden. Der Gelehrte war Polyhistor.

Das Archaistische fällt uns stets ungleich stärker auf, als das Moderne uns überrascht; und die Gebundenheit und der Aberglaube mögen sich mit stärkeren Strichen markieren als die Beispiele freier geistiger Beweglichkeit. Überall suchen die Alchemisten den Stein der Weisen. Zu Tübingen wagte noch 1583 der Professor Mäßlin nicht das Kopernikanische Weltsystem, von dem er persönlich überzeugt war, öffentlich zu lehren; und die theologische Fakultät in Wittenberg erklärte, daß derjenige eine große Gotteslästerung begehe, der die Sprache des neuen

Testamentes nicht für tadellos reines Griechisch halte. Also war der Geist des deutschen Gelehrtentums.

Die Persönlichkeit des Gelehrten hat der Humanismus erst geschaffen, als er die Wissenschaft aus den Klosterzellen heraushob und sie bürgerlich machte. Ein ganz neuer Stand wird damit dem Ständebau des Mittelalters als Stockwerk aufgesetzt. Und dieser Typus ist nun aus dem Kulturpanorama nicht mehr fortzudenken. Das sind die stillen Denker. Am grünen Kachelofen sitzen sie, den hageren Körper in den warmfaltigen Talar gewickelt; und um sie webt im schrägen Sonnenstrahl der Staub der Pergamente. Auf die Gassen steigen sie nicht gern hinunter, und das laute Leben klingt nur gedämpft herauf. Das Volk aber, dessen Sprache sie sogar verlernen, blickt scheu zu ihnen hin und dichtet ihnen etwas Faustisches an. Über ihre Gelehrsamkeit geht ihnen nichts / aber sie wird ihnen oft zum Leben selbst und macht den Gelehrten zu einem Verkehrten, den Menschen zu einem Abstraktum.

Wenn man an Holbeins Erasmusbild im Louvre denkt, hat man die Außenseite des deutschen Professors im sechzehnten Jahrhundert. Auch in einer Menge von Holzschnitten und Kupferstichen zeigt er sich. Immer trägt er die alte Schaube und die Doktormütze, deren Krempe hinten in den Nacken geschlagen ist. Auf dem Eichentische steht das einfache Schreibgerät, zu dem der Maler gerne einen Blumenstrauß im Glase stellt. Auch ein Hündchen ist beigesellt, wohl als eine Erinnerung an den Löwen des heiligen Hieronymus. An den Wänden stehen die dicken Bücher, mit dem Schnitt und den Schließen nach außen gereiht. Brille und Globus werden erst im 17. Jahrhundert notwendiges Requisit.

Das Gesicht ist bartlos, hager, gefurcht. In der Mitte des sechzehnten Jahrhunderts ist die genügsame Melanchthonerscheinung typisch, aber am Schluß modelt sich der Gelehrte herrenhafter um. Bart und Kopfhaar werden gepflegter. An die Stelle des gefältelten Hembsaumes am Halse tritt die steife Krause. Die Pose wird bewußter herausgekehrt. Schon springt gar ein Neuerer von der Ehrbarkeit der klerikalen Tracht ab, zieht die modische spanische wattierte Hose und das enge Wams dazu und das Mäntelchen an. Der Hamburger Pfarrer Westphahl, der 1565 seinen „Hoffartsteufel" verfaßte, rückte den Professoren vor, daß sie sich „reuterisch, kurz, zerhackt" trügen. Die es taten, waren immer in der Minderzahl und galten als Stutzer. Den meisten blieb doch das bunte Leben fernab liegen. Ein drastischer Holzschnitt zeigt

34

Der beschäf=
tigte Gelehrte,
der sich durch
nichts stören
läßt
Holzschnitt von
Hans Frank
1518

den Gelehrten daheim in seinem Gehäuse, ganz in die Bücher versenkt. Die Kinder schreien und balgen sich indessen um ihn herum, und sein junges Weib buhlt mit einem Burschen. Er aber hört nichts, sieht nichts. Das ist Satire; und es mag wohl sein, daß sich manche stille Häuslichkeit mit ihrem liebenswürdigen Behagen den Blicken der Spötter entzog. Weiß man doch, daß Melanchthon oft in der einen Hand sein Buch hielt und mit der anderen sein Töchterlein schaukelte, das in der Wiege lag.

Den kühnen Geistern des deutschen Humanismus, die als die Augen Deutschlands gegolten hatten, waren die Mauern der Klöster und der Universitäten zu eng gewesen. Sie hatten jeder ein Mensch für sich sein wollen, und so war etwas Souveränes über sie gekommen.

Jetzt waren die Gelehrten Beamte, der weltlichen Obrigkeit unter= tan und von ihr besoldet. Und der Geist der Enge nährte sich aus den Religionsstreitigkeiten.

Nach dem Tode des Reformators und ganz besonders infolge des Augsburger Interims rissen die mildere Melanchthonische und die strengere Lutherische Richtung auseinander. Das war die Zeit der adiaphoristischen und synergistischen Reibereien. Kein frisches Aus=

3*

Grabplatte
Luthers in
der Stadt-
kirche zu
Jena

stäuben, sondern gehässiger Zank mit wenig Witz, aber grobem Schimpfen und persönlicher Verunglimpfung, ... „man läutete mit der Sauglocke". Von nichts anderem als von diesen dogmatischen Spitzfindigkeiten ist das Gelehrtentum erfüllt; sie sind fast zu einer nationalen Frage geworden; alle ästhetischen und wissenschaftlichen Interessen scheinen daneben ausgelöscht. Es droht eine Renaissance des Obskurantismus.

In der Stadtkirche zu Jena steht das Bild Luthers, ein lebensgroßes Bronzerelief. Zuerst sollte es sein Grab in Wittenberg decken, allein die Schlacht bei Mühlberg kam dazwischen, und so blieb es hier liegen. Denn Jena war nun die hohe Feste des Luthertums und die Universität ein Kampfplatz spitzer und grober theologischer Waffen. „Einzig und allein zur Fortpflanzung der evangelisch-lutherischen Lehre" war die Akademie gestiftet / so hieß es ausdrücklich. Aus der ganzen Art, wie dann die Gründung allmählich wuchs, klärte es sich aber, daß die drei Söhne ebenso wie ihr Vater, der Märtyrer, an der reinen lutherischen Lehre festhielten, ohne sich im engen Kreise zelotischer Anschauungen zu drehen. Und das war ihr Gedanke nicht, daß jedes spekulative Vorwärtsdringen in den Hörsälen ihrer Universität verfemt sei. Zudem waren die Professoren Strigel und Stigel gute Humanisten, voll des Geistes der Mäßigung und Duldsamkeit, der um die freie Höhe der Wissenschaft weht. Auch die anderen Theologen lebten in der erquicklichen Muße ihren Studien.

Da ward der fanatische Zorn von außen hereingetragen. Nikolaus von Amsdorf, Simon Musäus und Matthias Flacius Illyricus brachten ihn. Besonders dieser, der 1557 aus Magdeburg mit dem Ruhm eines tätigen, archivalisch-kritischen Kirchengeschichtsschreibers kam, fuhr mit scharfem Rechen durch die junge Pflanzung Melanchthonischer Versöhnungsgedanken. Schmähworte und Lästergezänk. Die drei Zeloten verfaßten eine Konfutationsschrift gegen Melanchthon und ließen sie zum Landesgesetz erheben. Und kurzerhand veranlaßten sie, daß der widerstrebende Professor Strigel nebst dem gleichgesinnten Superintendenten Andreas Hügel von der angedrohten „ernsten Straf und Ungnad" betroffen wurden. Als in den Osterferien deren großer studentischer Anhang zerstreut war, wurden sie eines Nachts durch bewaffnete Häscher aus ihren Betten geholt und nach der Leuchtenburg, später nach dem Grimmenstein geschleppt und hier monatelang in Haft gehalten. Erst als sich Herzog Albrecht von Preußen und später sogar der Kaiser für

sie verwandte, durften sie nach Jena zurückkehren. Eine öffentliche Disputation in Weimar brachte keinen Ausgleich. So unversöhnlich waren die engen Seelen, daß ein Professor der Jurisprudenz bei einer Taufe als Pate zurückgewiesen wurde, weil er nicht unbedingt auf dem Boden der Konfutation stand, und daß man einem zum Tode kranken Studenten erst dann das Abendmahl reichte, als er seine Übereinstimmung mit jener Schrift ausdrücklich beteuert hatte.

Endlich besann sich der Herzog. Wie diese verblendeten Dränger sich das Richteramt anmaßten, das war spanische Inquisition. Und da wandte er sich jäh von ihnen ab. Flacius verlor Gnade und Amt und mußte mit dreißig Theologen aus dem Lande gehen. Die erregten Studenten fielen noch über seine Wohnung in der Kollegiengasse her und

38

demolierten sie. Auch Strigel verließ, ob man ihn gleich wieder in sein
Amt setzte, bald die Stadt. In Heidelberg ist er 1569 gestorben. So
heillos blieben vorderhand in Jena die Zustände, daß die theologische
Fakultät verwaist wurde und auf des Herzogs Johann Friedrich Bitten
drei Professoren aus Wittenberg, dem melanchthonischen Wittenberg,
kamen. Auch sie brachten den Frieden nicht, und unter dem Regiment
Johann Wilhelms war Jena wieder einmal der Horst der orthodoxen
Theologie. Wigand und Heßhusius wetterten von hier, und Papst und
Türke, Sakramentsschänder, Schwenkfelder, Servetianer, Arianer, Anti-
nomer, Interimisten, Adiaphoristen, Synergisten, Majoristen, Enthusiasten, Wiedertäufer und Manichäer waren die Donnerworte, mit denen
sie den Gegnern an den Kopf fuhren.

Nichts Gefährlicheres konnte es für eine junge Universität geben, als
solche Erschütterungen. Aber Jena kam glücklich darüber hinaus. Es
machte seine Kinderkrankheit durch, die nur einmal den Körper heim-
sucht. Nun sie erloschen war, schoß das zurückgehaltene Wachstum dop-
pelt kräftig auf. Das Schimpfwort Fläz führte die volkstümliche Deu-
tung, die sich irrte, auf den Namen Flacius zurück. Wir verzeihen dem
Zeloten heute nur das eine nicht: daß er die Reste eines schönen Schnitz-
altars in der Stadtkirche, auf dem man die Flucht Jesu nach Ägypten
sah, in bilderstürmerischem Übereifer hat vernichten lassen.

In den theologischen Klopffechtereien trat ohne Zweifel die stärkste
Lebensäußerung des jenaischen Gelehrtentums hervor. Was in der
Stille sich barg, muß man suchen.

Die Professoren lasen, lasen in der engen Bedeutung des Wortes.
So sieht man sie auf den Holzschnitten in ihrem Auditorium vor den
Studenten sitzen. Auf dem Katheder liegt ihr Heft aufgeschlagen. Sie
wenden kein Auge davon, und die lebendige Wirkung von Seele zu Seele
fehlt. „Alles kommt jetzt ans Licht,“ rief einst Konrad Celtes, „der
Himmel ist erschlossen, die Erde durchforscht . . . .“, doch durch die
dumpfen Hörsäle rauscht kein Fittich der Begeisterung.

Zu Hause zog die fleißige Feder übers Papier. Das Bücherschreiben
nahm mit jedem Jahrzehnt zu; der Frankfurter Meßkatalog notiert uns
das schnelle Wachstum der gelehrten Literatur genau. Das Honorar
war gering; ein Foliobogen brachte um das Jahr 1600 nicht mehr als
einen halben Taler ein. Auch Jena hatte seine Druckereien, und die
Presse war in steter Bewegung. Wie wenig jener gedruckten Bogen hat

einen Wert behalten! Es war eben alles kompilatorische Gelehrsamkeit
und Famulusfleiß; immer Reproduktion, nirgends Produktion. Selbst
die Mediziner blieben immer bei ihrem Hippokrates und Galen und
Avicenna.

Die meisten Namen der jenenser Professoren, die bis zum dreißig=
jährigen Kriege an der Hochschule lehrten, wollen uns heute nicht mehr

viel sagen. Nur des einen oder anderen mag man gedenken. So des
Justus Lipsius. Aus Brabant war er herübergekommen; und es gab
keinen feineren Latinisten, keinen scharfsinnigeren Interpreten der Klas=
siker als ihn. Seine Gestalt wird wieder lebendig, wenn wir durch das
altflämische Patrizierhaus des Buchhändlers Plantin in Antwerpen
schlendern. Dort bei seinem Freunde ist der Gelehrte oft zu Gaste ge=
wesen, und man zeigt noch heute das Zimmer mit den spanischen Leder=
tapeten, in dem er dann wohnte.

40

Das Beispiel dieses Mannes, der aus der Ferne kam und in die Ferne ging, zeugt immerhin von einer Freizügigkeit des Gelehrtenstandes und von einer lebendigen Verbindung der Universitäten miteinander. Aber die meisten alterten doch in der Windstille der kleinen Stadt und verlernten den Flug. Ein gutes Stück hoher Gesinnung mochte da erforderlich sein, wenn der Mann seiner Wissenschaft mit freier Hingabe dienen sollte / im engen Kämmerlein, dem am Tage kleine trübe Fensterscheiben ein dämmerndes Licht gönnten, und das in der Nacht ein kümmerliches Ölflämmchen mühsam erhellte / in einem Leben, dem nicht der Reiz eines ästhetischen Genusses oder einer Ferienreise die verlorene Frische ergänzte.

Mancher ließ sich von dem Druck der wirtschaftlichen Not niederziehen und dachte mit Seufzen der guten alten Zeit. Da hatten die Professoren behaglich von den kirchlichen Pfründen gezehrt, hatten im Cölibat und in einem klösterlichen Kollegium gelebt, das ihnen die Sorge für den kommenden Morgen abnahm. Nun sie Beamte geworden waren und eine Familie von sich abhängig gemacht hatten, war diese Sorge ihr treuester Gast, und mancher sah sich nach der Rektoratsstelle einer städtischen Schule oder einem einträglichen Pfarramt um. Wenn ein jenenser Professor, wie einmal von dem Theologen Gerhard berichtet wird, so große Kapitalien besaß, daß sein Landesherr eine Anleihe bei ihm machte, so war das eine Ausnahme. Die Besoldungen müssen hier den wittenbergischen entsprochen haben, die wir kennen. Dort erhielten seit 1536 die theologischen Professoren 200 Gulden, die juristischen 100 bis 200, die medizinischen 80 bis 150, die artistischen 80 bis 100. Dafür mußten sie die vierstündigen Hauptkollegien unentgeltlich lesen. Einige Naturalbeträge, dazu die Steuerfreiheit und der Anteil an den Promotions-, Examens- und Disputationsgebühren schafften große Erleichterung, konnten aber doch die gelehrten Männer nicht hindern, sich auf allerhand Schleichwegen einen Nebenverdienst zu suchen.

Sie befaßten sich gegen Entgelt mit der Anfertigung der Dissertationen, die dann unter dem Namen der Kandidaten gedruckt wurden. Sie sahen auch keine Erniedrigung darin, daß sie ein neues Buch mit byzantinischer Widmung und verschämter Bettelei irgend einer vermögenden Standesperson überreichten. Viel unliebsamer mutet uns ein anderes an. Es hatten sich in Jena nach dem Brauch der anderen Hochschulen die Dozenten vom Landesherrn gleich nach der Stiftung das Recht geholt, ihr

Bier selbst zu brauen und fremde Biere und Weine steuerfrei einzukaufen,
zu kellern und auszuschenken. Der Immunitätsbezirk sollte sich allerdings nur auf die Universitätsangehörigen und die kranken Leute beschränken, aber der Anlaß zu argem Mißbrauch war doch gegeben. Da
die Professoren zudem in ihrem Haushalte reicheren Studenten Unter-
kunft und Tisch gewährten, bildete sich gar nicht selten ihr Geschäftssinn
stärker als ihre gelehrten Neigungen aus. Und weil ihr eigener Vorteil
in Frage kam, begünstigten sie die Trinkgelage auf den Stuben ihrer
Kommensalen, nahmen auch an ihnen teil und patronisierten in einer
ärgerlichen Art die Ausschweifungen einer zügellosen Jugend. In den
Bürgern schaffte die unlautere Konkurrenz böses Blut, daß sie gegen
die Professoren im Jahre 1618 geradezu die offene Klage erhoben, sie
hielten convivia nocturna in ihren Häusern und verführten die jungen
Studenten zu unmäßigem Trinken.

Dazu mehren sich die Beschwerden über die Trägheit der Dozenten.
Die Universitätsgesetze mußten die Säumigen immer und immer wieder
an ihre Pflichten mahnen; sie sollten fleißiger ihre Vorlesungen halten,
und der Rektor sollte die nachlässigen Lehrer nötigenfalls in Strafe
nehmen.

Ein Vergleich mit anderen Universitäten zeigt wenigstens, daß es in
Jena nicht am schlimmsten bestellt war. Als die Marburger Professoren
sich 1615 sträuben wollten, einen nicht in sonderlich gutem Rufe stehen-
den landgräflichen Hofbeamten zum Kollegen anzunehmen, schrieb ihnen
ihr Landesherr: „Sollte es dabei auf unnötigen Trunk gemeint sein, so
tragen wir die Vorsorge, er würde zu Marburg viele Brüder finden,
denn uns leider zu viel bekannt ist, daß fast in allen Fakultäten gute
Zechbrüder und Lucubranten mit unterlaufen."

So wirkte vieles zusammen, daß die, die im weiten Gefilde der Wissenschaft Fürsten sein sollten, auf der Landstraße des Lebens Hohn und geringe Schätzung fanden. Im Jahre 1605 klagt ein sächsischer Theologe:
„Früher sind die Doctoren bei Hofe dem Adel gleichgestellt worden, aber
zu unseren Zeiten will der Gelehrtenstand von den anderen gar ver-
nichtet und verachtet werden, müssen ihre Blackscheiter und Dintenfresser
genannt sein."

Wie der Professor, so ist auch der Student des sechzehnten Jahrhunderts ein neuer Typus. Aber schmiegsamer und biegsamer als jener,
gibt er sich jedem Fingerdruck des launischen Zeitgeschmacks hin. Und

doch bleibt ihm / ein interessanter Widerspruch / noch so unendlich viel Konventionelles, das er aus dem Mittelalter herübernimmt und immer und immer bis in die Gegenwart hinein mit sich herumträgt.

Der Scholar des fünfzehnten Jahrhunderts war nicht viel mehr als ein Stiftsschüler oder Seminarist, der sich auf die geistliche Laufbahn vorbereitete und sich behutsam nach der vorgeschriebenen Diät von dem reinlich abgemessenen Wissen nährte. Schon äußerlich drückte die Tracht, der lange Rock von dunkelfarbenem Tuch mit der Kapuze, den geistlichen Charakter aus. In den Kollegien- und Stiftshäusern fanden die ärmeren

ihre Zellen; hier speisten sie am gemeinsamen Tisch ihre einfachen
Mahlzeiten. Andere lebten zu acht bis zwölf in den Konvikten oder
Bursen, die einzelne Magister auf eigene Verantwortung einrichteten.
Nur dem Studenten aus vornehmem Hause war eine Privatwohnung
erlaubt. Mit fünfzehn Jahren begann der Jüngling als Scholar sein
Studium; nach zwei Jahren erhob ihn eine Prüfung zum Baccalaureus,
und nach abermals zwei Jahren rückte er durch eine neue Prüfung zum
Magister vor. Die ganze Internatszucht war / nach den Paragraphen
der Hausordnung wenigstens / streng. Um fünf Uhr begannen im Win-
ter, um vier Uhr im Sommer die öffentlichen Vorlesungen. Nach fünf
Stunden war dann die Frühmahlzeit; nachmittags fünf Uhr folgte das
Abendbrot, und um neun oder zehn Uhr sollten die Haustüren geschlossen sein.

Diesen ausgeprägt genossenschaftlichen Zuschnitt des Studentenlebens
lehnte das sechzehnte Jahrhundert ab. Das Einzelpersönliche wurde
auch hier zum Merkmal der modernen Zeit, und wie sich von der came-
rata der Kamerad löste, vom vrouvenzimmer die Frau, so auch von der
bursa der Bursch. In Jena war nur für arme Stipendiaten das In-
ternat des Kollegienhauses eine billige Zuflucht.

Der Student wird damit frei. Aus dem Klösterlichen setzt er sich ins
Bürgerliche.

Das Herrengefühl kommt damit in ihn. Und es schmeichelt ihm, daß
er nun die Großen dieser Welt, Herzöge, Fürsten, Grafen als seine Kommilitonen neben sich sieht.

Sein Selbstbewußtsein muß sich äußerlich kundgeben. Gleich springt
er aus der langweiligen Gleichförmigkeit des klerikalen Talars heraus.
Wie ein Landsknecht mag er sich kleiden, auffallend und reich. Ein ge-
spannter Gegensatz zur früheren Mode / diese flotte Tracht mit ihrem
kurzen, freien Schnitt, mit der Buntheit ihrer Farben und der Fülle ver-
schiedenartiger Stoffe. Bald liest man, daß der Rektor durch besondere
studentische Kleiderordnungen gegen die allzu üppigen Pluderhosen ein-
schreiten muß. Aber wo die Mode kommandiert, bleibt selbst der Kor-
poralstock der Reichspolizei wirkungslos. Schon vom Jahre 1538 datiert ein Erlaß des Kurfürsten Johann Friedrich für die Universität
Wittenberg, der den Studenten die kurzen Kleider verbot, die nicht das
Knie bedeckten, besonders aber die zerschnittenen Überzüge über die Hosen
oder „sonst zerhauene und zerhackte Hosen, mit Seide und dergleichen

unterzogen"; sie sollten auch nicht die Kleider mit Samt und Seide verbrämen, viel weniger „Leibröcke, Jäcklein oder Koller" daraus machen lassen. Die Jenaer Universitätsstatuten griffen das Verbot auf. Im Jahre 1558 erging der Rektoratsbefehl, daß die Studenten sich sonderlich der Pluderhosen oder gar kurzen Kleider enthalten sollten. Auch die Landesordnung im folgenden Jahre verwehrte die „langen zotigen Hosen".

Bald wechselte die Mode von selbst ihre Laune. Mit den Spaniern kam deren Tracht nach Deutschland, die zuerst würdig und kleidsam war, bald jedoch ins Verschrobene hinübersprang, hier den Körper unnatürlich einschnürte, dort ihn mit lächerlichen Wülsten wattierte. „Eine üppige, leichtfertige, freche, prächtige, unverschämte Kleidung", klagte der Verfasser des Hoffartsteufels, „macht sich nirgends mehr als bei den Studenten breit." Ob man nun von der Kanzel dagegen eiferte, in satirischen Drucken Spott ausgoß, durch Polizeistrafen Bevormundung üben wollte und selbst von Reichs wegen Mandate durchs Land gehen ließ, / die Eitelkeit blieb Triumphator. Es prunkte vor allem der Student in seiner „schändlichen, überflüssigen, übermäßigen, unformigen und unflätigen" Tracht.

So zeigen uns die Stammbücher den jenenser Bruder Studio um das Jahr 1600. Auf seinem Kopf hat er statt des alten flachen Baretts nun ein hohes hutartiges Gestell aus schwarzem Samt mit schmalem Rande und mit einer roten Feder. Das Haupthaar und der Knebelbart sind kurz gestutzt. Um den Hals legt sich die steife tellerartige Krause, und der Oberkörper steckt in einem engen roten Wams, dessen Ärmelansatz breite Puffen zeigt. Auf dem Rücken hängt ein Kragenmäntelchen, purpurrot. Die Beine sitzen in gestrickten Trikots, aber um den Oberschenkel bauscht sich der Rest der alten Pluderhose. Der Degen, den noch die älteren Statuten zu verbieten suchten, gehört jetzt zu den Erfordernissen der Studententracht; schmal, zum Stoß vor allem geschliffen, hängt er mit breitem Korb an der Seite. Die ganze Erscheinung hat etwas durchaus Kavaliermäßiges.

Die Emanzipation des Studententums von der klerikalen Bevormundung steigerte sofort den Zudrang zu den Hochschulen. In ganzen Scharen zogen die Burschen beim Semesterbeginn zu den Toren aller der neuen Universitätsstädte ein. Selten hatte es im fünfzehnten Jahrhundert eine Alma mater auf tausend Studenten gebracht. Die neue Zeit rechnete bald mit anderen Ziffern; in Jena zählte man um 1570 bereits über tausend. Die Summe sank infolge einer Pest 1581 zwar auf 400, stieg dann aber am Ende des Säkulums über 1100 hinaus. Herzöge von Sachsen, Braunschweig-Lüneburg, Grafen von Nassau, Schwarzburg, Mansfeld, Reuß, Gleichen, Pappenheim waren unter den Kommilitonen, und es geschah oft, daß einer von diesen jungen Herren nach der Sitte der Zeit pro forma das Rektorat führte.

Ein Wappenstolz teilte sich auch den bürgerlichen Studenten mit; sie fügten gar zu gerne ihrem Namen in den Stammbüchern ein paar heraldische Embleme zu.

Der Übergang von der Naturalwirtschaft zur Geldwirtschaft hatte das Leben stufenweise teurer gemacht. Kam der Scholar im Mittelalter mit zwanzig Gulden jährlich aus, und kostete noch im fünfzehnten Jahrhundert in Leipzig das Studium dreißig bis vierzig Gulden, so mochte sich im sechzehnten Jahrhundert der jährliche Aufwand eines Studenten schon auf hundert Gulden belaufen. Wir wissen indessen von einem armen frommen Jüngling, daß er noch im Jahre 1621 in Jena mit einem Stipendium von dreißig Gulden und einem wöchentlichen Nebenverdienst von fünf Groschen auskam, die er als Famulus bezog. Freilich lag ihm das kavaliermäßige Auftreten eines Gecken fern, der einmal seine ganze Barschaft für eine moderne Pluderhose ausgab. Der Brauch des Schuldenmachens und der wucherischen Übervorteilungen ist ebenso alt wie das Studententum und müßte auch in Jena ein eigenes Kapitel der Kulturgeschichte sein.

„Von zweierley Studenten und Unterscheyd ihrer beiden Geschicklichkeiten" heißt ein fliegendes Blatt aus dem Ende des sechzehnten Jahrhunderts. Der eine der Jünglinge ist arm, der andere reich. Aber beide studieren sie fleißig vier Jahre lang; dann kehren sie heim. Der Reiche hat seine Gelehrsamkeit in den Büchern stecken; mit denen hat er einen Esel beladen. Da fällt das Tier von der Brücke und ertrinkt mit seiner teuren Last. Da klagt der junge Herr, daß all sein Wissen nun dahin ist. Der andere aber moralisiert: „Hättest du, thöricht Menschenkind, deine Weisheit tief ins Herze gefaßt, so hättest du sie nicht verlieren können; ich hab kein Buch, denn mein Herze eben, drin ist zumal, was Gott mir gegeben." Man hört hier von zwei fleißigen Studenten, / das ist ein seltenes Zeugnis. Wohl mag es der braven und stillen nicht weniger gegeben haben als der liederlichen; aber von ihnen schweigen die

Chronisten, und nur die bösen Streiche verzeichnen sie alle, die störend durch die friedsame Stadtluft fahren.

Die milde Wissenschaft läßt dem Jünger noch genug überschüssige Kraft; war es da ein Wunder, daß er sich an der lebensmutigen Energie der alten Weisheit berauschte, die den Konrad Celtes und den Eobanus Hessus so heidnisch umstrickt hatte! Ein lustig Lied, eine funkelnde Klinge, ein volles Glas und ein Lächeln schelmischer Mädchenaugen ist allezeit und überall das Herrenrecht des deutschen Studenten gewesen. „Wer nicht Lust hat zu einem schönen Pferd, zu einem blanken Schwert, zu einem schönen Weib, der hat kein Herz im Leib", so schrieb ein Student dem anderen ins Album zu Jena im Jahre 1595.

In einem Buch, das zu Straßburg 1608 erschien, dem Pugillus Facetiarum Iconographicarum, läßt Johannes von der Heyden auf einer hübschen Reihenfolge von Kupferstichen die Kapitel des Studentenlebens an uns vorüberziehen. Drastischer, als es die hinzugefügten Verslein vermögen, sprechen sie zu uns. Wir sehen die lustigen Brüder beim Schmaus und Würfelbecher und Minnespiel. Aber sie sind auch der edlen Musica ergeben und tummeln sich im Ballspiel. Sie gehen zum nächtlichen Ständchen bei Fackelschein, oder stoßen blutig mit der Stadtwache zusammen. Ein heller Jubel, wenn der Bote frisches Geld bringt; aber auch ein wehmütiges Bild: Der verbummelte Student sitzt mit verbundenem Arm und Kopf am Tisch, und um ihn liegen am Boden Würfelbrett, Becher, Kannen, Karten, Laute, Ballschläger, Tintenfaß. An der Wand hängt die Schuldentafel; vor ihm wiegt seine Dirne sein Kind auf den Armen, und an die geöffnete Tür schreibt der Pedell: Dominus citatur ad Rectorem.

Der Scholar, der Fuchs, heißt um das Jahr 1600 Beanus, eine Bezeichnung, die das latinisierte bec jaune (Gelbschnabel) der französischen Hochschulen ist. Beanus Est Animal Nesciens Vitam Studiosorum lautet die Erklärung eines viel zitierten Anagramms. Nun waren aber diese Novizen nicht die unreifen knabenhaften Bacchanten mehr, seit der Kursus der reformierten humanistischen Gymnasien sie länger als ehedem auf der Schulbank hielt. Es gibt noch einen „sehr schönen Brief von einem dummstolzen Beanus und einem demütigen Studenten". Jener ist einfältig und faul, aber anmaßend; dieser fleißig, klug, bescheiden. Und das Schicksal waltet ganz gerecht; es macht den

einen zu einer armseligen Vogelscheuche, den anderen zum Gemahl einer prächtigen Grafentochter.

Nicht allzu eifrig drängte sich die Jugend des sechzehnten Jahrhunderts zu den Quellen des Wissens, wenn wir den Klageliedern der Moralisten trauen wollen. Selbst ein so beliebter Lehrer wie Melanchthon seufzte, daß er nach Zuhörern betteln gehen müßte, und schrieb einmal ganz resigniert: „Morgen beginne ich die Interpretation der Antigone; eine Ermahnung mag ich nicht hinzufügen, denn bei diesen Barbarengemütern wäre sie doch vergeblich."

Die ersten jenenser Universitätsstatuten und alle folgenden suchten einer Entgleisung der Jünglinge väterlich vorzubeugen; sie ordneten sorgfältig ihren Studiengang und sorgsam ihre Lebensführung. Lesen wir da, was alles der Student tun sollte, so fühlen wir doch immer, daß er es nicht tat; und hinter jedem Gebote stand die Übertretung.

Vor allem war ihm ein kirchliches Leben zur Pflicht gemacht. Er sollte sich zu Gottes reinem Worte halten, wie es in der Augsburgischen Konfession, in der Apologie und in den Schmalkaldischen Artikeln ver= zeichnet stände; er sollte regelmäßig zum Gottesdienst gehen und vor jeder Gotteslästerung sich strenge hüten. Jeder war sodann einem in- spector morum et studiorum unterstellt. Auf die Nachlässigen drückte

48

man. Im Jahre 1569 ordneten die Statuten an, daß der Faule zuerst ernstlich ermahnt und gewarnt würde; dann wollte man den Eltern von seiner Trägheit Bericht erstatten, und endlich sollte der durchaus Widerspenstige von der Universität entfernt werden. Allein das alles blieb Drohung, die niemanden ernstlich schreckte.

Jena war bald kein friedseliges Zarpath mehr, wo stille Propheten von mildherzigen Matronen gespeist werden. Gleich in den ersten Jahren nach der Stiftung der hohen Schule klagte man, daß die betrieb= samen Bürger von ihren jungen Gästen zu hohe Miets= und Kostpreise nähmen. Die Wohnungen waren rar. Als Amsdorf seine Neffen unterbringen wollte, war die Stadt schier voll, und die Lebensmittel= preise schienen ihm außergewöhnlich teuer. Da legte sich der Fürst ins Mittel und ließ durch eine Kommission eine feste Taxe für die Miets= wohnungen aufstellen. Der Preis für eine Stube war fünf bis sechs Gulden im Semester. Auch die Beköstigung wurde dabei normiert; sie kostete im Paulinerkonvent wöchentlich vier bis fünf Groschen, bei den Bürgersleuten sechs bis acht Groschen.

Es war eine unbändige Jugend, die ihre Kraft am liebsten auf dem Markt und in den Gassen betätigte. Als der Württemberger Herzog Christoph einmal seine Universität Tübingen besuchte, konnte er vor dem Mordsgeschrei der Studenten kein Auge zumachen. Ganz so war es in Jena. Das Anfallen der friedlichen Einwohner, das Einbrechen in die Weinberge, das Nachtgeschrei, die grassationes nocturnae, das Gassatimgehen, das Fenstereinwerfen wird immer und ewig in den Sta= tuten verboten und nie ausgerottet. Die Studenten suchten Zank mit den Bürgerssöhnen, gerieten mit den Bäckern zusammen, so daß sogar einmal der Rektor verwundet ward, als er den Streit schlichten wollte; bekrieg= ten sich mit den Böttchergesellen, wenn diese ihren Innungsaufzug hielten, und wollten die alte Sitte der Schwerttänze den Handwerkern nicht erlauben. Sie drängten sich keck und unwillkommen in die Hoch= zeiten ein, die auf dem Rathause gefeiert wurden; suchten auch den Stadtsöhnen ihre Mädchen abspenstig zu machen. Immerhin war die bedürftige Bevölkerung zu klug, um es zu jenen förmlichen „lateinischen Kriegen" kommen zu lassen, wie es in Leipzig und Erfurt geschah. Dort übersandten einst die Schustergesellen der Universität einen regelrechten Fehdebrief, und hier kamen gar Bürger und Söldner mit Kanonen gegen das Kollegiengebäude heran, trieben die Insassen, ob sie gleich

Pallas mit Schild und Lanze schirmte, zur Flucht und zerstörten selbst
die kostbare Bibliothek.

Auch beim Tanzen erregten die jenenser Studenten Ärgernis durch
ihre Unart des „Abstoßens und Verdrehens". Hier halfen angedrehte

Geldstrafen ebensowenig, wie das Eifern gegen die ungeschnürte Sinnen-
lust etwas nützte, die den Jüngling zu den gefügigen Bürgerstöchtern
trieb. „Wer Äpfel schält und sie nicht ißt, eine Jungfrau halst und sie
nicht küßt, hat kühlen Wein und schenkt nicht ein, / der sollt ein Mönch

50

im Kloster sein", so sang der Student bei seinen Gelagen. Wie ehrsam tönt dagegen eine akademische Rede, die der Professor Wolfgang Heider 1590 hielt! Er rühmte die Vorzüge der Universitätsstadt, und unter diesen Vorzügen pries er / die Heiratslust der Studenten. Seit der Errichtung der jenenser Akademie, sagte er, seien von hier die Jungfrauen in alle Gegenden des deutschen Vaterlandes als glückliche Hausmütter gezogen.

Im Sommer sollte nach zehn Uhr abends, im Winter schon nach neun Uhr niemand mehr „mit einer kleinen oder großen Wehr, Geschoß oder Waffe" sich treffen lassen. Und doch liest man alle Augenblicke von einem Zusammenstoß mit den Stadtknechten, den „Nachtraben" oder den „Schnurren" und „Gergesenern", wie sie genannt werden. Bald wird ein Bürger von einem Studenten, bald ein Student von einem Bürger erstochen. Auch unter den Kommilitonen selbst kam es zum Waffenziehen, wenn Standeseifersüchtelei Adlige und Bürgerliche gegeneinander trieb. Einmal wird ein schwerer Kriminalfall verzeichnet. Da wurde im Jahre 1579 ein Student, der Sohn eines Professors, wegen gemeinen Diebstahls in Jena enthauptet.

Die Verwicklungen zwischen dem Bürgertum und der Studentenschaft führten dahin, daß die Universität schon in den allerersten Jahren ihre eigene Gerichtsbarkeit wenigstens in allen kleineren Straffällen und in Zivilstreitigkeiten erhielt. Der Rektor war der Richter. So bildeten Lernende und Lehrende, die alle zugleich von den städtischen und staat= lichen Steuern und Lasten befreit waren, eine privilegierte Gemeinschaft, einen Staat in der Stadt.

Was in Jena an derber Roheit zu Tage tritt, spielt sich mit denselben Zügen auf allen Universitäten ab, und die Barbarei des Studententums ist nur ein Stück der allgemeinen Barbarei, die das Kulturbild jener Zeit in aufdringlichen Farben weist. Man darf den Studenten nicht aus diesem Zusammenhange isolieren, wenn man ihm nicht unrecht tun will.

Mit breiter Holzschnittmanier malt sich in der satirischen Literatur diese Sodomwelt, in der die Spiel=, Freß=, Trink= und Hosenteufel re= gieren. „Sie knackt sehr," klagt Luther, „ich hoffe, sie werde bald brechen und in einen Haufen fallen", und weiter: „Alle Welt gehet in Fressen, Saufen, Unkeuschheit und in allen Lüsten frei, daß es sauset und brauset." Die Völlerei war der Inbegriff der Geselligkeit, und ein unflätiger Grobianismus stieß jede Höflichkeit und jeden Anstand bei= seite im Bürgerhause ebenso wie im Fürstenschloß. Das Bankettieren

war die einzige Kunst, die der Deutsche gut verstand, und die Sachsen
und die Niederdeutschen hatten es darin am weitesten gebracht. Es
war nichts Auffälliges, wenn sich in Jena ein Student in Branntwein
den Tod holte.

Wie ein ererbtes Recht und eine ewige Krankheit hatte sich das Zechen
von den Vaganten fortgepflanzt, die schon im zwölften Jahrhundert ihr

Singende
Scholaren
Holzschnitt
aus: De
generibus
ebriosorum
Nürnberg
1516

mihi est propositum in taberna mori gesungen hatten. Im Jahre 1556
erließen die drei Fürsten eine Polizeiverordnung gegen das „Vollsaufen
und Volltrinken". Auch die ersten Universitätsstatuten gingen dagegen
vor, und die revidierten Statuten vom Jahre 1591 geboten ausdrücklich
den Professoren und den Bürgersleuten, an ihren Tischen das Saufen
und die anderen Ausschweifungen der Studenten zu verhindern. Nach

mittelalterlich-konventioneller Gewohnheit hatte sich das Trinken zu
einer Gepflogenheit ausgebildet, die in gravitätischen Formen steckte. Die
Burschen tranken einander zu: pocula integra, ternis haustibus, ἀπνευστί,
Curle Murle Puff, latinum poculum. Und da gab es in der Jenaer Studentenherrlichkeit Disputationen zu Ehren des Bacchus. Die Zuhörer
hatten kleine Becher, der Opponent hielt einen großen Pokal; er stellte
in dreifachem Schluck „das jus objectionis" dar; der Respondent nahm
durch dreimaliges Trinken diesen „nassen Syllogismus" auf, und der
Präses trank den Rest aus.

Auf diesem feuchten Boden entsproß eine Trinkerpoesie, die mehr und
mehr jenen frischen Hauch und jenes freie Naturgefühl verlor, die einst
in den lateinischen Vagantenliedern des Archipoeta gejauchzt hatten.
Nur das Obscöne und Brutale blieb dauernd. „Laßt uns schlemmen
und demmen!".... „Sauf also dich voll und lege dich nieder! Steh
auf und sauf und besaufe dich wieder!".... Das ist der Geist.

Die Stammbuchblätter geben die Illustrationen dazu. Ein hübsch
gemaltes vom Jahre 1593 zeigt einen jenenser Burschen kavalierhaft
gekleidet. Das volle Glas hat er an den Mund gesetzt; ein junges Mädchen schenkt ihm indes schon wieder aus der Kanne ein; ein Fuchs eilt,
frischen Trunk zu holen, und ein Bauersmann rauft sich das Haar. Auf
dem Spruchband stehen die Worte: „Jung' hol Wein! Jungfrau schenkt
ein! Student trink aus! Bauer gib Geld aus!"

Jede feierliche Handlung des Lebens mußte eine umständliche Fest-
mahlzeit weihen. Wie das Ratskollegium seine Richter-, Schöppen-,
Schützen-, Heerschauessen zu halten pflegte, so feierte die Universitätsgemeinde ihre Ehrengelage bei Magisterpromotionen, ihre Aristoteles-
frühstücke, ihre Absolutions-, Acceß-, Hoch-, Pennal-, Vokationsschmäuse.

Mit besonders umständlichen Zeremonien aber war noch vor allem
die Aufnahme des jungen Studenten verbrämt. Das war die sogenannte Deposition ein Akt, der sich von den mittelalterlichen französischen Hochschulen herschreibt. Ein Dialog im Manuale scholarium vom
Jahre 1480 beschreibt ihn uns genau. Er erinnert an den Vorgang in
Pirckheimers bekanntem Eccius dedolatus und auch an die Gesellenweihe
der Handwerkerinnungen. Gleich nach der Stiftung der jenenser Akademie, schon 1548, wandten sich die zwei Professoren Strigel und Stigel an
die Söhne Johann Friedrichs mit der Bitte, die förmliche Deposition zu
gestatten, damit es sich zeige, daß Jena eine rechte Hochschule sei. Die

Depofitionsgebühren wollte man den Studenten im Anfang erlassen, eine Gunst, die offenbar als Lockung diente. Auch die Statuten von 1558 gaben der Depofition Raum; sie betrachten sie als eine Art Aufnahmeprüfung und bezeichnen sie als „eyne frey und ungefehrliche ceremonia". Noch 1657 hat der jenenser Professor Valentin Hoffmann den skurrilen Ritus in seiner Schrift „Laus depositionis beanorum" eines Hymnus für würdig gehalten. Zähe haben die gelehrten Herren an

dem Gebrauch, der ihnen eine Einnahmequelle war, durch die Jahrhunderte festgehalten, ob er gleich wesenlos geworden und in seinen Formen roh entartet war. Als sie endlich davon abstanden, zogen sie doch noch die Depofitionsgelder von jedem Neuling ein.

Das Zeremonielle sollte ursprünglich symbolisch darstellen, wie der Beanus, ein einfältig Tier, aus seinen Schülertorheiten und Knabenunarten herauswachsen muß, daß ein richtiger Mensch und ordentlicher Bursche aus ihm werde. Diese Wandlung war nun sehr umständlich. So ging es dabei zu: Von einem Haufen Studenten und Magistri werden die Novizen, die Füchse, in wildem Aufzuge zum Dekan der

54

Artistenfakultät geschleppt. „O beane," werden sie angeredet, „o asine, o foetide hirce, o olens capra, o bufo, o cifra, o figura nihili, o tu omnino nihil!" Ihr Antlitz ist geschwärzt, an ihrem Hute stecken krumme Hörner, lange Ohren sind ihnen angesetzt, und im Munde müssen sie große Schweinezähne halten. Sie können dabei nicht sprechen; sie grunzen nur, und es geht ein greulicher Gestank von ihnen aus. Nun müssen sie sich auf den Boden oder auf eine harte Holzbank legen, und dann beginnt man sie mit abenteuerlichem Handwerkszeug zu bearbeiten. Eine ungeheuerliche Art kommt und schlägt ihnen die Hörner, das Kennzeichen eines störrischen Sinnes, ab. Ihre Haare werden mit einem ungefügen Kamm gekämmt und mit einer langen Schere geschnitten. Der Bart, meist mit Kohle gemalt, wird ihnen gewalttätig geschoren. Dann reißt man ihnen einen Backenzahn aus, in dem alle beißenden und fressenden Leidenschaften sitzen; man löffelt ihnen die Ohren rein; man sägt, feilt, bohrt, hobelt an ihnen herum; begießt sie mit Wasser, flößt ihnen ekelhafte Mixturen und Pillen ein.

Mit wenig Witz und vielem Behagen vollzog man diese grausamen Quälereien auf allen Universitäten in derselben Weise, und dem Geschmack der Zeitgenossen erschienen die Szenen humorvoll genug, um sie immer wieder in Holzschnitten abzubilden. Auch ein Lied, das der Chorus anstimmte, ist erhalten:

BEANUS ILLE SORDIDUS,
SPECTANDUS ALTIS CORNIBUS,
UT SIT NOVUS SCHOLASTICUS,
PROVIDERIT DE SUMPTIBUS,
SIGNUM FRICAMUS HORRIDUM,
CRASSUM DOLAMUS RUSTICUM,
CURVUM QUOD EST DEFLECTIMUS,
ALTUM QUOD EST DEPONIMUS.

Während des lärmenden Vorganges pflegte ursprünglich der Dekan den Beanus in der lateinischen Grammatik zu prüfen, / und das ist die Andeutung eines ernsthaften Momentes, das zu Grunde lag. Doch eine spätere Zeit setzte ein fratzenhaftes Examen dafür ein. Und diesen Sinn schob man unter: „Den einbildischen Ignoranten wollte man die derbe Wahrheit unter die Augen reiben, dumme Köpfe zur Ausübung des ingenii anmahnen, hurtige Geister aber mit etwas gelinderer Art zur Schärfung des Verstandes und Erlernung der Philosophie anreizen." War zum Schluß der gepeinigte junge Student von seinem Beanismus

gesäubert, so reichte ihm der Dekan das Salz der Weisheit und goß ihm
den Wein der Reinigung über den Kopf, / eine wenig achtungsvolle
Travestie frommer Sakramente. Doch wir müssen die Zeit aus der Zeit
verstehen. Selbst Luther fand an diesen Depositionsgebräuchen so gar
nichts Abstoßendes, daß er als Dekan in amtlicher Stellung wiederholt
daran teilnahm. Von seinen Ansprachen haben sich einige erhalten, die
dann wenigstens aus den rohen Scherzen eine würdigere Symbolik
herauszufinden versuchen. Das ganze Menschenleben, sagte er einmal
bei solcher Gelegenheit, ist eine fortgesetzte Deposition; die Lehrer, die
Pastoren, der Rektor werden dich hart genug anfassen, um aus einem
Gottlosen einen Frommen zu machen; und nimmst du eine Gattin, so
deponiert die dich auch in ihrer Weise, indem sie dir Sanftmut und Ge-
fügsamkeit beibringt; und so geht es weiter, Bauern, Ritter, Bürger,
ja selbst deine Diener setzen dir Hörner auf bis an dein seliges Ende!

Wahlverwandtschaftliche Verbindungen sind auch im gärenden Studentenleben ein Naturprozeß. Im Mittelalter gaben die Bursen den
Scholaren einen genossenschaftlichen Halt; nun traten an ihre Stelle
die Zusammenschlüsse, die auf dem heimatlichen Stammescharakter be-
ruhten. Sie erinnern wohl an die Gilden deutscher Kaufleute im Aus-

lande. Compagnia conterraneorum oder kurzweg Nationen wurden sie
genannt. Sie führten eine nationale Matrikel, schieden sich die eine von
der anderen durch bunte Abzeichen und wählten sich einen Präsidenten,
dem sie zwei Fiskale an die Seite stellten. Im Grunde haben sich diese
Züge durch den Wandel der Zeiten hindurch erhalten bis auf den heutigen Tag.

Gleich schossen nun aus diesen Bildungen geile Auswüchse auf, die
dann am Anfang des siebzehnten Jahrhunderts zu der Erscheinung des
entsetzlichen Pennalismus führten. Die unwürdigen Qualen der Deposition verlängerten sich dadurch für den jungen Fuchs, den Pennal, auf
anderthalb Jahre. Er kommt aus dem Vaterhaus, schüchtern und un-
gelenk, in eine Welt wilder Gesellen. Mürbe gemacht durch Beschimp-
fungen, Verhöhnungen, Vergewaltigungen fällt er seiner Landsmannschaft zum Opfer. Nun unterliegt er der Tyrannei der älteren Studenten, der Schoristen, der Scherer. Sie erniedrigen ihn vom Kameraden zum willenlosen Sklaven. Ein unehrenhaftes System der Knechtung
und der körperlichen Züchtigungen stößt ihn zu den gemeinsten Dienst-
handlungen herab. Seine neuen Kleider, die er aus dem Vaterhause mitbrachte, hat er gleich am ersten Tage hergeben müssen. Nun läuft er
zerlumpt, verwahrlost, unsauber, im durchlöcherten Rock, in zerrissenen
Hosen und ausgetretenen Pantoffeln. Der Schorist kommandiert, ve-
xiert, tribuliert, schikaniert, malträtiert; der Pennal putzt ihm die Stiefel, tut Botengänge, trägt ihm den Raufdegen und die Spielkarten
nach, muß Geld schaffen, wenn er seine eigenen Mutterpfennige herge-
geben hat, spült die Gläser, schenkt ein, schleppt den Betrunkenen nach
Hause; wird mit Fußtritten belohnt, blutig geschlagen und gestoßen.
Blöde hockt er unter der Bank. Seine Namen sind Rapschnabel, Spul-
wurm, Feix, Mutterkalb, Säugling, Hausunke, Quasimodogenitus. Ein
Jahr, sechs Monate, sechs Wochen, sechs Stunden, sechs Minuten dauert
diese brutale Folter. Dann kommt der Erlösungsschmaus, bei dem er
ein Ragout aus zerschnittener Wurst, Salz, Brot, Nesseln, Tinte, Butter,
Scherben, Kot, Nußschalen und zerstoßenen Ziegelsteinen und dazu einen
ähnlich zubereiteten Trank hinunterwürgen muß. Man gürtet ihm den
Degen um; er wird im Namen der heiligen Dreieinigkeit absolviert und
zum freien Burschen erklärt und darf sich für sein Herrenrecht nun auch
seine Opfer suchen.

Manch einer ist den Torturen erlegen, körperlich und seelisch zu

Kpfr. aus:
Peter Rollos,
Vita Corne-
liana 1610

Hic comedat, bibat ille, Vorëtq canätq carëtq:
Labra labris ijungo quando ego: dives ero.

Grunde gegangen. Im Jahre 1615 quälten die jenenser Schoristen einen armen Jungen derart, daß er in seiner Not zum Fenster hinaussprang und den Hals brach. Die Schuldigen büßten nur mit geringen Geldstrafen. In ungenierter Überhebung und plumper Flegelhaftigkeit stolzierten die Schoristen auf den Gassen, „Erzpennalputzer“, wie sie von ihren Gepeinigten im geheimen genannt wurden, „die Absoluti, die freyen redlichen, dapffern und hertzhafften Studenten“, wie sie sich selbst bezeichneten. Der jenenser Professor Heider hat ihr Treiben drastisch genug in einer ausführlichen Rede gemalt. Sie lärmen mit Gebrüll und Paukenschall durch die nächtliche Ruhe, werfen die Fenster ein, wo sie Licht sehen, schlagen an die Türen, fechten ihre Raufhändel auf dem Markte aus und belästigen jedes Bürgermädchen . . . . „Früh schläft das zarte und liebliche Brüderlein bis um neun, danach aber, wo etwas Zeit bis zum Mittagsmahl übrig, bringet er solche zu, die Haare zu kämmen, zu krümmen, zu putzen, zu reiben, nach Läusen zu stellen oder doch die Saufpfinnen und Schwären im Gesichte auszudrücken. Bei Tisch frisset der Unmensch wenig, denn der gestrige rasende Rausch will es nirgends gestatten; unterdessen aber schüttet er von sich einen vollen

58

Enlapis, in medio qui tendit ad exteriora
Appositum sumens pocla meretur ovans.

Wer in der Mitt schiebt biß zu Endt
Mit seinem Stain, der kriegt behendt
Die Zeche frey, vnd nimbt hinweg
Was zugesetzt auf diesem Zweg.

Wust von tölpischen Stockereien, von garstigen Unflätereien, dergestalt, daß, sobald er seine übelriechenden Goschen öffnet, alle Knaben und Mägdlein davonlaufen, damit sie nicht von dem Atem des pestilenzhaftigen Siechen angesteckt werden".... Nach Mittag schläft das faule Murmeltier und Meerkalb, oder wandelt mit seinem Jungen im Weidicht, oder sitzt in gemeinen Trinkzechen und rüstet sich zu den Nachtscharmützeln. Wenn er dann des Weines und Bieres voll ist, bricht er los mit Rültzen, Grültzen, Rauschen, Schreien, Wüten, Steinhauen, Fenstereinwerfen und siebenhunderttausend Sakramenten.

Das öffentliche Kolleg besucht er nie oder nur, um die Stimmen, die Reden und die Gebärden der Professoren nachzuäffen. Daheim in seiner Stube ist kein Buch zu finden außer einigen „Zauber= und Amadisischen Fratzen"; dafür aber Büchsen, Panzer, eiserne Handschuhe, wattierte Wämser, Humpen, Karten, Brettspiel, Würfel ....

„Endlich scheidet der Schorist von der Universität, fast allezeit schattengelb, mager, halbäugig, hinkend, zehrlos, mit Narben und Heften durch und durch zerflickt." Cornelius ist die Bezeichnung des siebzehnten Jahrhunderts für den Typus des verbummelten Studenten. In einem Buche von Peter Rollos, Vita Corneliana, ist sein ganzer Lebenslauf beschrieben. Haltlos und ehrlos, vagabundierend wie die entlohnten Söldner, zum bürgerlichen Handwerk verdorben, bildet er schließlich eine gefürchtete Staffage der Landstraße.

Das Unwesen des Pennalismus erschien schon den Zeitgenossen als „pestartiger Brand und Krebs" und entzündete die Entrüstung der Moralisten. Es lag nahe, bei dem liederlichen Treiben an das Gleichnis vom verlorenen Sohn zu denken; nur mußte man sich den versöhnenden Schluß der Parabel versagen. Die Studentenkomödien nahmen das Thema auf; keine hat es eindringlicher behandelt als Albert Wichgrevs „Cornelius relegatus", ein Stück, das die Rostocker Studenten selbst 1600 in lateinischer Sprache aufführten und das sich dann sehr schnell in deutscher Übersetzung überallhin verbreitete. Der Übersetzer klagt in seiner Vorrede, daß die „Cornelianische Seuche" wie eine Wasserflut eingerissen sei; aber er wirft einen sehr großen Teil der Schuld den Eltern zu. „Nicht nur Lappenheuser schneiden ihren Kindern die Kappen zurecht, sondern junge, leimstenglerische Väter gewöhnen ihre Ehepflänzlein flugs zu langen französischen Haarlocken, weiten Müllerhosen und neuer utopischer leimstenglerischer Cornelianischer Manier und Zier."

Im Jahre 1621 hielt der Rostocker Professor Quistorp auf seinem Katheder eine donnernde Rede gegen die Schoristen, und auch Moscherosch hieb in seinen bekannten Schilderungen mit Geißelschlägen auf das Unwesen der entsetzlichen Saufgelage ein. Dann gingen auch die Behörden zum Angriff. Schon 1610 findet sich in Jena eine Verordnung gegen den Pennalismus. Man suchte selbst, um wirksamer vorbeugen zu können, das Nest des Übels zu zerstören und die Landsmannschaften oder Nationen zu sprengen. Im Jahre 1638 taten sich sogar acht Universitäten zum gemeinsamen Handeln zusammen. Aber Mandate und Predigten nützten nichts. Im dreißigjährigen Kriege wucherte die Roheit am üppigsten. Nun dachte die Jugend an Selbsthilfe. Es kam im Jahre 1644 ein Student von Leipzig herüber, um unter den Pennalen eine Opposition gegen die Schoristen zu bilden. Aber im Zusammenstoß mit den Terroristen mußte er aufs Schloß flüchten. Und dem Amtmann, der ihn hier schützte, warfen sie die Fenster ein. Da kam der Herzog selbst mit Reitern, aufgebotenem Landvolk und zwei Geschützen. Aufs heftigste erregt, verhängte er über die Schoristen harte Strafen;

fünf führte er gefangen nach Weimar fort, und zwei ließ er zwischen seinen Reitern hindurch Spießruten laufen.

Zehn Jahre später beschlossen die evangelischen Reichsstände zu Regensburg, daß jede Religionsstrafe, die von den einzelnen Universitäten wegen des Pennalismus verhängt würde, als allgemein verbindlich gelten, und jeder Relegierte in allen ihren Ländern von allen Ehren und Ämtern ausgeschlossen bleiben sollte.

In Jena warfen sich die Schoristen noch einmal im Jahre 1660 auf. Eine Senatsversammlung tagte gerade, die die Tumultmacher relegieren wollte, da stürmten sie heran und sprengten die Versammlung. Die Soldatenwache und ein Aufgebot der Bürgerwehr, 400 Mann stark, wollten die Straßenruhe sichern; es kam zum Gefecht, und zwei Studenten fielen, und zwei wurden tödlich verwundet. Aus Weimar rückte ein übermächtiges Truppenkontingent herbei, schloß die Tore und führte achtzehn Aufrührer gefesselt mit sich. Die anderen mußten durch Handschlag dem Rektor erneute Treue geloben. Das war hier das letzte bedrohliche Aufflammen einer merkwürdigen Kulturverirrung. Kurandors „Schoristenteufel", der 1661 in Jena erschien, mag als literarischer Abschluß gelten.

Gewalt hat den Pennalismus nicht aus der Bahn geschlendert, / er hatte sich überlebt und fand keinen Gedeihboden mehr zwischen den neuen Kulturelementen, die die neue Zeit heraufführten.

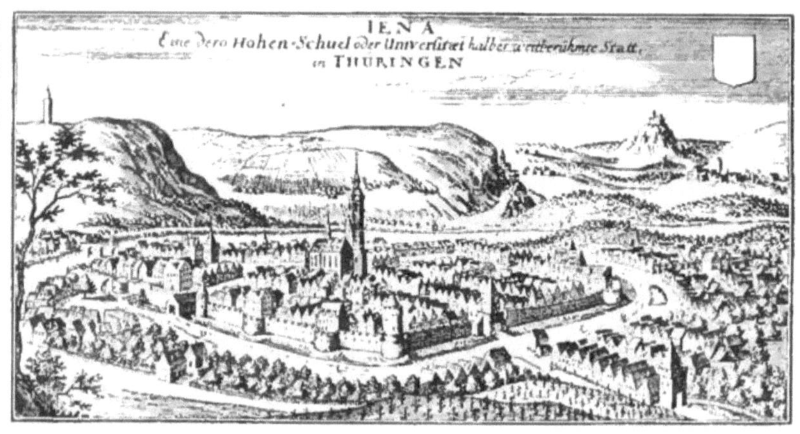

Gelehrtenleben und Studententum in Jena vom großen Kriege bis zur klassischen Zeit

FLOREAT ACADEMIA NOSTRA SICUT ROSA INTER SPINAS sprach der jenenser Theologe Johannes Gerhard. Es überrascht, daß er den Ausspruch unmittelbar nach dem großen Kriege tat. Im Jahre 1620 hatte Johann Ernst II. nach Jena geschickt und von der theologischen Fakultät den Rat eingeholt, wie er sich wohl zum böhmischen Kriege verhalten sollte. Das Gutachten, das ihm die frommen Herren nach sorgsamem Bedenken übersandten, enthielt acht Gründe, und die sprachen alle dafür, daß der Herzog neutral bleibe und nichts Feindseliges gegen die Kaiserliche Majestät unternehme. Allein die Neutralität ist, wenn zwei große Gewalten zusammenplatzen, für den, der dazwischen wohnt, immer nur ein dünner Panzer, und mit dem Kurfürstentum Sachsen zusammen wurden auch die sächsischen Herzogtümer im Laufe des Krieges unsanft aus ihrer Politik der Zurückhaltung und Verlegenheit herausgetrieben. Ligisten und Schweden, Wallensteiner und Franzosen und wieder Kaiserliche und Schweden sind unbarmherzig über Thüringen dahingezogen, und Jena, an einer nicht unwichtigen Kriegsstraße gelegen, hat oft genug die Habgier der Verwilderten gereizt. Dann nützten auch die Schutzbriefe nicht eben viel, die nach humanem Gebrauch der Universität von kaiserlichen und schwedischen Feldherren ausgestellt waren.

Am blutigsten prägte sich den Bürgern der fünfte Februar des Jahres 1637 ein, als die Schweden unter ihrem Oberst Stahlhans Jena verließen und einen Bogen der Saalebrücke hinter sich abbrachen und dann in demselben Augenblick / es läutete gerade die Vesperglocke / Graf Götzen mit kaiserlichem und bayrischem Soldatenvolk den Steiger herab kam, durch das Pförtchen am Schloß und durch die anderen Tore alle in die Stadt eindrang. Drei Tage lang lagen die Einwohner unter dem gierigen Griff der Furie, und die Häuser brannten an allen Ecken und Enden. In den Kirchen, in der Universität, im Rathause ließen die Plünderer nichts als die nackten Mauern. / Einlagerungen, Kontributionen und Brandschatzungen dauerten im grausamen Wechsel fort. Erst am 19. August 1650 feierte man das Friedensfest. Singend zogen die Kinder in weißen Kleidern und geschmückt mit Blumenkränzen durch die Gassen, und so innig war die Freude, weil alle Fehd' nun ein Ende hatte, daß die verarmten Kirchgänger doch noch beim Festgottesdienst 92 Gulden in den Klingelbeutel zu Sankt Michael taten.

Entsetzlicher noch als das kriegerische Gesindel hatten unter den Bürgersleuten die Pest und die rote Ruhr gewütet, die die Heere mitgebracht und zurückgelassen hatten. Mißwachs, Hagelschlag und Teuerung waren dazugekommen. Im August des Jahres 1638 war nach unaufhörlichen Regengüssen sogar dicker Schnee gefallen. Auf den Straßen hatten bald die Menschen vor Hunger tot gelegen, Hunderte hatten nur von Wurzeln, Gras und Laub gelebt und hatten sich um ein gefallenes Stück Vieh gerissen.

Der Bürger mochte stöhnen; das bare Geld hatten die Soldaten weggetragen; das Gewerbe fand keinen Lohn, und die Lebensmittelpreise gingen hoch.

Auch die Universität war in die allgemeine Not hineingezogen. Das Gehalt wurde den Professoren nicht gezahlt, und die Nebeneinkünfte versagten mit der Länge des Krieges. Johannes Gerhard hatte im Jahre 1630 ein Einkommen von 350 Gulden; allein schon seit vier Jahren schuldete es ihm die Regierung. Da hielt er sich Kostgänger, zwanzig bis dreißig Studenten. Es muß ihm immerhin ein einträgliches Geschäft gewesen sein, denn man weiß, daß er ein großes Barvermögen erwarb und sich das Rittergut Roßla bei Apolda kaufte. Der war nun ein tüchtiger Mensch und ein geschätzter Gelehrter. Aber manch anderer verkam in Trägheit, hielt einen Bier- und Weinausschank und förderte die

Bacchanalien der Studenten. So fand ein junger Musensohn, der im Jahre 1630 zu Ostern nach Jena kam, die juristische Fakultät sehr übel bestellt. Erst am 10. Juli brachte sein Mentor, der weidlich bei den Professoren herumgelaufen war und Bitten und Versprechungen nicht gespart hatte, ein Kolleg zustande. Es blieb auch das einzige juristische, das er in Jena zu hören bekam, und er mußte dafür noch eine Spende von acht Reichstalern machen. Was sonst im Programm von exercitia publica und lectoria und oratoria stand, trat nie in Kraft; der Pedell brauchte die Türen garnicht aufzuschließen.

Damals war es noch still im Lande, aber im Jahre 1631 kam der Schrecken heran und jagte die Studenten auseinander. Manch einer ging auch mit den siegenden Fahnen. In den dreißiger und vierziger Jahren stand die Ziffer sehr niedrig. Allerdings nicht auf lange Zeit. Das stetige Steigen der souveränen Fürstenmacht, die eines viel= gegliederten Beamtenapparates immer mehr bedurfte, hatte zur Folge, daß immer mehr junge Leute sich zum Studium drängten. Man machte es ihnen auch leicht genug. Die Regierungen in Weimar und Alten= burg setzten, um das Bedürfnis an Geistlichen zu decken, die Studien= zeit der Theologen bald nach dem Kriege auf zwei, ja dann sogar auf anderthalb Jahre herab. So hob sich die Frequenz sehr schnell, und sie soll in den fünfziger Jahren schon auf zweitausend gestiegen sein.

Der dreißigjährige Krieg war zwar nicht der gewaltsame Eingriff von außen, der aus einem gesunden Körper einen kranken machte, aber es war der ungestüme Ausbruch eines Leidens, das seit langen Jahren in den Eingeweiden wühlte.

Der Anfang des kulturellen Niederganges liegt schon im sechzehnten Jahrhundert, und man kann die Skala abwärts Grad für Grad in den Universitätsstädten trefflich registrieren. Das kleingeistige theologische Wortgezeter, der unsinnige Kleideraufwand, der Hang zu ausschweifen= den Eß= und Trinkgelagen, die Vergröberung der gesellschaftlichen Um= gangsformen, / alles das sind traurige Symptome. Nun steigerte der wilde Krieg das ins Maßlose, ins Wahnsinnige und stellte als Wider= spruch dazu den wirtschaftlichen Verfall und die bürgerliche Armut hin. Und trotz alledem ist aus den Erfahrungen der furchtbaren Notjahre auch unendlich viel Schönes entsprossen. Die Luft war gereinigt, der Boden um und um gepflügt. Nun konnte erst eine moderne Wissen=

64

schaft erwachsen. Blickt man von der Höhe zurück, so mag des Guten,
das im Stillen treibt, mehr sein als des Entsetzlichen, das das Auge
schneller gewahrt. Die Wirkungen des neuen Zuges gingen mehr in die Tiefe
und mehr in die Breite als in der Zeit des Humanismus. Und ist die
Geschichte jener Zeiten voller Irrungen und Wirrungen, voller Ver-
schrobenheiten und Verbildungen, es zieht doch durch dies Tappen und
Tasten unverkennbar ein Drang der großen Sehnsucht hin zur Befreiung
von verrosteten Ketten, zu einem deutschen Leben, zu einer nationalen
Kultur.

An den Höfen sammeln sich die Erscheinungsformen der Dekadenz
sowie die Ansätze zu einer Erstarkung am auffälligsten; aber fast ebenso
mannigfaltig zeichnen sie sich in dem Kulturbilde einer deutschen Universität. Hier gibt die Jugend vor allem die charakterisierenden Striche,
und diese Jugend greift immer gleich leidenschaftlich ohne Bedenken
alles auf, Wertvolles und Wertloses, / wenn es nur neu ist.

Jena war in der zweiten Hälfte des siebzehnten Jahrhunderts aus-
ersehen, zugleich Hofstadt und Universitätsstadt zu sein.

Infolge der Erbfolgeordnung von 1662 wurde die Stadt mit Burgau,
Lobeda, Bürgel, Dornburg, Apolda, Allstedt und anderen kleinen Herr-
schaften zusammengelegt, und aus diesem Konglomerat wurde ein eigenes
Herzogtum Sachsen-Jena gebildet. Das alte Schloß wurde Residenz.
Es war gerade vorher von Wilhelm IV. stattlich ausgebaut; man kann
es noch sehen auf der Baugedächtnismünze, die er 1661 hat prägen
lassen. Zwei Herzöge haben hier regiert, Herzog Bernhard von 1662
bis 1678 und Herzog Johann Wilhelm von 1678 bis 1690. Sie schlafen
in der Fürstengruft der Michaeliskirche und neben ihnen und einem früh-
gestorbenen Prinzen die erste und einzige Herzogin von Jena, Maria de
Trémouille, Herzog Bernhards Gemahlin. Im Jahre 1690 kam das
Herzogtum Jena an Eisenach und erst 1741 zurück an Weimar. Das
städtische Museum bewahrt noch aus den herzoglich jenaischen Tagen
Münzen auf, besonders Rektoratstaler mit den Bildnissen der Fürsten
und Taler und Groschen, die man beim Hinscheiden der drei Fürstlich-
keiten geprägt hat. Die Herzogin, mit prächtigem Spitzenkragen und
köstlicher Haube geschmückt, blickt uns aus einer sauberen Federzeich-
nung an, die das Rathaus besitzt.

Hofstatt und Hochschule, dies Nebeneinander währte kurze Zeit. Die
eine verödete, die andere sättigte sich in frischer Lebenskraft. Schließ-

lich hat die eine der anderen den Platz ganz geräumt, so in Wirklich=
keit, daß da, wo einst das alte Schloß behaglich stand, heute sich festlich
lächelnd die Universität hingesetzt hat.

Humanistische Schwärmer hatten einmal, von nationalem Stolze

hingerissen und in bewußtem Gegensatz gegen die Überhebung der Wel=
schen, gehofft, Menschen von einer deutschen Eigenart bilden zu können.

66

Das war nicht gelungen. Der Stil war immer wieder ins Spanische oder Italienische hinübergegangen. Seit der zweiten Hälfte des siebzehnten Jahrhunderts nahm nun das deutsche Kulturideal ganz französische Züge an mit all dem Unerfreulichen und Unlöslichen, das sich daraus ergab. Wer sich ehemals auf sein Latein etwas zugute tat, begann französisch zu sprechen. Selbst in die Studentenstammbücher drangen die fremden Laute ein. Die altfränkische Gravität ornamentierte sich mit leichten Pariser Floskeln, und der Grobianus schlüpfte unter den Lack modischer Anstandsregeln, die in den vielbegehrten Komplimentierbüchlein billig zu haben waren. Man wollte galant sein, aber die Grazie blieb aus. Die alten Derbheiten fanden nur in den zweideutigen Witzen und eindeutigen Zoten einen schlimmen Ersatz. Es liegen auf der jenenser Bibliothek große Sammelbände aus studentischem Besitz, die voll sind von schmutzigen Liedern und Bildern.

Die Zeit stilisierte auch den Gelehrten ins Barocke. Hatte der Humanismus seinen Herd mitten im Bürgertum gebaut, so sucht das Gelehrtenwesen nun die Wärme und den Glanz, den die Gunst der hundert kleinen Fürsten Germaniens ausstrahlt. Der Republikanergeist der Wissenschaft hat lahme Flügel. Ein Knechtssinn erniedrigt die Geister, und Ängstlichkeit bindet die zagen Seelen. „Eurer Wohl- und Ehrenvesten Wohlweisheit und Vorachtbarkeit Gebetbeflissener und Dienstwilliger“ unterschrieb sich der Archidiakonus Beier, als er seinen Geographus Jenensis dem Magistrat widmete. „Gelehrte und Huren kann man für Geld haben“ sagte ein bitteres Sprichwort.

Im Sammeln und Aufspeichern vergeudete sich ein Kompendien- und Kuriositätenverstand. Es war die Epoche der Polyhistorie, die Epoche eines Goldast, Morhof, Kircher, Konring, Meibom. Und der Schwulst, der wie eine Wolke Puder auf den erotischen Liedern Hoffmannswaldaus und Lohensteins lag und sich in der gefühlsheuchlerischen Rhetorik der Briefe und in der grotesken Geschmacklosigkeit der Bilderjagden breitmachte, fiel auch über das Gelehrtentum her. Dabei geriet die wissenschaftliche Methode zunächst immer tiefer wieder ins Formalistische und Scholastische hinein.

Die Renaissance hatte den Gelehrten zwar gerne mit einem mystischen Schein umgeben, hatte aber doch stets eine tüchtige Persönlichkeitsbildung in ihm geachtet. Die neue Zeit beginnt ihn zu karikieren, macht ihn zu einem barocken Sonderling, zu einem / Original. Schon muß er

die große Hornbrille tragen, und die Tabakpfeife wird seine Trösterin.
Über seinen Büchern vergißt er Essen und Trinken, und auf das Haus
des Weltfremden geht reicher Kindersegen nieder. Zehn Jahre nach
dem Kriege skizziert Amos Comenius in seinem Orbis pictus das Stu=
dierstüblein des Gelehrten also: „Es ist ein Ort, wo der Kunstliebende

abgesondert von den Leuten alleine sitzet, dem Kunstfleiß ergeben, in=
dem er Bücher lieset, welche er neben sich auf dem Pulte aufschläget
und daraus in sein Handbuch das Beste auszeichnet und darinnen mit
Unterstreichen oder am Rand mit einem Sternlein bezeichnet. Wer bei
Nacht studieren will, der stecket ein Licht auf den Leuchter, welches ge=

68

putzet wird mit der Lichtscher. Vor das Licht stellet er den Lichtschirm, welcher grün ist, damit er nicht abnütze die Schärfe des Gesichts. Die Reicheren gebrauchen Wachskerzen, denn das Unschlittlicht stinket und räuchert."

Um das Jahr 1700 wandelt sich dieser Typus. Es wird der Galanthomme-Gelehrte. Die Wissenschaft findet den Boden der modernen Wirklichkeit wieder. Globus und Wandkarte gehören nun auf den Bildern zu den Requisiten der Studierstube. Der Zeitgeschmack will den Pomp. Im roten Staatsrock mit prächtiger Stickerei, auf dem Haupt die Allongeperücke, in königliche Positur vor einem gebauschten schweren Samtvorhang / und vom dicken Goldrahmen umgeben / so läßt der Mann der Wissenschaft sein Porträt malen. Er will repräsentieren. Man sehe sich einmal einen Professorenaufzug an, wie man ihn bei Gelegenheit irgend einer akademischen Jubelfeier in Kupfer stach, / alle diese Herren in ihrer Grandezza, wie sie daherstolzieren mit der wallenden Lockenfülle, mit dem zierlichen Batisttüchlein und mit feinen Brabanter Spitzen, mit dem dünnen Degen, mit goldknopfgezierten Stöcken, selbstbewußt wie die Seigneurs des Roi soleil.

Die Gesichter sind zumeist bartlos; einige ziert das kleine flotte Schnurrbärtchen der Kavaliere. Kein Fürst hatte einst daran gedacht, Martin Luther zu adeln, aber die Gelehrten des siebzehnten und achtzehnten Jahrhunderts lassen sich gern aus dem Bürgertum herausrücken. Pufendorf, Wolff, Leibniz sind von ihren Landesherren in den Freiherrnstand erhoben. Der Standesstolz hat aber die Professoren damals nicht abgehalten, kaltblütig Plagiate zu schreiben und wissenschaftliche Fälschungen zu begehen. Die Forderungen einer teueren Lebensführung und im Widerspruch dazu die gering bemessene Summe des Einkommens mag manche Charakterschwäche notdürftig bemänteln. Betrug doch das Gehalt eines Professors noch am Ausgang des achtzehnten Jahrhunderts kaum vierhundert bis fünfhundert Taler.

Mit den Flacianischen Streitigkeiten war der theologische Hadersinn an der Jenaer Universität nicht erschöpft; das Geschlecht, dem die Unduldsamkeit zur Gewohnheit geworden war, ging noch lange auf seinen Spuren. Die Konkordienformel gab den ängstlichen Gemütern in den thüringischen Landen einen Anhalt. Die Professoren der Theologie mußten sich schriftlich auf sie verpflichten; und sie fanden sich auch voll Eifers auf den kirchlichen Konventen ein, die der Dresdener Hofprediger

Hoe von Hoenegg für die sächsischen und thüringischen Gottesgelehrten abhielt. In den Lektionskatalogen nehmen die polemischen Vorlesungen gegen die Papisten, Kalvinisten, Sozinianer, Enthusiasten und Fanatiker einen breiten Raum ein.

So fanden die kalixtinischen Versöhnungsideen, die aus der milden melanchthonischen Quelle entsprangen, einen feindlichen Damm hier.

Zunächst nur. Denn was so gemütvoll und herzlich aus ihnen sprach, mußte doch wenigstens die gewinnen, die in der Toleranz die Vorbedingung einer fruchtbaren theologischen Forschung sahen. Freilich waren dies in erster Linie die Philosophen, vor allem der Professor der Logik und Metaphysik Daniel Stahl. Dann wurde auch Johannes Gerhard durch ein persönliches Gespräch im Jahre 1633 von Kalixt gewonnen.

70

Salomon Glaß und Johannes Musäus, der auf seinem Grabmal in der
Kollegienkirche noch heute so lebendig dreinschaut, hielten zu ihm. Und
überall begann ein junges Blut zu klopfen. Da gebot im Jahre 1652
ein herzoglicher Befehl die strengste Zurückhaltung, um jedes Ärgernis
zu meiden. Der hieß: „Ihr sollt geloben und schwören, daß ihr wollt
bei der reinen Lehre und christlichem Bekenntnis dieser Lande, wie die=

selbe in der ersten ungeänderten Augsburgischen Konfession und deren
Apologie begriffen, in den Schmalkaldischen Artikeln, beiden Katechis=
men und dem christlichen Konkordienbuch wiederholt ist, beständig ohne
einigen Falsch verbleiben und verharren und dawider nichts heimlich
oder öffentlich praktizieren.“ Noch 1679 forderten die Herzöge von allen
neunzehn Professoren der vier Fakultäten die eidliche Lossage von allen

Bestrebungen, die auf eine Annäherung der Konfessionen hinarbeiteten. Es sollte in Atemnot verkümmern, was nach freier Bewegung rang. Immerhin findet man die Vorlesungen über Moraltheologie, die Kaligt erneuert hatte, seit 1678 dauernd im Katalog.

Und es dauerte kaum ein Jahrzehnt, da wehte der Luftzug frischer, die fürstlichen Beschützer der Universität dachten weitherziger, und Jena war wohl auf dem Plan, als es galt, mit Speners pietistischen Ideen Glaubensinnigkeit zu wecken und den theologischen Wortkram beiseite zu kehren. Johann Franz Buddeus (1667—1729) und Johann E. J. Walch (1693—1775) standen ganz im Pietismus, und der Historiker Kaspar Sagittarius (—1694) trat in seinen Streitschriften rasch entschlossen für ihn ein. Es war ganz im Spenerschen Sinne, daß ein Collegium biblicum angezeigt wurde und „ascetische" Vorlesungen regelmäßig von Buddeus und Walch gehalten wurden. Diese zwei Namen lockten Studenten in großer Zahl. Als man 1731 dem Professor Buddeus ein „letztes Ehrengedächtnis" aufrichtete, hieß es darin: „Durch ihn ist Jena ein Zion geworden, nachdem es lange Zeit um großer Sünde willen fast einen üblen Namen tragen müssen." Und seinen Genossen pries ein „Jubelgedächtnis": „Schon längst haben Religion, ausgebreiteter Ruhm und Patriotismus den Namen unseres vortrefflichen Walchs sich so zu eigen gemacht, daß er in dem Heiligtum Gottes, im Reiche der Wissenschaft und in den Herzen der Redlichen auf ewig glänzen wird."

In den Jahrzehnten, die dem dreißigjährigen Kriege folgten, war das wissenschaftliche Leben auf den Universitäten überall so verrottet und schien so durchaus unersprießlich und so wenig entwickelungsfähig, daß ein Mann wie Leibniz den Vorschlag machen konnte, die Hochschulen überhaupt ganz verfallen zu lassen. Auch Pufendorf klagte über das Scheinwissen und die spitzfindige eitele Scholastik und Thomasius über die Zanksucht und die dummen Grillen und unnützen Pedantereien, damit man nicht einen Hund vom Ofen locken könnte. Der Hamburger Pastor Balthasar Schuppius wies mit kräftigem Fingerzeig darauf hin, daß die Bildung, die das praktische Leben gewähre und die man am besten und schnellsten an den Fürstenhöfen gewinnen könnte, der Universitätsgelehrsamkeit entschieden vorzuziehen sei. Und da lag der Grund der Klagen: die Universitäten hatten sich vom Leben überfliegen lassen; es galt, sich dahinter herzumachen und den Vorsprung einzuholen. Mit

72

den Kriegsläuften war das grausame Exempel gekommen, daß alle
Stubengelehrsamkeit in Not und Tod nicht helfen kann, daß es da zwei
Welten gab, die nichts miteinander gemeinsam hatten. Die Wissen=
schaft mußte auf die Erde hinabsteigen. Als sie das tat, fand sie viele
neue Möglichkeiten des Wachstums.

Jede Kulturreform baut sich zunächst ein modernes Bildungsziel und
versucht sich zuerst auf dem Gebiet der Pädagogik. In den Schulen,
nicht auf den Universitäten bereitete sich auch jetzt die Wandlung vor.
„Wir lernen nicht darum,“ sagte der Zittauer Rektor Christian Weise,
„daß wir wollen in der Schule vor gelehrt angesehen sein, sondern daß
wir dem gemeinen Leben was nützen werden.“ So sprach der nüchterne
Zeitgeist mit nüchternen Worten und wollte sich alles schönen Scheins
entkleiden. Das Wort realia bekam mit einem Male einen ungeahnten
Wert. Der alte Lehrstoff und die alte Lehrmethode bestanden nicht mehr
vor der Kritik. Niedergerannt mußte die Diktatur des Altertums werden
und der blutlose neuscholastische Schematismus mit seiner Grammatik=
seele. Die mathematischen, physikalischen, geographischen, geschichtlichen
Disziplinen sollten breitere Geltung gewinnen. Ein praktischer, hand=
fester Lehrgang sollte die jungen Geister zum freudigen und schnellen
Besitzergreifen führen. Da war es ein selbstverständlicher Schluß, daß
man die scholastische Logik und Metaphysik mit Verachtung beiseite tat,
und daß der reguläre Philosoph alten Zuschnitts für nichts Besseres als
für einen „Arlequin“ galt.

Sieht man weiter, so sollte aus diesem Abschütteln aller abstrakten
Theorien, aus der Rückkehr zur Erfahrung und zur Natur eine völlige
Renaissance der Wissenschaft werden. Baco von Verulam war der Ge=
setzgeber in dem neuerschlossenen Reich der empirischen Erkenntnis, und
Wolfgang Ratichius und Amos Comenius waren in Deutschland die
geschickten Gestalter seiner Ideen. Besonders die pädagogischen Re=
formen des ersten beschäftigten die jenenser Universität. Schon vor dem
Ausbruch des großen Krieges, im Jahre 1614, hatte die Herzogin Do=
rothea Maria von der Universität ein Gutachten über seine Methode
gefordert, ein Zeichen dafür, daß sich weithin die Gesellschaft für Zeit=
und Streitfragen zu interessieren begann. Vier Professoren gaben dar=
auf ihren „Bericht von der Didactica oder Lehrkunst Wolfgangi Ra=
tichii“. Ihr Standpunkt war vernünftig, ihr Urteil unbefangen und eine
resolute Verteidigung des Modernen. Wenn alle Künste und Wissen=

schaften und Handwerke fortschreiten / so sagen sie / darf auch das Unterrichtswesen nicht zurückbleiben. Die methodischen Grundsätze Ratichs fanden sie durchaus auf die Natur und die Vernunft begründet / also unanfechtbar; und von einer fröhlichen Aufklärung zeugt das, was sie dann ganz in seinem Sinne über die Geltung der Muttersprache schrieben: „Sollten die freien Künste in unserer deutschen Sprache gebracht werden, es würde mit größerem Nutzen geschehen als bis anhero, da sie alle in der lateinischen und griechischen Sprache gleichsam sind gefangen gelegen. Daß es aber nicht unmöglich sei, erscheint daraus, daß man sowohl in deutscher oder lateinischer Sprache von einer Sache disputieren kann, ob man schon etliche gewisse terminos oder Wörter, die zur Disputierkunst gehören, behalten muß."

Man hörte bald, wie der Franzose Descartes, der selbst im Waffenrock gesteckt hatte, das Studium der antiken Sprachen für ganz überflüssig erklärte. Da kam dann die Zeit, da man es auch in Deutschland als geschmacklos empfand, sich mit einem lateinischen Karmen dem hohen Gönner zu nahen, der kein Latein verstand. Da kam auch die Latinisierung der Gelehrtennamen ab; höchstens ein bescheidenes us wagte man noch anzuhängen. Es ging wirklich zu Ende mit der blinden „Admiration der Antike". Beide Augen machten die Gelehrten auf. Die Natur

Naturhistorisches Kabinett
Titelkupfer von P. Isselburg zu B. Beslers RarioraMusei etc. Nürnberg 1622

verlor das Befremdende, der Blick verschärfte sich in der Beobachtung;
Experimente verdrängten die Pergamente.

Zu der bis dahin dürftigen Ausstattung der Universitäten trat ein
umständlicher Lehrmittelapparat. Wie hatte noch im sechzehnten Jahrhundert der arme Hieronymus Bock geklagt, als er sein Kräuterbuch
verfaßte, und was hatte er bei seinen Forschungen ertragen „für Angst,
Gefahr, Sorg, große Arbeit, Hunger, Durst, Frost, Hitze, Schrecken,
lange sorgliche Reise hin und wieder durch viele Umwege des deutschen
Landes, in Wäldern, Bergen und ebenen Feldern...." Jetzt legten die
Universitäten ihren hortus medicus an und jede hatte ihren botanischen
Garten. Sie waren stolz darauf, und immer mußten diese barock zugestutzten ornamentalen Beete auf den Kupfern abgebildet werden. Zugleich wurden die naturhistorischen Kabinette mit lustigem Sammeleifer
ausstaffiert. Man sieht sie gefüllt mit allerhand Skeletten, mit ausgestopften Ungetümen, Schlangen, Krokodilen, mit Mißgeburten und mit
manchem Kuriositätenkram, über den wir heute lächeln müssen. Dann
wurden astronomische Observatorien begründet, oft noch unter freiem
Himmel, und chemische Laboratorien und anatomische Theater traten
hinzu.

Und mit wie stolzem Behagen fühlte man sich in dem Bewußtsein,
daß die Distanz zwischen Mensch und Natur verringert war. Die Niederländer sahen gerne ihre Ärzte zu ganzen Gruppen vereint, und es fallen
einem gleich die Anatomie- und Chirurgengildenbilder ein, die Mierevelt, Thomas de Keyser, Rembrandt gemalt haben.

In der Pflege der Realien blieb die Jenaer Universität nicht zurück.
Seit 1629 lehrte hier der Professor der Medizin Werner Rolfinck, ein
Hamburger von Geburt, ein vielgereister, in Frankreich und in Italien
wohlbekannter Gelehrter. Er legte 1631 den ersten botanischen Garten
an und weihte ihn mit einer Oratio de studii botanici utilitate ein.
Der lag am alten südwestlichen Stadtturm, von den Universitätsgebäuden und den Befestigungsmauern eingeschlossen. Groß war er
nicht, nur 62 Schritt lang und 54 Schritt breit; er hatte zwei Treibhäuser an der Seite und einen Springbrunnen in der Mitte. Auch ein
kleines Lusthaus hat der Chronist hier gesehen, im Innern mit botanischen und zoologischen Schildereien geschmückt. Da hielt oben an der
Decke ein Gerippe die Inschrift: Homo, memento mori; omnis caro
foenum et omnis gloria eius sicut flos agri. Einen zweiten botanischen

Garten legte dann 1642 der Professor Schlegel an auf einem Gelände des Fürstengartens, den Herzog Wilhelm IV. zu dem Zwecke geschenkt hatte. Eine Sternwarte wurde 1657 eingerichtet. Man baute auf dem Eingangsgebäude der Universität einen achteckigen Turm aus Holzwerk auf mit einem barockgeschwungenen Helm, aus dem vier Rundfenster zum Himmel wiesen. Rolfinck begründete auch ein chemisches Laboratorium und betrieb die Ausstattung eines anatomischen Theaters. Schon im Jahre 1629 hatte er seine erste Sektion im philosophischen Hörsaale an zwei Bauern aus Ammerbach vorgeführt, die wegen Kirchen- und Straßenraubes gehenkt waren. Das Wort rolfincken statt sezieren ward unter seinen Studenten dann bald zum technischen Ausdruck. Er wurde eines Tages auch nach Weimar berufen und mußte der Hofgesellschaft als Schauspiel die Zergliederung eines menschlichen Körpers vorführen.

Das Interesse der Laienwelt wandte sich überhaupt merkwürdig schnell und lebendig den Naturwissenschaften zu, so daß diese wirklich bestimmt schienen, die Kluft zwischen den Gelehrten und Nichtgelehrten endlich zu überbrücken. Als der kaiserliche Feldoberst de Moncada im Kriege nach Jena kam, ließ er bei Trommelschlag den Befehl in den Gassen verkünden, daß jeder Soldat den botanischen Garten schone. Es war auch nichts Seltenes, daß sich Dilettanten ihre eigene Sternwarten errichteten, und ein freudiges Zeugnis bleibt es, daß 1651 der Regensburger Reichstag sich von Otto von Guericke die Wirkungen der Luftpumpe demonstrieren ließ.

Finden und Erfinden wurde bald zur Passion.

Will man den Typus eines jener modernen Weltgelehrten haben, so kann man keinen besseren holen, als den jenenser Professor Erhard Weigel 1625—1699. Er war 1653 aus Leipzig herübergekommen. Alle Welt verstand er in seine Interessen hineinzuziehen. Er lehrte den Herzog Wilhelm in zwei Wochen die ganze Astronomie. Selbst den jungen Leibniz lockte sein Ruhm nach Jena. Weigel stellte die große eiserne Sphäre auf dem Schloßdach auf und setzte auch auf die Eingangspforte zum Vorgarten der Kollegienkirche jene beiden Kugeln, die die Erde und den Himmel darstellten. Er war Hofmathematikus. Als er aber durch mathematische Beweise die Lehre von der Dreieinigkeit bestätigen wollte, mußte er freilich 1679 einen Widerruf leisten, denn es sollte niemand wagen, geoffenbarte Wahrheiten durch Schlußfolgerungen des natür-

lichen Denkens zu stützen. Weigel war auch herzoglicher Oberbaudirektor.
Er baute sich dann 1667 sein eigenes Haus, das bald Einheimische und

Bildnis
des Professors
Erhard Weigel
(1688)
Kpfr. von E.
Nessenthaler

Jena
Städtisches
Museum

Fremde als eins der sieben Wunder Jenas bestaunten, bis es 1898
dem Abbruch verfallen mußte. In vier Geschossen reckte es sich hoch
auf, und da es noch drei erkerartige Aufsätze, übereinander liegend, auf

77

seinem Dache trug, so schaute es über seine Nachbarn alle hinweg und
war auf allen Kupferstichen sichtbar. Überall waren an der Front da, wo
sich ein Geschoß vom anderen schied, lateinische Sprüche angemalt, die die
Ehre der Weltschöpfung kündeten. Ornamentschmuck symbolisierte die
Weltkräfte, und eine Kupferkugel im Hauptfries über dem Erdgeschoß
trug die Himmelszeichen. Nicht das Künstlerhafte schaffte seinem Hause
Ruhm, sondern die absonderlichen Künsteleien, die man überall gewahrte. Da war ein Lichtschacht im steilen Treppenhause, durch den

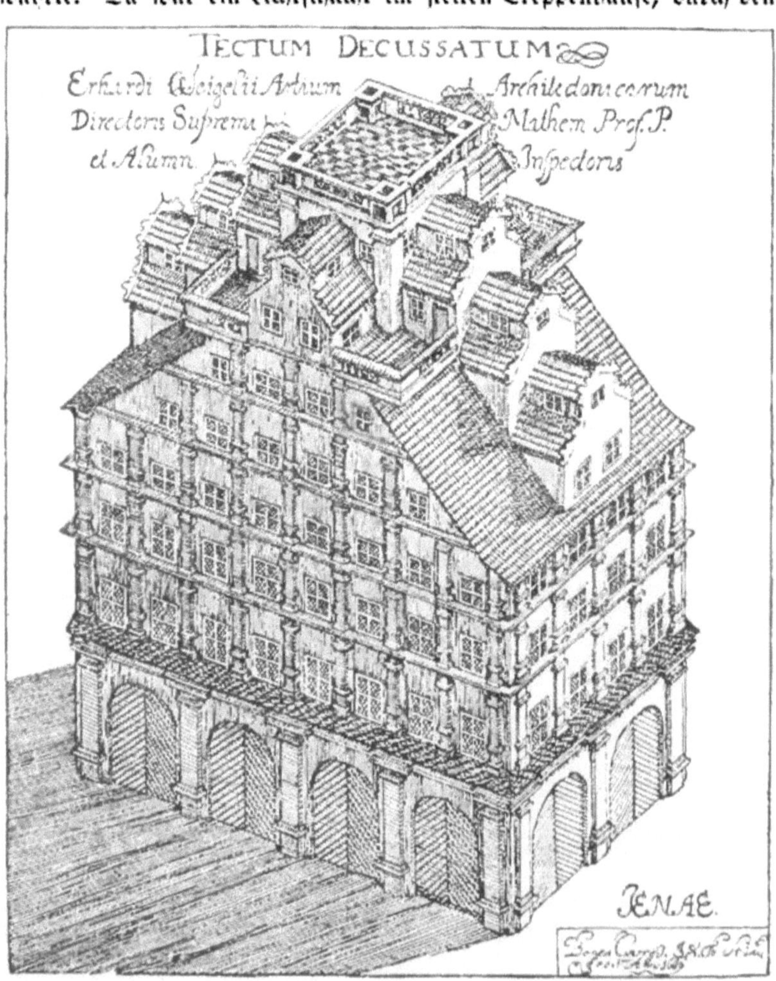

man auch am Tage die Sterne sehen konnte; da wurden durch einen
Flaschenzug die Besucher bequem hinauf= und heruntergetragen; da war
eine hydraulische Maschine, die das Wasser durch alle Stockwerke trieb.
Da war schließlich die sogenannte Kellermagd. Wenn man in Weigels
Wohnzimmer in ein trichterförmiges Gefäß ein Maß Wasser goß, so
kam aus einem Hahn daneben dasselbe Quantum Wein aus dem kühlen
Keller heraufgeflossen.

Das erste Triumphtor der neuen Ideen war Jena nicht, aber die
Pflugspuren des modernen Geistes sind auch hier auf dem weiten Ge=
lände der akademischen Tätigkeit überall eingedrückt. In den Lektions=
verzeichnissen werden 1677 Vorlesungen über die physikalischen Experi=
mente Boyles und über die Erfindungen Guerickes angemeldet, 1688
über die Physiologie der Pflanzen, Tiere, Menschen und über die Ei=
bildung sowohl im tierischen wie im menschlichen Körper. Im Jahre
1708 erscheint die erste Vorlesung über Chemie und bald darauf über
Anthropologie nach Cartesius.

In einer pythagoräischen Gesellschaft, die Weigel gestiftet hatte, und
in einer naturforschenden Gesellschaft, der Societas quaerentium, die
schon Leibniz 1663 hier vorfand, suchte die Wissenschaft über den engen
akademischen Lebenskreis hinüberzugreifen. Die Welt kam immer näher
heran. Im Jahre 1708 wurde Franziscus Roux aus Grénoble als Lek=
tor der französischen Sprache installiert, und er hielt dabei seine fran=
zösische Rede, „darinnen er handelt von der Hochachtung, so man heut=
zutage hat vor der französischen Sprache". Seine französische Grammatik,
das Novum lumen linguae Gallicae, mußte oft aufgelegt werden. An=
dere Sprachmeister / sechs an der Zahl / hielten bald neben ihm fran=
zösische, englische, italienische Kollegia, und wieder andere waren als
Informatoren der fremden Sprachen auf den Stuben der Studenten
beschäftigt. Auch „die Kunst der artigen Unterhaltung mit allen Men=
schen" wurde an der Universität gelehrt (1674), ebenso wie die Kunst
des Briefschreibens und die ganz besondere Kunst, Gratulationsbriefe
und Kondolenzbriefe aufzusetzen (1702). Eine Vorlesung hat Gratians
L'homme de cour zum Gegenstande; eine andere beschäftigt sich mit der
Kunst des Reisens und will hier zu praktischen Beobachtungen anregen.

In den Niederlanden hatte inzwischen Hugo Grotius der Rechts=
philosophie eine humane und naturgemäße Grundlage geschaffen, und
in Deutschland kämpfte in seinem Geiste Samuel von Pufendorf. Das

Recht sollte unabhängig sein von der theokratischen Offenbarung und allein auf die sittliche Natur des Menschen und auf die speziellen Zustände der Staaten sich gründen. Und wie dies Recht, so mußte auch die Philosophie sich lösen von der Vergewaltigung durch die Theologie. Indem die freien Geister auf dieser Gedankenbahn weiterschritten, ersehnten sie eine natürliche Religion statt der geoffenbarten und verlangten für jeden einzelnen das Recht der Bekenntnisfreiheit. Da aber stießen sie ins Zentrum des orthodoxen Luthertums, das trotz mancher Abbröckelung noch immer inmitten der sächsischen Lande war.

Valentin Veltheim, der in Jena eine Professur für Moral, Logik und Metaphysik und schließlich für Theologie hatte, wandte sich gegen Pufendorf und warf sich zum Verteidiger der am härtesten angegriffenen scholastischen Theologie auf. Sein Gegner schrieb grob: „Wenn mir Veltheimius entgegenhält, daß ohne Scholastik die protestantischen Theologen nicht mit den päpstlichen streiten könnten, so erwidere ich, daß es mir gleichgültig ist, mit was für ein schmutziges Gewand die Theologen ihr Wissen umhüllen. Keinenfalls aber folgt daraus, daß das Naturrecht dieselben Lappen zu brauchen hat; denn diese Wissenschaft ist nicht erfunden, um mit den Päpstlichen zu streiten, sondern die Handlungen der Menschen und Völker zu prüfen und zu erforschen.“

Veltheim vermochte die Tore seiner Festung nicht zu sichern. Schon 1674 wurde in Jena über Hugo Grotius gelesen, und seit 1684 hielt sich dessen Ius naturale et gentium dauernd in den Ankündigungen. Über Pufendorf selbst wurde 1699 die erste Vorlesung angezeigt.

Der Unabhängigkeitskrieg der Philosophie gegen die Theologie ging daneben rüstig weiter. Noch 1685 findet man ein philosophisches Kolleg über die Metaphysica theologiae ancillans, und noch 1688 bekämpfte der Philosoph Posner die Kartesiussche Lehre und verteidigte die Herrschaft des Aristoteles. Es war derselbe Mann, der im Jahre 1689 sogar noch über Bezauberungen, Wunder und natürliche Wirkungen las. Doch dann dringt das Neue mit Macht ein. Die Professoren lesen über die natürliche Theologie und natürliche Philosophie. Den Glauben an Gott und an die Unsterblichkeit der Seele wollen sie ebenso durch physikalische Beweise bekräftigen wie die Erschaffung der Welt und die Wunder Christi erklären. Im Jahre 1732 wird ein Kolleg über Leibniz' Theodicee angemeldet.

Der Name dieses Mannes war eine Macht. Das Sehnen der Zeit

sah in ihm seine Erfüllung. Sieht man von Albertus Magnus und dem
alten Rotterdamer ab, so war er der erste deutsche Gelehrte von Welt-
ruf. Und so wie er mußte man sein: ein Hofmann mit französisch-welt-
männischen Manieren, ein Mensch mit tausenderlei Interessen, ein Geist
von universalem Wissen, aber von einem Wissen, das aus den Bücher-
grüften zum realen Leben drängt, ein internationaler Gedankenvermitt-
ler, ein Kosmopolit und ein Patriot zu gleicher Zeit . . . . und bei alledem ein wenig charakterlos. Mit noch wirksamerer Nüchternheit und
unbedenklicherer Konsequenz vertrat die modernen Bildungsprinzipien
Christian Thomasius. Sein Ziel ist der parfait homme sage, „der vollkommene weise Mann, den man in der Welt zu klugen und wichtigen
Dingen brauchen kann". Dieser Mustermensch ist der Antipode des
schulfüchsigen, abstrakten lateinischen Akademiezöglings; und die Stücke,
aus denen er sich zusammensetzt, sind: honnêteté, Gelehrsamkeit, beauté,
esprit, bon goût und galanterie. Thomasius war ein Mann des haus-
backenen gesunden Menschenverstandes, und er hatte auch die Uner-
schrockenheit dieser Leute, und so ist er mit Bravour gegen alle Mauern
vorgegangen, gegen die theologische Orthodoxie, gegen die Bevormundung
der Philosophie durch die Kirche, gegen Aberglauben, Hexenprozesse und
Folterbrauch und gegen die Alleinherrschaft der lateinischen Sprache auf
den Universitäten. Die Muttersprache hat er zünftig gemacht. Als er
1687 in Leipzig zuerst sein Universitätsprogramm in deutscher Sprache
anschlug, hielt man das ehrliche schwarze Brett für beschimpft und
meinte, ein solcher Greuel sei nicht erhört worden, solange die Alma
mater bestände.

In Jena weckte seine Tat ein freudiges Echo. Zu Gunsten der
deutschen Sprache war hier schon früher einmal im Jahre 1614 eine
Professorenkommission eingetreten, und im Jahre 1630 hatte der Superintendent Major auf eine Anregung des Professors Himmel der Kurrende vorgeschrieben, statt der lateinischen Lieder deutsche zu singen.
Nun hielt der als Pietist bekannte Professor Buddeus, der 1705 nach
Jena kam, seine Vorlesungen zum ersten Male in deutscher Sprache.
Schon in demselben Jahre meldet das Lektionsverzeichnis eine Vorlesung
über den deutschen Stil und 1722 über deutsche Dichtkunst. Auf Gott-
scheds Anregung wurde nach dem Muster seiner 1727 in Leipzig ge-
stifteten Gesellschaft zur Pflege der deutschen Sprache auch in Jena ein
Jahr darauf eine Deutsche Gesellschaft begründet, die 1730 die herzog-

liche Sanktion erhielt. Ihr Ehrenpräsident war der Graf von Brockdorf,
ihr eigentlicher Leiter Fabricius, dann Stolle, dann Reusch. Die Schrif=
ten dieser Gesellschaft waren poetischer und prosaischer Art. Wie weit
der Erfolg ihre guten Absichten lohnte, ermißt man nicht, aber der In=
halt und die Form dessen, was sie an eigenen dichterischen Schöpfungen
aufbrachten, war entsetzlich barock, eine pompöse Aufbauschung des Ge=
fühls, eine weiche Selbstverhimmelung und eine charakterlose Lobhudelei
der fürstlichen Gönner. Man soll nicht verdammen; denn wie schnell
nahm doch nun die Sprache den Aufstieg von diesem Wortgemengsel zu
Lessings wasserklarer und wasserfrischer Prosa!

Aus Leibnizschen Ideen baute Christian Wolf seinen Rationalis=
mus auf, bei dem Vernunft und Glaubenswahrheit an einem Zweige
hingen. Und in seiner Philosophie fand das ganze Fühlen des Barock
und des Rokoko seinen Hafen. Natur, Verstand, Moral sind die am
höchsten bewerteten Worte der Menschen, die modern sein wollen. Das
Menschenwesen ist der perspektivische Punkt der göttlichen Weltordnung;
auf ihn ist die ganze Schöpfung eingestellt; seiner Glückseligkeit dient
das All. Das ward die Philosophie à la mode. Als König Friedrich
Wilhelm I. von Preußen im Jahre 1724 den Philosophen aus Halle
trieb und seine Lehren im Gebiete der ganzen Monarchie verbot, wurde
der Argwohn rings im Umkreise wach gemacht. Auch über Jena hing
der Verdacht, daß hier „ein oder andere dem Atheismo conforme Prin=
zipia disseminiert worden". Die Regierungen forderten ein Gutachten,
der Professor Syrbius setzte es 1725 auf. Es wandte sich durchaus
gegen die Wolffsche Philosophie; es erinnerte auch, indem es von der
wissenschaftlichen Erörterung absprang, die Professoren an ihren Amts=
eid, der ihnen die Annahme der neuen philosophischen Prinzipien un=
möglich mache, und setzte zu guter Letzt recht ängstlich und kleinherzig
hinzu: „Es würde eine Blame sein, wenn nach dem preußischen Ver=
bote die Wolffsche Philosophie noch in Jena gelehrt würde." Diese Sen=
tenz war doch nicht der Ausdruck der Gesamtstimmung, denn zwei Pro=
fessoren, J. B. Wiedeburg und G. Stolle, retteten ihr Gewissen und
zeichneten eine besondere Erklärung auf. Sie klang, wie sie klingen
mußte: Es könne zwar niemand gezwungen werden, die neue Philo=
sophie zu lehren; aber es könne auch niemandem verwehrt werden, sie
zu lehren, wenn er von ihrer Methode überzeugt sei. / Die Behörden ent=
hielten sich indes vornehm jeder weiteren Einmischung in den Streit.

So brachte der Lektionskatalog schon 1726 wieder ruhig Vorlesungen über die neue Philosophie. Namentlich die Professoren Darjes, Reusch und Polz zeigten sich ihr mit Eifer zugetan. Und wo noch ein Dozent der nüchternen Klarheit widerstand, fiel ihr doch die Jugend zu, mag sie auch das Revolutionäre mehr angezogen haben als das Verstandesmäßige. Man sieht noch zwei Studentenbilder aus den dreißiger Jahren. Eine würdige gelehrte Kommission ist um einen runden Tisch versammelt, und der Vorsitzende stellt prüfend an den Kandidaten die Gewissensfrage: „Ist der Herr auch ein Wolfianer?" Und unbedenklich antwortet der kluge Jüngling: „Pereat Wolf, vivat Lange!" Und dann das Gegenstück. Studenten unter sich bei Bier und Tabak. Der eine hat sich erhoben und schwenkt sein volles Glas und ruft den beiden zu: „Vivat Wolf, pereat Lange!".

Wir wissen, daß es im Jahre 1743 in Jena neun Buchdruckereien gab, die unter dem Schutz der Akademie standen, und dazu acht hochfürstliche Buchhandlungen. Man mag daraus gerne auf die Regsamkeit des geistigen Lebens schließen.

Allein die Aufklärung streift immer nur die Höhen. Im Tale unten sitzt festgeglaubt der Aberglaube. Ein merkwürdiges Beispiel zeigt das.

6*

Es führt uns allerdings ein paar Jahrzehnte zurück, ins Jahr 1715. Damals hörte ein Student der Medizin, Weber, von einem Schneidermeister, daß in dessen Weinberg ein Schatz aus dem Schwedenkriege verborgen sei. Er ging nun am Weihnachtsabend zusammen mit zwei Bauersleuten in das Weinbergshäuschen hinaus, durch mystische Zeremonien einen Geist der Hölle zu beschwören, auf daß er ihnen den Schatz heben helfe. Sie entzündeten ein Kohlenfeuer, der Student sprach die Konjuration aus Dr. Faustens Höllenzwang, einmal, zweimal und

84

dann.... Am nächsten Morgen fand man die Bauern tot, und der Student kam langsam aus schwerer Betäubung zum Leben zurück. Wie nun die Leute zusammenliefen! Die Leichen schleppten sie auf einer Schinderschleife zum Pestilenzhause, dann zum Galgen. Dort verscharrte man sie „ihnen zur Straf und anderen zur Abscheu“. Der Student blieb in Haft. Voll nachdrücklichen Ernstes beschäftigte sich die hohe Wissenschaft mit seiner Teufelsbannerei. Die umständliche Untersuchung lag einer besonderen Kommission ob, die endlich die abgeschlossenen Akten dem Urteil der drei hohen Fakultäten in Leipzig vorlegte. Hier suchte der medizinische und juristische Gerichtshof ganz vernünftig nach einer natürlichen Ursache und fand sie ebenso ganz vernünftig in der betäubenden und tödlichen Wirkung der Kohlendämpfe. Allein die theologische Fakultät konnte nicht auf die causae supranaturales et abstrusiores verzichten. Nach ihrem Urteil hatte der leibhaftige Satanas seine Hand im Werke gehabt, dem ja Gott bisweilen gestatte, sich in seine Weltordnung zu mischen, denn, so sagte sie, „was etliche neue Philosophi vergäben, als wenn die Spiritus keine operationes in materiam et corpora hätten, sei wider die notorische Erfahrung, sonderlich aber wider die heilige Schrift“.... Verdammt müßte diese neue Philosophie werden, „weil sie der christlichen Religion einen Grundstoß gäbe und die Leute vollends vor dem Teufel sicher mache, auch öffentlich der apostolischen Lehre von des Teufels Nachstellungen widerspreche“. Der angeklagte Student kam immerhin noch gelinde fort; er verlor das akademische Bürgerrecht und wurde aus dem Lande gewiesen. Aber noch lange, lange spukte, mit allerhand abenteuerlichen Zutaten und manchem kindischen Hexenklatsch versehen, dieser „magische Kasus“ in den engen Köpfen, und eine ganze Literatur von Sendschreiben, Nachrichten und Relationen blühte daraus empor. / Komm, o komm, du Sonne Voltaires und Lessings!

Den, um dessen Bestimmung sich doch im Grunde alle geistigen Strömungen der Zeit im Wirbeldrang rissen, suchen wir auf / den Studenten.

Die langen Kriegsjahre haben ihm den Zusatz von etwas Soldatischem gegeben. Er muß nun ein flotter Reiter sein und fechten können auf Hieb und Stoß. Seine spanische Tracht opfert er schnell der französischen. Auch er geht à la mode. So gibt er sich auf einem jenenser

Stammbuchblatt vom Jahre 1685. Sein Wams ist von kurzer Taille, und zwischen den zierlichen Kugelknöpfen kommt der feine Batrist frei und faltig heraus. Die halblangen Ärmel sind an der Innenseite geschlitzt und lassen den Hemdstoff hervorquellen. Schleifen schnüren den Ellenbogen und das Handgelenk ein, und um den Hals ist ein zartes Spitzentuch gelegt. Die Hosen sind weit, vielfach gefältelt, um den Leib dreifach gerafft. Das Haar trägt er so frisiert, daß es im mächtigen Bausch auf die Schultern fällt. Darauf stülpt er den breitkrempigen, mit Bändern gezierten Hut. Um die Brust geht eine bunte Schärpe als Degenbandelier. Die Füße stecken in Stiefeln aus weichem Leder; zu ungeschicktem Umfang gehen diese an den Knien auseinander. Das Gesicht ist bartlos. Dieser galante Kavalier führt eine feine Dame, indem er seine Hand auf ihre Schulter legt. Modisch und reich ist auch sie gekleidet; aber aus den Jahren der Jugend ist sie heraus. „Courage, courage," heißt die Unterschrift, „un bon mariage payera tout." Alles auf diesem Bildchen ist Charakteristik / von dem Detail des Kostüms bis zu dem französisch gewählten Wortlaut der Unterschrift und zu der merkwürdigen Moral, die darin liegt.

Ein sorgliches Universitätsregiment erließ auch jetzt wieder Kleiderordnungen und wollte vor allem nicht dulden, daß der Student gestiefelt und gespornt und mit dem Degen an der Seite ins Kolleg und in die Kirche käme. Noch galt der Mantel für ein erforderliches Stück ehrsamer Tracht, und als taktlose Keckheit erschien es, wenn der Student ohne Mantel vor den Rektor trat.

Die Gegensätze machen das Jugendleben so bunt. Zu dem Dandy der Studentenwelt tritt der Kraftbursche, der seine gesellschaftliche Ungewandtheit hinter einer bewußten Verachtung aller Konvenienz und aller guten Manieren verbirgt. Dieser Typus überwiegt bald in Jena.

Einer von den vielen tritt uns greifbar nahe. Aber es ist keiner von den Verlorenen. Der junge Eberhard Wolff von und zu Todenwarth aus ahnenstolzem, sittenstrengem Hause kam 1630 noch vor dem Kriegsgewitter nach Jena, gehütet von seinem Präzeptor und gelenkt von der Instruktion seines Vaters. Das war ein gewissenhaftes Schriftstück und gab ihm mit sauberer Disposition für das studium pietatis, das studium juris, das studium latinae linguae und für die exercitia corporis die sorglichsten Anweisungen. Der ganze Briefwechsel, den der Jüngling und sein Präzeptor mit dem Elternhause unterhielten, ist samt allen

Rechnungen auf der Hamburger Stadtbibliothek erhalten, für die Nach=
welt eine kostbare Quelle voll intimer Reize. Die beiden jungen Leute
wohnten beim Professor Gerhard, in dessen christlicher Pflege sie vor
„starkem Trinken und dessen Zumutung“ gesichert waren. Ihre Stube,
das Musäum, war ganz getäfelt und hatte einen lustigen Prospekt ins
Saaletal. Mit der Ausstattung, die aus Stühlen, Tisch, Bücherbänken,
Kleiderkasten, irdenen Krügen, einem Waschbecken, einigen Gläsern
und zwei Leuchtern bestand, kostete sie für das Semester acht Reichstaler.
Für jedes Bett bezahlten sie außerdem vier Reichstaler und neun
Groschen und für die Verpflegung wöchentlich einen Reichstaler. Dazu
verehrten sie aber als Geschenke ihrem Wirt und seiner Frau, der melli-
tissima, nach und nach fünfundzwanzig Reichstaler. Die ganzen Kosten
des Studiums beliefen sich am Schluß des Jahres für die beiden Jüng=
linge zusammen auf 463 Taler. Der wohlerzogene Junker fand in
Jena keinen geziemenden Verkehr; er wich den Kommilitonen aus wie
Hunden und Schlangen, und seine Briefe klagten über ihr „schreckliches
Saufen“; sie tranken so viel Gerstensaft, ut neque ad ebrietatem neque
ad vomitum sed ad sobrietatem usque bibisse sufficiat. Immerhin no=
tierten auch seine Rechnungen täglich ein drittel Liter Wein und viercin=
halb Liter Bier.

Der Mentor aber schrieb dem Vater: „Es gibt kein einziges exercitium
corporis hier außer dem Fechten, wobei es aber auch gleich auf eine
geschwinde Sauferei ausläuft.... Auch in moribus et conversatione
civili ist es übel und bäurisch bestellt, daß ich zweifle, ob es an irgend
einem Ort bäurischer und unhöflicher bestellt sein könnte“.... Da
nun gar in seinem Studium der junge Todenwarth wegen der Trägheit
der Professoren so gut wie gar keine Förderung fand, rief ihn sein Vater
schon nach einem Jahre wieder heimwärts mit dem enttäuschenden Be=
wußtsein, daß Jena ein rechter Mißgriff gewesen war.

Mit derselben Geringschätzung, mit der der Adel und das Beamten=
tum sich über das vom Kriege zertretene Bürgertum erhoben haben, sah
auch der Student auf den Philister herab. Er wußte, daß die Fürsten
ihre Universität wie ein Schoßkind pflegten, und daß hinter ihm das
Privilegium der akademischen Gerichtsbarkeit stand. Die Masse fürch=
tete ihn in der Kümmerlichkeit ihres täglichen Lebens, denn sie pro=
fitierte von ihm. Der Student hörte es gerne, wenn der Bürger ihn
Edler oder Junker titulierte; aber er gab ihm die grobe Anrede Schmutze

oder Pech oder Bär dafür zurück, nannte die Bürgersfrauen alte
Hummeln und ihre Töchter leichtfertige Säcke. In frecher Schar sah
man die Jünglinge am Portal der Stadtkirche auf den Stufen stehen,
wenn eine Hochzeit gegangen kam, und sie bewarfen dann die Braut=
leute mit zynischem Hohn. Am Sonntag wagten sie es, den Gottes=
dienst zu stören, indem sie ungeniert während des Gebetes ihren Füchsen
Maulschellen versetzten; auch auf die Kanzeln der Nachbardörfer stiegen
sie in ihrer Betrunkenheit und fingen an gotteslästerlich zu predigen.
Trug man einen Toten an ihrer Kneipe vorüber, so bliesen sie ein
lustiges Stücklein auf. Gern zogen die Burschen nach Naumburg hin=
über zur Peter-Paulsmesse. Da kam es dann wohl vor, daß sie ver=
breiteten, einer ihrer Kommilitonen sei plötzlich gestorben; mit dem
Sarg schritten sie zum Friedhof; die Geistlichkeit, die Kurrende war zur
Trauerfeier geholt und ging im Zuge. Man öffnete nach altem Brauch
den Sarg noch einmal, ehe man ihn in die Gruft senkte / ein Hering
lag darin. Und ebendort war es, daß die Studenten den Reisewagen
einer Fürstin anhielten; und der Keckste drehte den Hut auf dem
Kopfe der entsetzten Dame herum: „Ich gebe einen Dreier und drehe
einmal."

Es war guter Ton der Studenten in Jena, sich „närrisch, phantastisch,
flögelisch und rökelisch" zu stellen. Auf dem Markt und auf dem Kreuz
sah sie der Fremde erstaunt hin und her spazieren „nicht ohne sonderbare
Pracht", und sie gaben sich durch „vielfaltige Discursitationes und
martialische Gesticulationes weidlich zu erkennen". Sie lärmten „mit
unflätigem Liedersingen, Pfeifen, gräßlichem Geschrei, Steinwerfen,
Tumultuieren, Schänden, Schmähen, Antasten stiller und friedsamer
Leute" durch die Straßen; haujuntque in steinios, quod feurius springet
ab illis. Es half nichts, daß der Rektor bei hohen Geldstrafen den
Studentenhauswirten verbot, ihre Haustüren im Winter nach neun
Uhr und im Sommer nach zehn Uhr offen zu halten. Der Skandal
währte die ganze Nacht. Musik und Schüsse scheuchten die Schläfer
auf. Bald gab es blutigen Zusammenstoß mit den Bürgern, bald mit
der Wache; und nicht selten lag des Morgens ein Toter auf der Gasse.

Auch an den Dörflern übte man ein rohes Herrenrecht. Man entriß
ihnen mit Gewalt die Waren, die sie zu Markte trugen; und die Ge=
quälten rächten sich dann heimtückisch, und es geschah, daß ein Knecht
einen Studenten mit dem Dreschflegel niederschlug.

Das Universitätsgericht war milde, wenn es sich um Streitigkeiten zwischen den Studenten und Bürgern handelte. Die Relegationen waren selten, die Geldstrafen wurden nicht bezahlt, und auf dem Karzer verlebte man bei Schmausereien eine köstliche Zeit. Fühlte sich die Studentenschaft in ihrer Gesamtheit einmal durch ein Mandat unliebsam beengt, so demonstrierte sie dagegen in nächtlichen Tumulten. Dann zogen die Scharen durch die Straßen, und „Licht weg!“ schrien sie und „ein Pereat dem Prorektor!“ Und in dem Hause des Verhaßten zersplitterten die Fensterscheiben.

Der Krieg hatte die Musen aus der Studierstube verjagt; auch dem Kolleg blieb der rechte Bursch fern. Die Professoren verstanden es nicht, ihn zu ziehen, und mit Gewalt brachten ihn alle die Mandate, die der Senat nach den üblichen Visitationen erließ, nicht hinein. Wer im Auditorium saß, dem fehlte der Sinn zum stillen Hören. Immer klagten die Professoren, daß die Studenten im Hörsaal Händel suchten, grobe Torheiten trieben, den Vortrag durch Rüpeleien unterbrachen und mit Scharren den Redenden übertönten.

Musaea studiosorum sunt sacra / so hatte ein kaiserliches Privileg das Heim des Scholaren für unverletzlich erklärt; nun war es zu einer Freistätte aller tollen Laster geworden. Die Liebste hat sich hier zu dem flotten Burschen gesellt; das sieht man auf allen Kupfern. Auch sie ist meist im stattlichen Putz. Der Verliebte fand willige Kameradinnen unter den Bürgermädchen wie unter den Professorentöchtern und unter den Bauerndirnen draußen in Zwätzen, Löbstedt und Lichtenhain. Das Behagen am Obscönen und Zotigen machte sich auf allen Seiten der Stammbücher breit; und immer sind es leider die deutschen Sentenzen, die voll Unflat stecken, während die lateinischen, französischen, italienischen Eintragungen immerhin beherzigenswerte Lebenswahrheit ausdrücken. Die akademischen Gesetze suchten sich dem sittlichen Verfall entgegenzustellen, aber der Strafrichter sah die Schuld immer nur auf der weiblichen Seite. Noch lange bis ins achtzehnte Jahrhundert hinein blieb es Brauch, daß die Polizei die aufgegriffenen liederlichen Frauenzimmer zur Schande in den Käseforb am Johannistore steckte, sie darauf körperlich züchtigte und zwangsweise aus der Stadt jagte. Die Bürgermädchen kamen mit einer Kirchenstrafe fort. Sie mußten während der Predigt im Chor auf den Knien liegen; dann nahm der Pastor die Reuigen wieder in die Gemeinde auf und reichte

ihnen das Abendmahl, und sie gingen erleichtert hin und taten von
neuem Sünde. Von jedem Pferdejungen, den man fragte: „Wer ist
dein Vater?" konnte man prompt die Antwort hören: „Een Bursche!"

Es war in Jena kaum schlimmer als anderswo; man braucht nur in
Wichgrevs und Schochs Komödien vom Studentenleben oder in Moscheroschs „wundersamen und wahrhaften Gesichten" zu blättern.

Die Trinksitten hatten sich, der germanischen Pedanterie angemessen,
im Laufe der beiden letzten Jahrhunderte zu umständlichen Gesetzen versteift, und gerade Jena zeichnete sich nun darin aus, daß es den Komment mit aller peinlichen Umständlichkeit auszubauen unternahm. Der
einfache Vorgang des Durststillens entartete zu einer vertrakten Kunstfertigkeit. Man sieht auf den stufenförmigen Buffets jener Tage Gläser
und Humpen in mancherlei Größen und Formen. Sie hatten ihre besonderen Namen; „Willkommen" hieß das eine, ein anderes „Das römische Reich". Aber wenn der Geist des Weines oder des Bieres die
Vernunft zum Teufel getrieben hatte, trank man auch aus Lederstiefeln
und Filzkrempen. Gesundheiten durften nur mit vollem Glas ausgebracht werden, und dies mußte dann auf einen Zug geleert werden. Die
Burschen vergnügten sich auch an Bierspielen. Da waren in der Erinnerung an den großen Krieg zwei Parteien, die Schweden und die
Kaiserlichen, und mit allerhand schwerem und leichtem Geschütz, mit
Kannen und Pokalen rückten sie gegeneinander zum Trinkkampf heran.
„Jetzund", heißt es 1713, „währet auf den Universitäten das Saufen
bis in die finstere Nacht. Da trinkt man erstlich aus Durst, darnach
aus Wollust, dann zur Trunkenheit und endlich, bis alle Vernunft
gebrochen und man ganz toll worden, ja dem unvernünftigen Vieh
gleich."

Selbst die Ärzte sanktionierten in Jena das Trinken; es sei bei sitzender Lebensart dem Körper zuträglich und die trockene Luft der Stadt
mache eine fortwährende Anfeuchtung der Kehle zur Pflicht. Schüchtern naht sich allmählich der Kaffee. Zum ersten Male spricht eine
Stammbuchnotiz im Jahre 1691 in Jena von einem „CoffeSchmause".
Der dreißigjährige Krieg hatte die Tonpfeife gebracht; sie trat gleich als
Insignie zum Studentenornat hinzu. Zum tollen Unfug entartete die
Sitte. Es gab Tabakswettkämpfe, wo man „aus ÄtnasRachen qualmte",
und wo der Sieger es auf fünfzig Pfeifen bringen mußte. Wer gar die
Zahl hundert erreichte, wurde zum Doktor der Tabakswissenschaft

graduiert. „Wenn du in der langen Pfeife Geld und Gut und Zeit ver-
glimmst und dabei des Günthers Flöte von dem Lob des Knasters
stimmst" .... so fängt ein Studentenlied an und ein anderes: „Füllt
die ausgeleerten Pfeifen mit des Tobaks edlem Kraut; Sauertöpfe
mögen keifen, denen es verdrießlich scheint!"

Selbst in die Kollegs nahm der jenenser Bursch seine brennende
Pfeife, die in ihrer Gestalt manche Kulturwandlung erlebte, mit, und
dieser Unfug hielt sich trotz erneuten Verbots bis ins neunzehnte Jahrhundert hinein.

Es ist ein anmutiger Zug neben den vielen abstoßenden, daß der
Student des siebzehnten und achtzehnten Jahrhunderts mit aufrichtiger
Hingabe die Musik pflegte. In seinem Museum hing immer neben dem
Degen die Laute, oder sie lag beim Pokal. Gern strich der Musensohn
die Geige, aber noch lieber die Viola da Gamba. Er saß auch gern am
Klavezimbel, und auf Bildern sieht man oft, wie das umständliche
Instrument selbst bei nächtlichen Ständchen auf den Gassen mitge-
schleppt wurde.

Einen Tanzboden fand Wolff von Todenwarth in Jena nicht. Aber
das Ballspiel, bei dem sich zwei Parteien, durch ein ausgespanntes Netz

Kpfr. aus: Peter Rollos, Vita Corne- liana 1610

getrennt, gegenüberstehen, wurde hier wie überall getrieben. Im Jahre 1688 ließ der Herzog Bernhard von Sachsen-Jena in der Lehmgrube hinter dem Fürstenkeller ein Schießhaus erbauen, in dem die Studenten den Ball schlagen durften.

Auch das Armbrustschießen galt noch als Exerzitium. Indessen wurde doch immer ausschließlicher das Fechten die studentische Art, Geschicklichkeit und Kraft und Mut zu pflegen. Die Scholaren des Mittelalters hatten als Kleriker nichts vom Degen gewußt; allein schon im fünfzehnten Jahrhundert guckte er ihnen unter dem Mantel hervor, und je mehr dann das Studententum kavaliermäßige Gebräuche annahm, desto unentbehrlicher wurde er. Es gab in Jena schon im Jahre der Universitätsgründung, 1558, gleich vier Fechtmeister. Als nun die Studenten eifriger auf den Fechtboden als in die Hörsäle liefen, und die Professoren sich darüber beschwerten, erwiderte der Herzog leichthin, zu Lebzeiten seines Vaters und Dr. Luthers hätten in Wittenberg wohl zehn Fechtmeister zugleich ihre Nahrung gefunden. Aus spanischen und französischen Offizierssitten drang dann mit anderen Moden auch die durch „Geschicksleute" und „Beistände" geregelte Form des Duells zu den Studenten und trat an die Stelle des improvisierten Renkontres. Verboten einmal strenge Mandate des Rektors den Studenten das Waffentragen, so ließen sie sich wohl ihren Degen zum Hohn auf einer Karre nachfahren.

Im Jahre 1620 hatte sich in Jena der Fechtmeister Wilhelm Kreußler niedergelassen, ein Reformator der Fechtkunst. Das Gerücht ging um ihn, er habe seine Kunst von einem dänischen Edelmann gelernt, sie aber dadurch so vollkommen gemacht, daß er auf sie die Grundsätze der Mathematik übertrug. Seine Söhne und Enkel haben die gute Tradition mit Ruhm dann weiter von Geschlecht zu Geschlecht gepflegt. Und von einem erzählte man, daß er einst unbekannt mit dem König August dem Starken gefochten habe; beim ersten Gange gleich habe der die überlegene Kraft des Gegners gespürt und gerufen: „Das ist entweder der Teufel oder Kreußler von Jena!"

Der alte Kreußler veranlaßte, daß in Jena der Student vom Hieb zum Stoß überging, und er bediente sich dabei eines Degens mit breiter Klinge. Der Arm durfte nicht gebogen, sondern mußte gestreckt gehalten werden. Der soldatische Sinn, ein Erbe der Kriegsjahre, betätigte sich in Duellen und Raufereien. Hinter der Stadtkirche hieß ein Haus, wo

manche Klinge gekreuzt wurde, die Mordgrube, und draußen schlug man
sich am liebsten in den Teufelslöchern bei der Sophienhöhe oder im
Raubtal. Der Regierung wuchsen darüber graue Haare; aber selbst
daß sie die Milde, die sonst allen Studentenstreichen nachsah, hier außer
acht ließ und die härtesten Strafen androhte, schaffte keinen Wandel.
Mandat über Mandat ging aus. Die Barbiere sollten eidlich verpflichtet
sein, jeden verwundeten Studenten, der sich von ihnen verbinden ließe,

anzuzeigen. Die Duellanten sollten in perpetuum relegiert werden. Die
„Balger" und ihre Sekundanten und Kartellträger sollten mit Haft,
Güterentziehung, Infamierung, sogar mit Leibes= und Lebensstrafen be=
troffen werden. Jedes Renkontre sollte wie Todschlag, und jedes Duell
wie Mord angesehen werden. Dann gestand ein Erlaß von 1694 ein,
daß alle diese Maßregeln nichts genützt hätten, und nahm die aller=
ernsteste Miene an: Schon die Herausforderung zum Zweikampf wurde
mit Zuchthaus bedroht; wer in solchem Kampfe fiel, sollte durch den
Scharfrichter an der gemeinen Stätte, wo die Missetäter und Unehrlichen
lagen, eingescharrt werden, und der Gegner sollte durch das Schwert
hingerichtet und sein Leichnam unter dem Galgen begraben werden!

93

Fechtlustiger Student aus dem Anfang des 18. Jahrhunderts XVII.
Der nett u. glücklich focht, um niemand sich geschoren,
vor dessen frecher Faust ein jeder sich entsetzt
dem kan ein schwache Hand die tolle Brust durchbohren
Ein Zwerg hat Riesen offt in Sand u. Grufft gesetzt.

Man darf wohl billig zweifeln, ob die blutigen Gesetzgeber auch blutige Richter waren. Denn von gefährlichen Zweikämpfen auf den Gassen, auf dem Markte, auf den Dörfern und von tödlichem Ausgang melden die Chronikschreiber genug, selten aber von tödlicher Sühne. Die Täter entkamen immer noch zu rechter Zeit über die Grenze. Nur 1697 faßte man einen Franzosen, der einen Kommilitonen erstochen hatte; er wurde vom Scharfrichter gestäupt und mit Schanden verjagt. Im Jahre 1709 drohte wieder ein Patent für die Teilnahme am Duell die Todesstrafe an, und diese sollte bei den Bürgerlichen mit dem Strang, bei den Personen honestioris conditionis mit dem Schwerte vollzogen werden. Im Falle eines tödlichen Ausganges sollte den Erstochenen der Henker hängen, jedoch wenn er ein Abliger wäre, am unehrlichen Orte einscharren. Wäre der Duellant entkommen, so sollte seine Person für infam erklärt und sein Bild an den Galgen genagelt werden. Zudem sollte jeder, der bei dem Zweikampf Hilfe geleistet, aus dem Lande verwiesen und selbst die Zuschauer sollten sechs Wochen ins Gefängnis gesteckt werden. Für die Denunzianten setzte man Prämien aus.

Als 1733 ein Geistlicher am Grabe eines erstochenen Studenten die Leichenpredigt hielt, verwehrte er dem Toten voller Erbitterung jede Aussicht auf die Seligkeit.

Die landesherrlichen Verordnungen dauern in ihrer Schärfe bis in die Mitte des achtzehnten Jahrhunderts hinein. Allein im Grunde war die Behörde mit den Geldbußen sehr zufrieden. Aus den Memoiren eines jungen, ganz friedfertigen Theologen, der 1739 nach Jena kam, sehen wir, wie man kurzerhand einen Handel ausficht. Er traf sich mit dem Gegner auf dem Paradiese. Dieser fürchtete, man könnte von den Leuten gesehen werden, die dort bei der Heuernte waren. Endlich machte der Theologe den Bedenklichkeiten ein Ende und zog blank. Der andere hieb gewaltsam nach dem Gesicht; er aber trachtete ihm nach der Hand und traf ihn, daß das Blut aus dem Handschuh sprang und auf seine gelbe Weste floß. Und kein Mensch störte dies Renkontre am hellen, lichten Tage.

Nun charakterisierte unter den deutschen Studenten allerdings gerade den Jenenser vor allen anderen die Lust am Raufen. Der Anlaß zu den blutigen Reibereien der Studenten untereinander ergab sich oft genug aus der sozialen Rangordnung. Da waren die reichen Professoren-

Academicus Jenensis.
Evax! funde puer Zythum: cyathum ebibe frater!
Hunc ego canticulum nocte dieq; sono.

I. F. Leopold excudit

burſchen, die an den teueren Tiſchen ihrer Lehrer ſpeiſten und eiferſüchtig
einen Vorrang beanſpruchten, daneben die Bürgerburſchen und ſchließ-
lich die armen Konviktoriſten oder Kaldaunenſchlucker. Auch Adel und
Nichtadel platzten zuſammen und lieferten ſich blutige Maſſenkämpfe.
Mit Verwunderung lieſt man, wie die Strafgeſetze ſelbſt dieſen Unter-
ſchied berückſichtigten. Das war überall ſo. Als einſt der junge Wallen-
ſtein und ſeine Freunde zu Altdorf ein nächtliches blutiges Gefecht mit
den Stadtknechten gehabt hatten, kam er, der Rädelsführer, als Abliger
mit einem gelinden Stubenarreſt davon, während ſeine Genoſſen, die
bürgerlich waren, ins Gefängnis geſteckt wurden.

Neben ſolchen ſozialen Unebenheiten traten auch nationale zu Tage.

Der Pennalismus war am Ausgang des ſiebzehnten Jahrhunderts
erſtickt, aber auf demſelben Wurzelboden gediehen nun die alten „Na-
tionalconventicula". Man zählte zuerſt in Jena vier Nationen, und ſie
hatten den größten Teil der Studenten in ihren Matrikeln. Der Gegen-
ſatz zwiſchen Schoriſt und Pennal verlor in ihrer Mitte zwar den alten
rohen Ausdruck, allein ein ſteifer Formalismus betonte auch weiterhin
den Abſtand vom Burſchen zum Fuchs. An den Degenbändern ließen
ſie ihre Farbenabzeichen ſehen. Ihr Prinzip klang harmlos genug: Sie
wollten vornehmlich den kranken und notleidenden Landsleuten helfen
und den Geſtorbenen ein ehrliches Begräbnis ausrichten. Allein die
herzogliche Regierung ſah darin nur Vorwand und Schein; ſie hielt die
Nationen für das Neſt, aus dem alle Leichtfertigkeit und Rottierung
ausging, und ſie wußte, daß hier der alte ritterliche oder ſoldatiſche Ehr-
begriff ihren Duellverboten am zäheſten Hohn und Widerſtand ent-
gegenſetzte. Im achtzehnten Jahrhundert nahmen dieſe nationalen Ver-
einigungen den Namen Landsmannſchaften an.

Am Ausgang des ſiebzehnten Jahrhunderts war das neue Erziehungs-
modell der Menſchheit fertig. Frankreich hatte es muſtergültig für alle
Länder geformt, wenngleich man ſchon in Kaiſer Maximilians altem
„Weißkunig" alle Einzelheiten vorgeprägt findet. Auch der Student ſoll
nun ein Mann von Welt ſein, ein galanthomme. Dazu gehört die feine
Conduite, die Kunſt ſich geſchmackvoll wie ein Gentleman zu kleiden und
ſich mit aller umſtändlichen Komplimentengravität in der Geſellſchaft zu
bewegen. Er muß tanzen können, ballſchlagen, reiten, fechten, jagen,
malen, muſizieren, tranchieren, Servietten brechen, 'muß das Würfel-
und das Ballſpiel, Piquet und L'Hombre verſtehen. Und dann verlangt

man, daß er Konversation mache, daß er französisch und italienisch
spreche und in allen Realien gebildet sei, in Geschichte und Geographie,
in Heraldik und Genealogie, in Politik und Rechtswissenschaft, in Naturrecht und Morallehre, in Mathematik und Physik, in Chemie und
Botanik, in Architektur und Mechanik. Von dem Bildungswert der
Universitäten hielt man nicht viel; die weltmännische Conduite ließ sich
viel eher auf Reisen ins Ausland erwerben. Für den Jüngling aus vornehmer Familie mußten diese den Abschluß der Erziehung bringen.

Zugleich aber beginnen auch die leichtfertigen Fahrten ins Reich der
Aventuren und Amouren. Die schwülstigen akademischen Romane werden geschrieben, in denen vom Studium meist sehr wenig, desto mehr
von den galanten Stunden die Rede ist, die die jungen Amanten in den
Armen ihrer Sirenen mit allerhand zärtlichen Handgreiflichkeiten verbringen. Die Herrinnen und ihre Mägde buhlen wetteifernd um die
Liebesgunst des Jünglings. Früher hieß er Cornelius, Susto, Sorgius
und seine Geliebte Trullulallula, jetzt klingen die Namen feiner, Floretto
und Cleophis, Rosander und Bellandra, Infortunio und Dorinde. Der
kulturgeschichtliche Wert aller dieser Bücher, deren Verfasser sich Pican-
der, Sarcander, Celander oder ähnlich nennen, wiegt schwerer als ihr literarischer, und schon die geschraubten Titel lassen den Geist ahnen. Eins,
das 1709 erschien, heißt „Der verliebte Studente. In einigen annehm-
lichen und wahrhafftigen Liebes-Geschichten, welche sich in einigen Jahren
in Teutschland zugetragen. Der galanten Welt zu vergönter Gemüths-
Ergetzung vorgestellet von Celander“. Und so beschreibt da der Adonis,
ein Leipziger Student, seine Toilette, als er zu seiner Dame geht: „Zu
dem Ende kleidete ich mich propre an, puderte meine Parüque, setzte
einen brodierten Hut mit einer Plume auf und verschmierte eine gantze
Büchse von Le Zellischem Balsam, daß ich in diesem Putze wol einen
Cavallier de Qualité abgeben kunte.“

Auch der jenenser Student prangt um das Jahr 1700 in seiner ganzen
barocken Allongeperückenherrlichkeit. Da sitzt der dreieckige Hut, mit
goldener Litze geziert, auf der Lockenfülle. Der rote machtvolle Rock ist
mit hohen Aufschlägen versehen und mit Tressen bestickt. Die Schöße
stehen breit ab und zeigen das enge gelbe Wams. In die rechte Hand
gehört der Stock, und an der linken Seite hängt der Degen. „Wem die
Jen’sche Rauferklinge am bebrämten Gürtel blitzt“ .... heißt es in
einem Liede von 1737. Auf einer Ansicht der Stadt, die nach 1720 ge-

98

Ansicht
von Jena
um 1730
Im Vorder-
grund fech-
tende Stu-
denten
Kpfr.
Jena
Städtisches
Museum

stochen ist, hat der Zeichner reiche Staffage im Vordergrunde angebracht.
Vier Studenten stehen da, zwei zum Zweikampf bereit, die anderen beiden
als Sekundanten. Man sieht hier schon, wie sich der Zopf neben die
Allongeperücke wagt. Da ist der Übergang; und um 1750 ist der Rokoko=
student fertig. Ein Student, der allerdings aus Pommern kam, schreibt,
wie er sich in Jena modern machte. Er kaufte gleich ausgeschnittene
Schuhe mit Schnallen und statt seines blauen Rockes einen dunkelgrünen
und eine rotgeblümte Weste. Sein rotes Wams ließ er ändern und
mit Schleifen und runden Aufschlägen versehen. Auch zwei Pritsch=
perücken tauschte er für seine alten ein. Später legte er sich noch ein
blaues Kleid à la Bourgogne, mit Gold bordiert, zu.

Das Schwülstige wird zum Anmutigen, das Wuchtige zum Zier=
lichen, das Steife zum Zwanglosen. In dieser Zeit des Boudoirs sieht
der Musensohn wie ein graziöses Nymphenburger Porzellanfigürchen
aus.

Der Grobianismus hat endlich verspielt. „Die Deutschen" / heißt
es damals selbst in einem Kochbuche / „fangen an sich des Vollsaufens
zu schämen." Schon geht der sanftere Jüngling, vom lärmenden Trink=
gelage zurückgestoßen, in das stille Kaffeehaus und schlürft seine Tasse
Kaffee, Schokolade oder Tee in galanter Kompagnie. Da liest er auch
die kuriösen Zeitungen, raucht sein Pfeifchen Tabak, divertiert sich am
L'Hombre oder am neuen Billard, das eben aus dem Nachbarlande ge=
kommen ist. Auch den französischen Maitre sucht er auf, das Menuett
zu erlernen. Er macht auch die Wendung zur rührseligen Empfindsam=
keit mit. In Müllers „Siegwart" ist seine Stimme das Lispeln der Liebe,
stundenlang hängt sein Blick am stillen Mond; er verseufzt seine Lei=
den und küßt die Träne von den Wangen der Geliebten.

In Goethes „Wahrheit und Dichtung" wird uns der artige Student
jener Zeit lebendig. Diese galanten Schäfer gediehen an der Pleiße am
besten, in Klein=Paris, wo „die Göttin Mode, von Komplimenten be=
gleitet, in ihrem von Möpsen gezogenen Wagen fuhr". Dorthin läßt
Zacharias seinen Renommisten wandern, damit er sich zum Petit-maître
wandle. An der Saale aber überwog ein anderer Schlag. In Halle bän=
digte den Studenten eine Zeitlang noch ein pietistischer Drang, in Jena
jedoch konnte sich ungeniert der ungekämmte Raufbold ohne politesse
und conduite entwickeln. Ganz unbekannt ist der Petit-maître auch hier
nicht. Ein Stammbuchblatt malt ihn. Ganz bartlos ist er. Sein Haar

100

hat er zum Zopf frisieren und pudern lassen. Über der reich bordierten
Schoßweste sitzt der Rock mit den goldenen Knöpfen. Ein leichtes Jabot
und feine Manschetten gucken heraus; niedlich sitzen Kniehose und
Schnallenschuh. Der Degen fehlt. Der galante Amoroso ergreift die
Hand der süßen Chloe, die in tief ausgeschnittenem Kleide, von Rosen
umgeben, vor ihm sitzt. Sein Glas erklingt an ihrem Glas: à bonne
amitié.

Ein jenenser Student rückt uns einmal, im Jahre 1739, eine Dame
nahe, deren Erscheinung ihn auf der Straße entzückte. Das ist etwas
ganz Rares. Lang und schlank, schilderte er sie, rund, weiß und munter
von Gesicht. Über ihrem großen Reifrock trug sie ein dünnes blaues,
mit schönen Blumen durchwirktes seidenes Kleid. Die Haare waren zu
kurzen Locken gedreht, und ihr grüner Sommerhut war ebenso wie ihr
Busen mit einem schönen Blumenstrauß geziert. Es war eine Pro=
fessorenfrau. Ein andermal schreibt er, wie sein Freund seiner Geliebten
ein Kleid machen läßt, dunkelblau, mit lauter kleinen Sonnenblumen
und mit einem ganz tiefen Ausschnitt, wie ihn in Jena alle vornehmen
Damen tragen.

Aber ein Stammbuchblatt aus dem Jahre 1765 ist ein noch treffen=
deres Kulturdokument. Vier Studenten sind darauf. Wie ein Tanz=
meister setzt der Leipziger seine Füße; sein Haar ist wohlfrisiert; den

Hut trägt er höflich unterm Arm. Mit einer frömmelnden Miene, mit
gefalteten Händen, unterm Arm die Kollegienmappe, steht der Hallenser
da. Der Wittenberger schwingt das volle Glas. Aber in provozierender
Pose will der Jenenser seine Klinge ziehen:

> „In Leipzig sucht der Bursch die Mädgen zu betrügen,
> Zu Halle muckert er und seufzet ach und weh,
> Zu Jena will er stets vor blanker Klinge liegen,
> Der Wittenberger bringt ein à bonne amitié.“

Im säuselnden Hain mag auch in Jena mancher Jüngling mit über-
schwenglicher Seele gewandelt sein, wie der junge Buddeus, der sich in
selbstquälerischer Melancholie das Leben nahm, aber solche Erscheinung
war doch ein fremder Zug, denn hier gehörte nun einmal die Welt dem
rechten Sauf- und Schmausrenommisten, dem Schützling des Gottes
Pandur. In üblem, vernachlässigtem Rock, in ledernen Beinkleidern,
in hohen Stiefeln mit angeschnallten Sporen, die Cyklopenhände in
mächtigen Fausthandschuhen / so lärmt er durch die Gassen, dem Anstand und der Mode Trotz bietend, und der Bürgersmann macht ihm
demütig Platz. Von seinem Schläger läßt er nicht; er wetzt ihn auf dem
Pflaster, daß die Funken sprühen. „Ihr Singen war ein Schrein und
ihre Freude Raufen; sie haßten Buch und Fleiß, und ihr Beruf war
Saufen“, heißt es in Zachariäs Heldengedicht. Die Garderobe des Burschen, so schreibt ein guter Beobachter aus Jena, bestand in einem Überrock, einem Koller und einem Paar lederner Beinkleider, einem großen
durchlöcherten Hut und mächtigen Stiefeln. Er hatte eine ausnehmende
Geschicklichkeit, eine halbe Tonne Bier auf einem Sitz zu verschlucken,
schlug jeden, der ihm zu nahe kam, hinter die Ohren und war bereit, es
gleich auf der Stelle auszumachen. Raufbold heißt der Held in Zachariäs „Renommisten“, und in Jena

> „war sein hohes Amt, ein großes Schwert zu tragen,
> Oft für die Freiheit sich auf offnem Markt zu schlagen,
> Zu singen öffentlich, zu saufen Tag und Nacht.“

Seine Sprache war ein Gemisch von eigenen Kunstwörtern. Das Ideal
der Vollkommenheit war ihm ein tüchtiger Schläger, und das nied-
rigste Geschöpf ein Mensch, der nicht den Mut besaß, sich zu schlagen,
und der sich in der Kleidung einer gewissen Eleganz befliß .... Auch
mit brennender Pfeife und im Schlafrock sah man ihn über den Markt
gehen, und selbst im Kolleg saß er in solchem Aufzug den akademischen

102

Vorschriften zum Hohn. Das war ihm die studentische Freiheit. Noch
immer galt der Spruch:

> „Die Gläser geschwenket, gesoffen, gespien,
> Die Jungfern geküsset, ein Vivat geschrien,
> Zu Dorfe gelaufen, geschlagen, gewebt,
> Ist, was in Jena die Pursche ergetzt."

Es mögen die Schilderungen der Zeitgenossen leicht ins Karikaturenhafte
ausschweifen, aber in dem Glauben der Welt da draußen war der
jenenser Renommist ein ganz fürchterlicher Geselle. Ein milderes Urteil
möge ihm gerecht werden. In der Lebensbeschreibung, die Laukhard,
vorzeiten Magister der Philosophie und darauf preußischer Musketier
in Halle, zur Warnung für Eltern und studierende Jünglinge 1792
herausgegeben hat, heißt es: „Der Ton der Jenenser behagte mir sehr;
er war bloß durch mehrere Roheit von dem Gießener unterschieden. Der
Jenenser kannte, wenigstens damals, keine Komplimente; seine Sitten
hießen Petitmäterei, und ein derber Ton gehörte zum rechten Komment.
Ich habe hernach den viel feineren Ton in Göttingen und den super=
feinen in Leipzig kennen gelernt: da lobe ich mir doch meinen jenischen."

Jena war, abgesehen von der Ungezwungenheit des studentischen Ge=
bahrens, noch hauptsächlich wegen seiner Wohlfeilheit beliebt. Wiede=
burg, dessen Beschreibung der Stadt 1785 erschien, macht einige statistische
Angaben. An 3000 Studenten sollen in der ersten Hälfte des achtzehnten
Jahrhunderts hier gesteckt haben. Da müßten die Häuser der kleinen
Stadt denn wohl übervoll gewesen sein. In einem Hause am Fürsten=
graben sollen wirklich mehr Studenten gewohnt haben, als auf der
ganzen Universität Altdorf waren; „Klein=Altdorf" nannte man es da=
her. Der siebenjährige Krieg brachte einen Rückgang; auch die Kon=
kurrenz neubegründeter Hochschulen schädigte. Um das Jahr 1778
weilten nur 500 Studenten hier.

In der Johannisvorstadt, wo die alte Landstraße durchs Mühltal von
Weimar herabkommt, liegt die Ölmühle. Ein Erdgeschoß mit drei
Fenstern rechts und links vom Eingange. Über der Tür ist ein Wappen=
bild: zwei Männer, die sich die Hand reichen. Der Mittelbau erhebt
sich fast turmartig über das doppelte Mansardendach. Rechts ist die nach
thüringer Art stattlich gewölbe Einfahrt in den Hof.

Es ist Herbst; die bunten Blätter fallen, und das neue Semester soll
beginnen. Auf dem Platze vor der Mühle stehen Studenten, eine über=

mütige Schar mit Pfeifen und Degen. Sie haben die weiten Schoßröcke an, tragen Kniehosen; auf dem Kopfe sitzt ihnen der Dreispitz, und der Zopf hängt hinten. Aus großen hölzernen Kannen schenken sie in ihre Becher. Nun naht von Weimar her der Postwagen, ein langes ungefüges Ding, mit Planen bedeckt, von vier Rossen gezogen. Der Schwager auf dem Sattelpferde bläst das Horn. Füchse hat er heute geladen, die ganze Kutsche voll. Unter dem Verdeck gucken ihre neugierigen jungen Köpfe heraus. Da schallt ein Hallo zu ihnen her, volle Krüge werden ihnen entgegengeschwenkt, Spottreden und Scherzfragen überschütten sie: „Es sind lauter Füchse; man riecht's schon von weitem! . . . . Die Kerls haben Angst! . . . . Pfui Teufel, ihr garstigen Böcke! . . . . Was macht der Herr Vater und die Frau Mutter? Lebt der alte Konrektor noch?"

Indes rasselt der Wagen weiter, von dem wilden Schwarm mit Schreien und Lästern verfolgt; über die Mauern und das Dächergerage reckt sich der hohe Turm der Stadtkirche, und dann rollen die Räder durchs spitzbogige Gewölbe des Johannistores zur Posthalterei. Auf den Gassen flanieren herrenhaft die Studenten zu zweien und dreien. Manche tragen den Hut mit einer buntfarbigen Schleife, der Masche, verziert.

Die die weißgrüne Masche tragen, sind die Mosellaner, im Augenblick die angesehensten Leute. Sie bilden eine Landsmannschaft, vierzig

Mann stark. Trotz aller Einschränkungen der akademischen Behörden
und trotz aller Relegationen haben sich diese Nationalitätenverbindungen
erhalten, zuweilen nur im Geheimen, dann wieder im hellen Sonnen=
schein. Sie fühlten sich formell legitimiert, als man ihnen bei der Feier
des Hubertusburger Friedens im Mai 1763 ein öffentliches Auftreten
im Festzuge gestattete. Ja, die ganze Studentenschaft hatte sich damals
zu fünfzehn Landsmannschaften organisiert. Außer den Staaten des
Thüringerlandes fand man die Mosellaner, die Mecklenburger, die Han=
noveraner, die Kursachsen, die Kur= und Livländer, die Danziger und
Schwaben, Franken, Pommern, Holsteiner, Siebenbürgen. Wir sehen
sie noch so am Nachmittag des Festes auf der sogenannten Insel, dem
Wiesengelände zwischen der Saale und der Lache. Jede Nation hatte
hier ihr Zelt errichtet und davor ihre Fahne aufgepflanzt; und die Mar=
schälle mit den bebänderten Szeptern standen dabei. Aber ein anderes
Bild zeigt dann gleich, wie zwei Jahre später die Verfolgung wieder ein=
setzte. Es erging ein Gebot „wider den Nationalismum"; alle Lands=

Friedensfest
der Jenaischen
Landsmann=
schaften auf der
Insel 1763
Farbige
Stammbuch=
zeichnung

mannschaften sollten binnen einer Woche aufgelöst werden. Nun stehen sie zur Nachtzeit im großen Ring auf dem Marktplatz; ein mächtiges Feuer lodert empor: das ist das solenne Autodafé der landsmannschaftlichen Maschen.

Das Verbindungswesen hatte seit der Mitte des Jahrhunderts noch eine ganz eigenartige Schattierung angenommen. Durch den Rationalismus war damals in der Gesellschaft ein merkwürdiger Hang zu einer Geheimbündelei gefördert, die unter symbolischen Formen die sittliche Veredelung und zugleich damit die Glückseligkeit der Menschheit erstrebte. Alle Menschen wollten Brüder sein, und die Wirksamkeit des Illuminaten- und des Freimaurerordens fand überall ein bereitetes Feld. Auch die Universitäten mußten nun ihre Orden haben, die, ein irrender Abglanz des Freimaurertums, philantropische Gesinnung pflegen sollten. Geheimnisvolle Zeremonien, mystische Zeichen, verschwiegene Zusammenkünfte waren bedeutsame und reizvolle Zutaten. Die Mosellaner hatten in ihrer Mitte zuerst 1746 einen solchen Orden gestiftet und ihn den Mosellanerbund, dann seit 1771 den Amicistenbund genannt, l'ordre de l'amitié. Am Orangeband trugen sie das Ordenszeichen, ein Kreuz, das in der herzförmigen Mitte die Buchstaben V. A., Vivat Amicitia, zeigte. Durch Töchterlogen breiteten sich die Tendenzen in Erlangen, Gießen, Würzburg aus. Und so tief pflügte der Zeitgeist, der die Menschheit von allen trennenden Zufälligkeiten des Lebens, also auch von den Sperrschranken der Nationalität erlösen wollte, daß sich auch andere jenenser Landsmannschaften, zumal in den Zeiten ihrer Verfolgung, in Orden verwandelten. Wir hören die Namen Harmonie, Orden der schwarzen Brüder, Konkordia, L'Espérance, Urania, Kreuzorden, Lilienorden, später Unitisten und Konstantisten.

Die Worte Freiheit und Toleranz, mit denen der jugendliche Wagemut der Ordensbrüder spielen mochte, regten den Argwohn der Behörden auf, denen sie wie staatsgefährliche Drohungen klangen. Schon 1767 befahl eine herzogliche Verordnung die Auflösung aller Orden und drohte den Mitgliedern mit der Strafe der Relegation. Es mußte fortan jeder Student bei seiner Immatrikulation sich mit seinem Eide verpflichten, dem Ordenswesen fern zu bleiben. Auch die alten Landsmannschaften, die wieder aufgekommen waren, wurden von diesem Gesetze mitbetroffen; und 1778 wurde sogar jedes Nationalabzeichen, Busch oder Schleife, Bouquet oder Band, verpönt.

Die Verfolgung hat den Untergang nicht herbeigeführt; der kam von innen heraus, als die humanen Prinzipien fadenscheinig wurden und die Ordensbrüder sich als die gefürchtetsten Raufbolde, Terroristen und Schuldenmacher aufspielten. Die philanthropischen Bünde hatten jeder seine drei- bis vierhundert Duelle im Jahr.

Auf den Trümmern der Orden lebten die Landsmannschaften wieder auf und verdienten sich schon als Gegner jener Institution die Duldung der Behörden und das Recht, ihre Farben wieder offen zu tragen. „Landsmannschaften und andere studentische Verbindungen", votierte 1786 Goethe, „können vielleicht nicht ganz ausgerottet, aber sie können geschwächt werden." Übrigens bemerkte ein Beobachter es als eine sehr nützliche Einrichtung, daß die Landsmannschaften der besonderen Kuratel und Aufsicht eines Professors anvertraut waren, so die Gothaner dem Professor Griesbach, die Altenburger dem Professor Döderlein. Bei ihnen mußten sich auch die Füchse von Zeit zu Zeit melden und von ihrem Studienfleiß Rechenschaft geben.

Über den Amicistenorden haben wir das Urteil Laukhards, der 1776

Hospiz
drei rauchende und trinkende Burschen erhalten Besuch (Ich bin nicht in Sie verliebt)
Farbige Stammbuchzeichnung um 1760

Student in Jena war. Das symbolistische Geheimnistun erschien ihm
lächerlich. Der ganze Zweck war Renommisterei. Unter den Brüdern
waltete eine ewige Disharmonie, und statt der gepriesenen Freiheit
waren sie der Knechtung des Seniors unterworfen, der wie ein Jesuiten-
general herrschte. Der Ton bei den Kneipereien war roh und unflätig;
man hörte hier mehr fluchen als auf der Hauptwache.

Indessen kehrte der schwarze Orden und dann auch der Orden der
Konstantisten und Unitisten einen edleren Anstand hervor. Am allerrück-
ständigsten aber blieben die Mosellaner. Noch 1792 erschienen sie dem
Beobachter als eine Rotte verworfener Menschen. Wer in ihre Gesellschaft eintritt, meinte er, scheidet von aller Moralität und Sittlichkeit;
man sollte ihn lieber gleich nach Neuholland transportieren!

Und so verstreichen nun dem jungen Studenten, dem an der Ilmmühle
das Hallorufen der wilden Kameraden entgegenschell, die Tage.
Eine Wohnung hat er schnell gefunden; sie kostet 8 Taler für das Semester. An dreißig Studenten hausen unter demselben Dach; darunter
alte verbummelte Burschen, beweibt und mit Kindern beladen; sie
nähren sich vom Abschreiben der Kollegien. Im Zimmer sieht es noch
dürftig aus; die Decke ist von Gips, der Fußboden von Sparkalk. Weiße
Gardinen sind vor beiden Fenstern. Ein paar Tische, mit Wachstuch
bezogen, sechs Stühle, mit grünem Tuch gepolstert; dazu in der Schlafkammer Bett und Schrank und zinnernes Waschgefäß / das ist die
Ausstattung. Was sonst zum Hausrat gehört, muß der Studiosus selbst
einkaufen. Und das ist mancherlei: zinnerne Teller, Näpfchen, Löffel,
ein blecherner Studentenleuchter mit Lichtschere, eine Studierlampe,
Kaffeekanne und Milchkanne und Teekessel aus Messing, Kaffeebrenner,
Kaffeemühle, Zuckerdose, Feuerfaß, Teetopf, Tassen, Biergläser und
eine Papierschere und ein hölzerner Wecker mit einer gläsernen Glocke.
Auch das Brennmaterial und selbst die Butter muß er in Vorrat an-
schaffen.

Am ersten Abend hat er auf dem Fürstenkeller mit den Mosellanern
inmitten seiner Landsleute aus Schwaben und aus dem Elsaß gesessen.
Der Senior hat ihm die Gesetze des Bundes vorgelesen, er hat durch Handschlag Treue gelobt, und die Brüder haben ihm die grünweiße Masche
an den Hut gesteckt. Nach altem Brauch mußte er dann den Beutel auf-
tun, einen Taler in die Büchse zahlen und viele väterliche Silberlinge

108

für das Orlamünder und Krimmitschauer Bier springen lassen, das man in großen Krügen auffahren ließ.

Und dann die ungebundene Studentenherrlichkeit.

Am Sonntag ist Hospiz. Ein Bruder bewirtet die anderen auf seiner Stube. Da hängen Pistolen, holländische Pfeifen, Gewehre und Rauf= degen über dem Bette. Auf dem Wandbrett eine Kaffeemühle; hinter einer Gardine ein paar dicke Bücher; große Hunde auf dem Fußboden neben Stulpenstiefeln und Hetzpeitschen. Teller mit Tobak und ein paar brennende Kerzen stehen auf dem Tisch. Auf hochlehnigen Stühlen aber sitzen schmauchend und trinkend die Kommilitonen. In der Ecke steht die ungefüge Kanne, aus der die Füchse die Becher füllen müssen. Durch den dichten Qualm dringt Räsonnieren, Fluchen, Zetenreißen. Ein paar Burschen greifen zum Kartenspiel; man spielt hier am liebsten das „Elfern"; andere lassen draußen auf dem Gange die Rappiere gegen= einander sausen.

An einem sonnigen Tage gehts auf die Dörfer und Mühlen hinaus. Kräftiger als der „Stadtklatsch" mundet da den Durstigen der „Dorf= teufel", besonders der in Cospeda gebraute, der so malzreich ist und den sie „Menschenfett" heißen. Es gibt hier auch derbe Scherze mit den Nymphen und Charmanten; auf der Schneidemühle und in Wenigen= jena sind sie am berüchtigtsten. Muß man die Jünglinge nicht gegen diese Verführerinnen schützen? Ein Oberkonsistorialerlaß hat 1773 mit empfindlichen Leibes= und anderen Strafen die Weibspersonen be=

droht, die sich von einem Studenten ein Eheversprechen geben ließen. Und in den Stammbüchern mag der unerfahrene Fuchs die Warnung lesen: „Cave tibi a puellis, nam habent oculos Vocativos et manus Ablativas. Si tu eris Dativus, illa erit Genitiva, tandem Accusativa, et tu eris miserrimus Nominativus."

Ein zahmeres Vergnügen gibt es in den Kaffeegärten. Im Grünen wird das Holzfeuer entzündet, die Füchse schleppen Reisig heran, das Wasser im kupfernen Kessel brodelt. In der Laube sitzen die Burschen. Aus den bauchigen Kannen steigt der Dampf des „lieben melancholischen" Kaffees und aus den weißen irdenen Pfeifen der Rauch des Apoldaer Kanasters. Einer aber ist aufgestanden und wandelt unter den Büschen dahin und schneidet ein zärtliches Herz in die Rinde des Lindenbaums.

Die Tage sind kurz, wenn die Stunden kavaliermäßig auf dem Fechtboden, in der Reitbahn und beim Ballschlagen verbracht werden. Man könnte auch in der Saale baden; aber die sorgliche Polizei hat es jüngst verboten, da ein Student dabei ertrunken ist. Dann verlangt das Billardspiel Zeit, am Abend das Hazard. Um einen grünen ovalen Tisch stehen da zehn junge Herren und nehmen die Karten auf; „attendez, paroli aux deux!" ruft der eine, und ein anderer drüben: „attendez, va banque!" Der Sommer bringt Kahnfahrten und Ausflüge auf den klapperdürren Mietsgäulen, der Winter Maskeraden und Schlittenzüge. Eine ganze Reihe von geputzten Schlitten gleitet mit Schellengeläut über den Marktplatz; vor jedem trabt ein Vorreiter, und die Insassen haben sich wunderlich und lächerlich als Damen ausstaffiert. Diese Schlittenfahrten / alle tollen Launen, Witz und Lust am Obscönen stecken sich hier in ein buntes Kleid. Siebzig Gruppen zählte einst ein Beobachter, Jäger und Jägerinnen, Schäfer und Schäferinnen, Mohren und Mohrinnen, Schuster, Türken, Juden, Schornsteinfeger, Hökerinnen, Waschweiber zu Pferde, die vier Jahreszeiten, Ehepaare aus jungen Frauen und gebrechlichen Männern, eine ganze Bauernhochzeit auf zwanzig Schlitten.

In der Dämmerstunde stolzieren die Burschen in den Gassen auf und ab, und der echte Renommist weicht keinem Menschen aus. Ein beleidigendes Wort fällt; mit „dummer Junge" wird es erwidert, denn man muß sich „in avantage setzen". Der Kartellträger erscheint mit dem Ziegenhainer in der Hand, und der Zweikampf ist sogleich legal geordnet. Erledigt wird der Handel auf der Stube, in der Schenke, auf den Dörfern oder im Raubtal. Noch besser gleich auf offenem Marktplatz. Im Kreise stellen sich schnell die Burschen geschlossen auf, und drin ziehen die Gegner frisch vom Leder. Wer das Klirren der Klingen hört, eilt

Schlittenfahrt auf dem Markt Farbige Stammbuchzeichnung um 1780

Konzert auf dem Markt

Farbige Stammbuchzeichnung um 1750

neugierig hinzu. Ein Ratsherr guckt oben zum Fenster hinaus. Er sieht unten seinen eigenen Sohn auf der Mensur. „Fritz, halt' dich gut, sollst auch einen neuen Rock haben!" Die Sache ist gerade ausgetragen, als der Pedell um die Ecke kommt, um seine „Inhibition" zu geben.

O der alte jenenser Marktplatz! Wie oft sieht man ihn mit seinem Rathause, mit dem Löwenbrunnen, mit den hohen Bürgerhäusern im Hintergrunde, über die der Michaeliskirchturm blickt, von ungeschickter Hand ins Stammbuch gemalt. Er ist das rechte Forum der Studentenschaft. Hier wird unter freiem Himmel kommersiert, und die Apostel werden herangeschleppt, jene großen Bierkannen, in die zweiunddreißig Pott gehen; hier tönt in der Silvesternacht dem alten Jahr ein Pereat, dem neuen ein Vivat; hier brennt das Autodafé der Farbenzeichen, als die Landsmannschaften suspendiert werden; hier bringen die Studenten dem alten Fritz an einem Abend ihre Huldigung, als ihn, den Landesfeind, die Kriegsläufte im Jahre 1762 nach der Stadt führen. Ein andermal klingt hier eine Serenade, und Fackelträger erleuchten die Runde ungeachtet des Verbots der städtischen Feuerordnung. In die Mitte ist ein Klavezimbel gerückt; an den Pulten stehen Sänger und Musikanten mit Violinen, Baßgeigen, Flöten und Trompeten. Und oben

an den Häusern erhellen sich die Fenster, daß die Lauschenden sichtbar werden. „Vivat, wer Holz herunterwirft!" rufen die Studenten. Und das geschieht; und ein Feuer wird entzündet, und Maiensträucher fliegen hinein, daß die Funken hoch zum Himmel stieben. Und wieder ein anderes Mal kommt ein Zug mit Fackeln; zu einem Promovierten wallt die lustige Schar; vor dem Hause ruft der Senior „Vivat der neue Doktor!" und das Hoch der anderen fällt ein, und die Waldhörner blasen dazu. Wo die Glut verkohlt, sieht man ein paar Stunden darauf einen Karren gelben Sandes geworfen, und ein kläglicher Zug kommt beim Morgengrauen, und ein armer Missetäter wird vom Henker gerichtet.

Aber auch unsanfter fährts in die Ruhe der Schläfer hinein. Schwärmer knallen, Raketen knattern, Büchsen und Pistolen werden losgebrannt. Dann gibt es Balgereien mit den Gnoten, den Handwerksburschen, die aus ihren Herbergen kommen. Oder es setzt einen Zusammenstoß mit den Schnurren, den blauen Stadtsoldaten. Den Enteilenden werfen diese ihre Springstöcke zwischen die Beine, oder sie haschen sie mit den eigentümlichen gabelartigen Fangeisen. Bisweilen wächst der Radau zum Tumult, und die Hauptwache muß dann alarmiert werden, die im Schlosse liegt. Fünf Tage lang dauerte ein Studentenkrawall,

als einst der Rat den Preis für ein Maß Bier auf vier Pfennige an=
setzte. Und als 1756 die Bäcker die Brotpreise gesteigert hatten, waren
die Studenten als Schützer des Volkes aufgesprungen, hatten die Läden
gestürmt und das Brot an die hungernden Armen verteilt.

Der Philister wußte, daß er von seinen Studenten lebte; so nahm er
manche Unbill hin und suchte seinen Nutzen im Stillen.

> Was ist der Bursch? Ein Erdenkloß;
> Arm kommt er aus der Mutter Schoß,
> Arm geht er aus der Jen'schen Welt;
> Warum? Er wird verflucht geprellt!

Gegen dieses Prellen suchte der akademische Senat die Jünglinge durch
Kontomandate und eine spezialisierte Schulden= und Kreditgesetzgebung
zu schützen. Indessen Studenten und Philister waren einig, wenn es galt,
hier Hintertüren zu suchen.

„Der Schweiß der Eltern wird verkocht, die sich daheim mit Sorgen
quälen", singt J. Christian Günther, und ein alter jenenser Stammbuch=
vers meint:

> „Alte Hirsche und Studenten
> Leiden gleiches Ungemach;
> Jenen laufen Jägerhunde,
> Diesen die Philister nach."

Der jahrhundertalte Trost wird dann wieder hervorgeholt:

> „Ob der Bursch gleich viel verrut,
> Ein reiches Weib macht alles gut."

Nicht immer reicht diese Zuversicht aus; und mit einem Heuchelschein
der Zerknirschung fließen die „Evangelischen Bußtränen über die Sün=
den seiner Jugend", die J. S. Buchka, ein alter Jenenser, weint (1737):

> „O, wie manches schöne Lied mußte durch die Hechel fahren,
> Wenn der Reim nicht nach der Kunst noch die Verse flüssig waren!
> Mich ergötzte Caniß' Flöte, die von Doris' Asche singt,
> Mehr als Luthers alte Harfe, die zum Preis der Gottheit klingt.
> Bachus' Lob und Venus' Ruhm, Günthers nasse Burschenlieder
> Schallten stets von meinem Mund wie der Ton von Bergen wieder;
> Aber bei dem Lob des Höchsten blieb so Herz als Lippe stumm,
> Und der Sinn sah sich indessen nach verbornen Dingen um."

Es kommt der letzte Tag der Studentenherrlichkeit und das Komitat.
Im feierlichen Zuge gehts über das Pflaster des Marktes. Reiter vor=
auf, die mit den langen Peitschen knallen. Das sind die berühmten jena=

114

ischen Rosse, die mehr fliegen als laufen, die nicht von Hafer noch von
Heu, wohl aber von Brot und Bier und Branntwein leben sollen. Dann
im Postwagen hinter dem schmetternden Postillon der Bursche, der ins
Philisterium zieht. Die Bürger eilen an die Fenster, die Mägdlein bleiben auf der Straße stehen. Über das lustige Studentenherz kommt schat-
tend eine Wolke von Sentimentalität. Da ist das alte Johannistor zum
letzten Mal. Selbst der Stadtwächter salutiert heute den Scheidenden.
Und da ist die Ölmühle. Dem Burschen fällt der Vers ein, den einst
eine Hand auf das Bild dieses Hauses geschrieben hat:

> „Blaß und zitternd treten Füchse
> In das liebe Saalachen,
> Blaß und zitternd müssen Alte
> Oft aus ihren Mauern gehn.“

Der Abschiedstrunk und der letzte Händedruck. Er rückt seine kleine Habe
zusammen; fühlt die Pfeife und den Schläger und in seinem Mantelsack
ein kleines Heiligtum, sein Stammbuch.

In einem wunderlichen Festzuge bewegt sich die Gelehrtenkultur des
achtzehnten Jahrhunderts noch einmal an uns vorüber, wenn wir
die Literatur durchblättern, die die Jubelfeier der Universität im Jahre
1758 sprießen ließ.

Ein Jahrhundert vorher hatte man sich des hundertsten Jahrestages
gefreut. Der weihevollen Stimmung hatten eine Festpredigt in der
Michaeliskirche, die Jubelreden der theologischen, juristischen und medizinischen Fakultät in der Universitätskirche und eine außerordentliche
Magisterpromotion genügt. Das Leben hatte damals noch unter den
Wirkungen des langen Krieges, der eben zehn Jahre vorüber war, gestanden. Jetzt lagen Stadt und Universität mitten drin in den Kriegs-
wirren und immer unter dem drohenden Griff des großen Königs/
aber diese Generation der Galanthomme-Zeit ließ sich keine Festlust verkümmern. Schon am 29. Januar bereitete die Nachmittagspredigt die
Solennitäten der Salina, wie man im Zeitgeschmack die Akademie
nannte, vor. Am 1. Februar läuteten am Nachmittag alle Glocken, und
als der Abend kam, klangen vom Turm der Stadtkirche Pauken und
Trompeten. Und dieselbe Musik begrüßte auch den nächsten Morgen.
Um neun Uhr kam der Festzug von der Kollegiengasse her über den Markt
zur Kirche geschritten. Vierundzwanzig Ehrenmarschälle, aus der Stu-

dentenschaft erwählt, leiteten ihn. In neun Gruppen zog er vorbei. Da
kamen die Soldaten der Torwache, von einem Unteroffizier geführt; der
Stadtkommandant mit den Offizieren der Garnison; die hochfürstlichen
Kommissarien von Meiningen, Weimar-Eisenach und Koburg-Gotha;
die Deputierten der Universitäten Erfurt, Helmstädt, Erlangen, Halle,
Leipzig, Wittenberg, Altdorf. Hinter den beiden Pedellen, die die Zepter
trugen, schritten der Prorektor Magnificus Hofrat Steck und der Prorektor designatus Professor Müller mitsamt den studierenden Grafen
und dem gesamten Corpus academicum. Dann folgten das hochfürstliche Konsistorium, die Mitglieder des Justizamtes, der hochedle Magistrat mit den fremden und einheimischen Respektspersonen und am
Schluß der „hochfürstliche Staatswagen, leer fahrend“. In der Stadtkirche begleitete den Gottesdienst, den der Superintendent Zeißing hielt,
eine besonders komponierte Festmusik und ein schmetterndes Tedeum mit
Pauken und Trompeten. Auch den Nachmittagsgottesdienst verherr-
lichten Jubellieder. Da hieß es in einem:

> „Zwar jüngst noch war auch unser Jubelton
> Ein flüchtiger und einsamer Gedanke;
> Fast schiens, als ob am Libanon
> Der Zedern prächtigste, Salina, plötzlich wanke.
> Allein, Gottlob, noch blühen ihre Staaten
> Durch weiser Lehrer Raten;
> Ihr alter Flor ward nicht gestört,
> Er, Friederich der Weise,
> Schuf sie zu Deinem Preise:
> Dies weißt Du, Herr, und hältst sie wert.“

Am 3. Februar war der Festakt in der geschmückten Kollegienkirche,
wo der Kanzel gegenüber ein scharlachfarbener Thron mit dem Bildnis
des Rektor Magnifizentissimus, des Herzogs Ernst August Constantin
von Sachsen-Weimar, errichtet stand. Den lateinischen Text der Festmusik hatte der Professor der Beredsamkeit und der Dichtkunst Müller
ersonnen, und als Rektor designatus hielt er auch die Säkularrede in
lateinischer Sprache über „Salinens auch im zweiten Jahrhundert ihres
Flores gestiegene Hoheit“. In würdiger Prozessionsordnung begab sich
die Versammlung ins Schloß zum Convivium Iubilaei. In dieser Pro-
grammnummer gewann die Manier der schnörkelhaften Rokokozeit ihren
lebendigsten Ausdruck. Im Hauptsaale speisten die dreißig vornehmsten
Personen von einem Silberservice, das der Weimarer Hof geliehen hatte.

116

Jenenser
Professor in
Rokokotracht
(Walch
1725—78)
Kpfr. von
Elias Haid

Jena
Städtisches
Museum

Die übrigen aßen in den Zimmern des ersten Stocks. Beim Mahle führte das Collegium Musicum eine dramatische Kantate aus Picanders „Streit zwischen Phöbus und Pan“ auf. Die Tafel war dreimal mit zweiunddreißig verschiedenen Speisen besetzt, und das Dessert hatten der Hofkonditor Ottelt und der Konditor Jens Jahl nach einem Entwurf des Hofmalers Clessen gefertigt. Diese Kuriosität der Allegorienkünstelei war das Allerwunderbarste. Das erste Stück: Ein Schiff mit der Göttin Salina sah man über ein aufgeregtes Meer fahren, wo auf allerhand Klippen die Gestalten der Laster standen, vergebens drohend und lockend. Ein großer, kühner Bogen schlang sich von einem Ufer zum anderen; „Jactata, Tentata“ war darauf zu lesen. Dann das zweite Stück: Vier Kastelle standen an einem Hafen mit den Wappen der vier thüringischen Staaten. Auf der einen Seite des Ufers saßen die lächelnden Musen; auf der anderen flohen die Laster, ohnmächtig, von dem Blitz getroffen, der ihnen in den Rücken zuckte. Die Gestalt der Vorsehung aber führte an einem goldenen Faden das Schiff der Salina über die beruhigten Wogen heran. Über dem Ganzen stand die Inschrift „Conservata“. Nun kam das dritte Stück. Es zeigte einen großen Garten, an dessen Gestade jetzt das Schiff gelandet war. Studenten stiegen heraus. Ein Weg führte zwischen den Bäumen und Beeten zu einer Pyramide, die den Namen des alten und des neuen Prorektors trug. Dann waren die vier Standbilder der Fides, der Justitia, der Hygiea und der Minerva zu sehen, und jedes war wiederum mit einem Kreise von kleinen Obelisken umgeben, die die Namen der Professoren trugen. Vier Ehrenpforten standen an den Eingängen des Gartens mit den Namenszügen der vier Herzöge, und über die Mitte ging ein großer Bogen, der den kaiserlichen Doppeladler trug. Noch ein Lusthaus war da, an einer Zedernallee gelegen, vor dem unter Baldachinen die Figuren des Herzogs Ernst August Constantin, der Herzogin Anna Amalia und des Erbprinzen Karl August standen.

Am 4. Februar hielt am Vormittag die Deutsche Gesellschaft eine feierliche Sitzung und am Nachmittage die Lateinische Gesellschaft. Am Abend wurden die Studenten im juristischen und theologischen Auditorium mit Kuchen und Rheinwein traktiert. Noch drei Tage dauerten dann die Predigten und Festreden, die feierlichen Promotionen, Ehrenernennungen und Bewirtungen. Aber das Schönste schien doch die Illumination, die der Direktor der Lateinischen Gesellschaft, der Professor

118

Walch, in seinem Hause am 5. Februar veranstaltete. Da waren alle
Fenster von oben bis unten mit bunten Transparenten bedeckt, auf denen
man symbolische Architekturen und allegorische Gestalten sah, den Glauben, die Minerva, den Frieden, den Nachruhm, die Ewigkeit und dann
die Bilder des Stifters und der herzoglichen Beschützer.

Auch der Armen gedachte man am Beschluß des Festes, und man
speiste ihrer siebenhundert am 11. Februar auf dem Schloßhofe.

Die Jubelhymnen verklangen, die die Universität in einen Rausch der
Selbstvergötterung gesetzt hatten, und das nüchterne Licht des Alltags
zeigte, daß die Zedern Salinens nicht in den Himmel wuchsen. Die Entwicklung des geistigen Lebens drängte nicht vorwärts; die Welt stand
innerhalb dieser kleinen Mauern eine Zeitlang still. Von der belletristi-
schen Regsamkeit, die damals durch die Gesellschaft fuhr und ihr Reiz
und Ansporn gab, kam wenig in die alten Mauern hinein.

Die Männer, die einst Führer gewesen waren, lagen tot oder ent-
behrten der Frische fruchtbarer Schaffenskraft. Der Theologe Walch
lebte noch bis 1775, aber auch er war ein Stumpfgewordener, der mit
seinem Sinnen in der Vergangenheit lebte. Nur Buder trug der neuen
Zeit wenigstens als Politiker Rechnung, indem er seine Vorlesungen
auf die Geschichte der Gegenwart ausdehnte und sogar über den Hubertusburger Frieden las.

Wer um das Jahr 1775 an Jena dachte, hörte das Klirren des Rauf-
degens und sah das unbändigste Burschenleben in breiter Aufdringlichkeit; und wer behutsamen Sinnes war, machte einen weiten Umweg um
die Stadt. Aber nur noch eine kleine Weile, und es gingen über diesem
Bethlehem Thüringens die Gestirne auf, zu deren Glanz alle Weisen des
Morgen- und Abendlandes anbetend gezogen kamen.

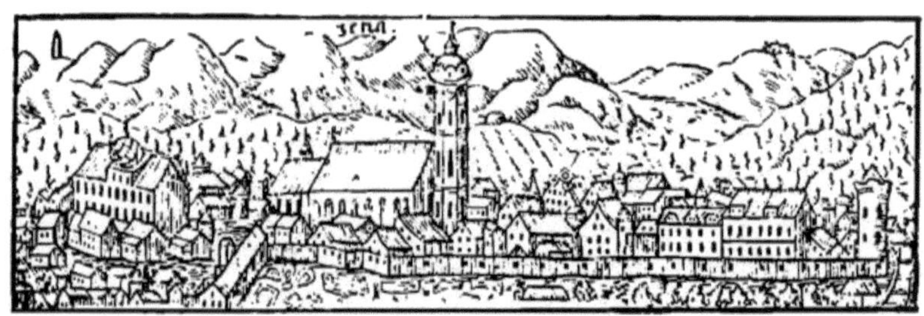

Jena in der klassischen Zeit
Das alte Jena und das neue Geschlecht

Der deutsche Mensch fand den Weg zu sich zurück. Seit dem Ausgang des achtzehnten Jahrhunderts gab es wieder ein deutsches Innenleben, also auch eine Kultur. Die Sehnsucht zweier Jahrhunderte hatte darauf ihre großen Augen gerichtet. Man muß an die bitterschmerzliche Jugendzeit denken, die Lessing in seinem lichtlosen Elternhause verlebte, und dann im Gegensatz dazu sich aus den Jugenderinnerungen W. von Kügelgens oder Ernst Rietschels oder Ludwig Richters die Gestalten der Väter und Mütter heraussuchen, um das vertrauensfeste und aufrichtige Geschlecht der Menschen von Herzen lieb zu gewinnen, die in das neue Jahrhundert hinübergingen. Für Lehrer und Lernende war es eine Forderung, sich dem eigenen Selbst zuzuwenden und den Menschen im Menschen zu bilden. Der Aufgang der Naturwissenschaften hatte geholfen, sie von dogmatischen Irrwegen zurückzubringen, hatte ihnen tausend Rätsel, an denen ihr Leben vorübergegangen war, gelöst. Die Philosophie Wolfs hatte denken, der Pietismus dichten gelehrt.

„Das Volk der Dichter und Denker" / man sprach dies Wort noch nicht mit spöttischen Mundwinkeln aus, damals als sich die Bewunderung der Nationen auf die Deutschen richtete, diese Deutschen, die bis vor kurzem noch alles Ausländische staunend und begehrend betrachtet hatten.

Philosophie und Poesie mußten nun auch weiterhin die Genien am Lebenswege bleiben.

„Freiheit ist die Seele der Staaten" schrieb 1785 der jenenser Professor Succow einem Studenten ins Album; „und auch die Seele der

Wissenschaft" hätte er hinzufügen können. Das Zeitalter der Aufklärung hatte den Gelehrten wohl von der Bevormundung kanonischer Paragraphen befreit, aber die ganze Freiheit hatte es ihm noch nicht geben können. Noch sah der Staat in dem akademischen Beruf das Ziel, tüchtige Diener des Staates zu bilden, und leitete aus dieser Auffassung das Recht her, korrigierend die Wirksamkeit der Dozenten, die er besoldete, zu überwachen. Es hatte nicht jeder eine so mannhafte Seele, wie der jenenser Professor Gruner, der 1786 in einer Vorlesung, in der auch die Herzöge von Weimar und Württemberg saßen, ohne Scheu und offen „auf viele wichtige Wahrheiten aufmerksam machte", daß die Studenten, von seinem Freimut enthusiasmiert, laut applaudierten. Nun kam die Zeit, da sich der Gelehrte die libertas philosophandi errang, sein droit de souverainité. In diesem Prinzip der Freiheit sah er von jetzt an die hohe Anstandspflicht seines Standes, und er wußte, daß damit auch die schwere Verantwortung für die Wahrheit dessen, das er lehrte, verbunden war.

Man muß hier daran denken, wie Schiller in seiner akademischen Antrittsrede den Brotgelehrten und den philosophischen Geist einander gegenüberstellte. Jener sieht im Großen das Kleine; für diesen gewinnt das Kleine selbst Größe, da er immer das Große im Auge hat, dem das Kleine dient. Nicht was er treibt, sondern wie er es treibt, kennzeichnet ihn. Wo er auch steht und wirkt, immer ist er im Mittelpunkt des Ganzen.

Und welche Flügelkraft regt sich in diesen stillen Menschen! Zum ersten Male in ihrer ganzen langen Geschichte reißen die Universitäten die Führerschaft des geistigen Lebens ihrer Nation an sich.

Damit beginnt Jenas große Zeit. Es wird eine Weltstadt.

In „Dichtung und Wahrheit" schreibt Goethe: „Jede der deutschen Akademien hat eine besondere Gestalt; denn weil in unserem Vaterlande keine allgemeine Bildung durchdringen kann, so beharrt jeder Ort auf seiner Art und Weise und treibt seine charakteristischen Eigenschaften bis aufs letzte." Diese persönliche Note ist in Jena allezeit ganz besonders kräftig erklungen.

Im Jahr 1789 machte Friedrich Gedike, ein Mitglied des Berliner Oberschulkollegiums, im Auftrage des preußischen Ministers von Zedlitz eine Orientierungsreise durch vierzehn deutsche Universitäten, um ihre Organisation zu studieren, auch wohl um solche Professoren herauszufinden, die man gelegentlich an eine preußische Universität herüberziehen könnte. Dieser Universitätsbereiser, wie ihn Schiller einmal

nennt, kam am 26. Juli nach Jena. Es war die zwölfte Hochschule, die er besuchte. Der aufgeklärte, nüchterne Beobachter, dem eben Erfurt veraltet und gleichsam schon im Todesschlummer liegend erschienen war, fand in Jena alles voll Leben und Jugendkraft. Er blieb daher länger hier. Die Universität, meinte er in seinem Bericht, gehörte zu denen, die die meiste Aufmerksamkeit und Achtung verdienten. In der Frequenz stand sie Göttingen gleich; sie zählte acht bis neunhundert Hörer; ungefähr 500, die Theologie und Humaniora studierten, 300 Juristen, 100 Mediziner. Die Studiosi in Göttingen schienen ihm reicher und vornehmer; Jena war wegen seiner Wohlfeilheit gesucht. Er fand hier Söhne von Bauern, die von ihren Vätern nicht mehr als dreißig Taler jährlich bezogen und die damit auskamen, wenn sie einen der 137 Plätze am Freitisch im öffentlichen Konviktorium erhielten.

Indessen fand ein anderer Besucher, der drei Jahre später kam und 1793 seine „Briefe über Jena" anonym erscheinen ließ, Andreas Georg Friedrich von Rebmann, diesen Ruf der Billigkeit nicht mehr begründet. Vor dreißig Jahren, meinte er, habe hier ein Student mit 200 Talern herrlich und in Freuden leben können; jetzt brauche er 400 oder gar 500 Taler. Eine saubere, niedliche Wohnung sei von 10 Talern an zu haben; prächtige und elegante kosten auch 50 Taler. Der Mittagstisch verlange 12 bis 18 Groschen wöchentlich. Allein die jenenser

122

Küche genoß keines guten Rufes bei den Fremden. Mit Lächeln lesen
wir noch die Entrüstung eines guten pommerschen Jünglings, dem die
Magenfrage sehr nahe ging. Er hatte sich erzählen lassen, daß man das
Studentenessen so kochte, daß man in einen Kessel Wasser füllte, Peter=
silie und Mehl hinzutat und statt des Fettes ein Stück Talglicht hinein=
warf, oft ohne selbst den Docht vorher herauszunehmen. Da mußte er
sich denn aus seiner heimatlichen Futterkiste einen Ersatz in geräucherten
Würsten und Ochsenzungen, in Spickgans und Spickaal suchen. Auch
Rebmann hat hier zu tadeln: Diese Speisen in Jena können keinen Falstaff
locken, und ein Straußenmagen gehört dazu, sie zu verdauen. Sind auch
die Hauptingredienzen der Schüssel eßbar, so schwimmt gewiß das Rind=
fleisch in einer widerwärtigen Sauce von Zucker, Mehl und Rosinen, oder
die kalt gewordene Butter stinkt aus der Suppe. Von der ungeheuren
Menge verschiedener Biere taugt keines etwas außer dem Köstritzer....
Und wieder zehn Jahre später hört man aus dem Munde eines englischen
Studenten, der in Jena eine der glücklichsten Perioden seines Lebens ver=
brachte, dieselbe Klage. Entsetzlich ist ihm der Morgenkaffee, aus gebrann=
ten Mohrrüben bereitet. Mit Widerstreben geht er zu seinem Mittagstisch;
Jena, schreibt er, ist berühmt dafür, daß man dort schlecht ißt und trinkt.

Wir sehen uns näher in dieser Stadt um.

Wiedeburg, der 1785 eine Beschreibung der Stadt Jena gab, ist ein
herzlicher Bewunderer seiner Heimat; er rühmt „die natürliche Ge=
sundheit der Luft, des Wassers und alle günstigen Umstände zu der Be=
friedigung der Bedürfnisse, zur Erhaltung und zum Wohlstand des
Lebens". Nichts hat er anzuklagen oder zu wünschen; selbst die Hitze
im Sommer wird ihm gemildert, denn die Straßen sind so eng und die
Häuser so hoch, „wie irgend in Cairo". Er findet Jena, mit anderen
Städten verglichen, „ziemlich modern" gebaut; aber es ärgert den
Wackeren doch, / auch damals schon / daß das Altväterische hier oft
„geschmacklos und nur zu betriebsam modernisiert wird". Namentlich
ist ihm der beliebte bunte Anstrich oder vielmehr die „Anschmiererey"
der Häuser ein Greuel. Sie waren in alter Zeit alle mit Kalk geputzt
oder weiß gestrichen; nur die Apotheken bedienten sich des bunten Klei=
des als einer Reklame. Da hatte 1745 der Handelsherr Hummel sein
Haus am Löbderter sanft grün geziert, und dieser Geschmack fand so
schnell Nachahmung, daß bald die ganze Stadt voll grüner Häuser war,
die in allen Schattierungen „wie die bunten Zuckerduten" prangten.

Rebmann traf im Jahre 1792 am Ausgang des Winters hier ein.
Er war viel gereist, hatte viele Akademien gesehen, war auch schon in
England gewesen. Zuerst erschien ihm Jena ein widerlicher Ort, zwischen
kahlen, schneebedeckten Bergen gelegen und von markerstarrendem Nord-
wind durchfegt. Hier mußte man den Spleen kriegen. Aber dann kam
der Frühling, und die drohenden Berge wurden grün, und der Fremde
hat dann hier eine der angenehmsten Epochen seines Lebens, wie er
gerne gesteht, verbracht. Die Stadt selbst blieb ihm zwar das verächt-
liche Landstädtchen ohne Fabriken und Manufakturen, allein auf seine
Akademie angewiesen, mit allen seinen winkligen Gassen und unregel-
mäßigen Häusern, in deren Ensemble selbst die paar hübschen Aus-
nahmen ihre Wirkung verloren. Auch mit den Philistern geht seine Feder
hart um: „Denken Sie sich einen Haufen Menschen, von jeher mit dem
ruchlosesten Extrem des Studentenlebens vertraut; aller Moralität und
jeder feineren Empfindung abgestorben; Geschöpfe, denen um Geld alles
feil ist, ihre Ehre und die Ehre ihrer Weiber und Töchter; von Jugend
auf geübt zu prellen, — so haben Sie die Schilderung derselben im allgemeinen. Wie ein Räubergesindel saugen sie den Studenten aus, der
ihnen in die Hände fällt. Und diese Habsucht nützt dem Philister nicht
einmal, denn er ist dabei faul und bleibt so armselig und verhungert;
steht erst früh um neun Uhr auf und arbeitet höchstens bis um elf; und
mindestens fünfmal in der Woche kann man ihn in Lichtenhain be-
trunken finden . . . ."

Dies Urteil bleibt lange bestehen. In den Erinnerungen eines jenenser Studenten, der in den zwanziger Jahren des neunzehnten Jahrhunderts hier sein Wesen trieb, heißt es: „Die Handwerker schließen
schon um zwei, spätestens um vier Uhr ihre Boutiquen und ziehen tag-
täglich, und sollte es Kieselsteine hageln und Karbatschenstiele regnen,
gen Lichtenhain; oft folgt die ehrsame Hausfrau, bisweilen die ganze
Familie. Da trinkt alles Bier und alles berauscht sich. Vom Professor
bis zum Eckensteher herab ziehen die Jenenser nach Lichtenhain, ihrem
Eldorado, und entschlagen sich dort der Sorgen."

Aber draußen vor den Mauern! „Das ganze Tal" / schreibt Rebmann /
„gleicht jetzt einem englischen Garten, schöner, als ihn die Hand des
künstlichsten Gärtners anlegen kann; alle Bäume stehen in voller Blüte,
und die schönen melancholischen Sängerinnen der Liebe scheinen sich an
rührenden Melodien übertreffen zu wollen." Rings um das Städtchen

haben die Bürger ihre Gärten und Gartenhäuschen, in denen die Fa=
milien freundschaftlich zusammenkommen. Da hat man immer noch die
beliebten Orangerien in den heißen Sonnenglanz gestellt, und gravi=
tätisch wandeln die Zopfträger unter den verdeckten Bogengängen, sehen
die zierlichen Wasserkünste tröpfeln und schätzen die „verschiedenen sel=
tenen Blumenfloren". „Wen würde", schreibt Wiedeburg, „noch irgend
eine schmutzige Dorf= oder Mühlenschänke zu so herabwürdigendem Be=
such einladen!" Auf dem Paradies lustwandelte die junge sonntägliche
Welt in den sauberen Alleen, die seit 1780 besonders gepflegt wurden.
Die Lindenallee vornehmlich war kunstvoll, zehn Schritte breit und vier=
hundertundsiebzig lang; niedrige Buchenhecken umschlossen sie, „hin und
wieder mit Nischen geschmückt und mit einem großen Amphitheater";
und Ruhebänke standen überall. Dort atmet man noch den Puderhauch
des Rokoko; aber schon kommen die Tage der Empfindsamkeit, da der
einsame Schwärmer Werthers Namen lispelt. Im Jahre 1792 ist der
Griesbachsche Garten der anmutigste. Ein wundersames Plätzchen ist
darin. Von der lachenden Aussicht bezaubert, steigt man in ein kleines
beschattetes Tal. Da steht eine Bildsäule, dem Andenken des Archimedes
geweiht; eine Tränenweide neigt sich mit schwankenden Ästen darüber.

Berge und Täler um Jena! Die Barockmenschen hatten mit floskel=
hafter Entzückung nur den Lorbeerwald der Musen gesehen; aber die
neue Zeit sprach Koseworte der Liebe, wenn sie der kleinen Stadt ge=
dachte. Dorothea Veit wurde zur Dichterin, indes sie hier über die Wie=

sen voll Veilchen und Schlüsselblumen schritt, und selbst dem Landfremden
wuchs der Name ans Herz. „Jetzt, da der Frühling gekommen ist,“
schrieb Henry Crabb Robinson 1802, „scheint mir Jena eine der schön=
sten Erdstellen zu sein, worauf ich jemals hauste.“

Florenz, Zarpath / was will der geläufige Vergleich mit diesen Städten
sagen! Nur Goethe fand das rechte Wort; und wie Lächeln und Strei=
cheln klingt es: „das liebe, närrische Nest!“

Häuser modelten sich und Gärten; aber ungleich tiefer war der neue
Drang, der am Ende des achtzehnten Jahrhunderts durch die starren
Gewohnheiten des studentischen Lebens fuhr und sie wie Klötze durch=
einander warf. „O Jena“ — ruft der scheidende Renommist —

> „bald werd' ich nicht mehr sein;
> Bald wird der feige Fuchs sich meines Falles freun,
> Bald wird man auf dem Markt mich nicht mehr brüllen hören;
> Kein Wesen mehr von mir wird deine Ruhe stören;
> Philister! Welch' ein Schlag, die Freiheit ist dahin!
> Dein Ansehen, Jena, fällt, da ich nun nicht mehr bin!“

Ja, aus den Niederschriften verwunderter Beobachter atmet uns ein
neues Geschlecht entgegen. Im Jahre 1781 klingt es noch in dem Stamm=
buch unter den derberen Eintragungen wie Spott:

> „Mit Herrlichkeit umringt, mit Lorbeer stolz umlaubt,
> Erhob die Mode nun mit neuer Pracht ihr Haupt.
> Und die Galanterie zog nach der Jen'schen Saale.
> Da wurden Stutzer reif an ihrem holden Strahle,
> So artig, so geputzt, als Leipzigs Stutzer ist.
> In ewge Schande fiel der Name Renommist.“

Als aber dann das letzte Jahrzehnt anhebt, kennt man den alten Jenen=
ser in der Tat nicht wieder. Die Briefe vom Jahre 1792 stehen ihm
sehr sympathisch gegenüber. Er kleidet sich elegant. Noch fällt er nicht
ins Gezierte, aber die Gefahr ist nahe, daß die frühere Rohheit jetzt ins
Extrem allzu großer Verfeinerung umschlägt. Der Aufwand an Klei=
dung ist dreimal so groß wie früher. Statt des Biers trinkt man Schoko=
lade und Punsch. In den Stuben stehen Sofas; darüber hängen eng=
lische Kupferstiche. L'Hombre wird gespielt, eine Pharobank errichtet.
Die Opern und Vauxhalls und Bälle drüben in Weimar müssen besucht
werden. Statt der Dorfnymphen von Ziegenhain empfangen nun die
petites und grandes maitresses die Liebesschwüre. Wo früher auf dem
Bücherbrett die Bibel, ein lateinisches Lexikon und das Corpus Juris

standen, prangen jetzt zierliche Maroquinbändchen, Meißners „Alcibiades“, Crébillons „Schaumlöffel“ und Gedichte im Geschmack des Grécourt.

Hier jagt vielleicht nur eine Mode die andere. Aber ein Geist wühlt im Grunde und reißt den Jüngling aus dem Wust verrotteter Vorurteile heraus. Wirkte die hohe Auffassung von der Freiheit des Lehrens auf die Professoren wie eine Weihe, so begannen nun auch die Studenten in ihrer akademischen Freiheit etwas Schöneres zu ahnen als das Privilegium zügelloser Überhebung über jedes bürgerliche Sittengesetz.

Ein sonniger Durchblick öffnet sich gleich in den Versen der Stammbücher, wo sonst nur Grobianismus und Renommistentum ins Kraut geschossen waren. „Freiheit ist die Seele der Staaten“ steht da plötzlich; und bald kommt ein kurzer Reim aus Hölty und Bürger, aus Gellert und Klopstock, aus Goethe und Schiller angeflogen. Auch die Lieder, die der Student beim Becher singt, tönen anders; lebensfroh, voll Übermuts und die Sorgen weit wegschleudernd sind sie noch immer, aber der ekle Geist der platten Sinnlichkeit guckt nicht mehr aus jedem Verse hervor.

Mit der Literatur, die vom Leben so abseits gestanden hatte, gewinnt das neue Geschlecht die Fühlung wieder, und jene wird auch bei ihm zu einer Macht, der zu dienen unerläßlich ist. Es gibt zwei Leihbibliotheken in Jena; die Lektüre ist gut gewählt und reichhaltig, und die besten Journale liegen aus. Die Preise für die Benutzung sind billig; dem armen Studenten stehen sie unentgeltlich offen. Der Besitzer der einen, der Kandidat Vogt, macht sogar die Rezensionen der einzelnen Bücher bekannt, um den Lesern die Auswahl zu erleichtern.

Die Jobsiade wird gedichtet, aber die Tage des Kandidaten Jobs sind vorbei. Es fällt auf, wie fleißig die Studenten werden. In den Stuben haben die Lerneifrigen allezeit gesessen; aber jetzt brauchen sie sich nicht mehr zu verstecken. Der Spott verfolgt sie nicht. Die alten Vorurteile, daß jeder Student ein vorzüglicher Trinker sein müsse, schreibt Wiedeburg, sind jetzt besiegt; die größere Hälfte trinkt itzt sehr mäßig Wein und Wasser und ist fleißig und gesund und aufgelegt .... Es ist nichts Seltenes mehr, daß drei, vier Studenten auf der Gasse stehen bleiben in angeregter wissenschaftlicher Debatte, und gern eilen sie zu den Diskussionsabenden, die einige Professoren einführen. Schon um sechs Uhr beginnen die Vorlesungen.

Der Universitätsbereiser fand im Jahre 1789 die berüchtigte Studentenwildheit und Roheit in Jena gar nicht wieder; „der Ton hat sich itzt außerordentlich verbessert"; allein das Trampeln im Kolleg als Ausdruck des Beifalls schien ihm ein Nachwuchs der alten Barbarei. Auch Rebmann bemerkte kein Lärmen mehr, kein pöbelhaftes Singen und keine Saufgelage, keine Spur von der ehemaligen Brutalität. „Was den jetzigen Studenten in Jena charakterisiert, ist hauptsächlich der gesetzte männliche Ton und der Ehrgeiz, seiner Würde gemäß zu handeln."

Indessen sah doch noch Fichte erstaunt zwei Jahre darauf, daß die Studenten beim Sonntagsgottesdienst in der Stadtkirche Nüsse knackten, Äpfel aßen und Tabak rauchten; und immer ist ihm sein Jena als eine Mischung von Barbarei und Kultur, von Torheit und Weisheit erschienen. Den besten Eindruck gewann eine Frau, Dorothea Veit, im Jahre 1799. Während es sonst — schrieb sie — in Universitätsstädten so zuzugehen pflegt, daß zarte Damen ihren Aufenthalt dort nicht zu nehmen wagen, nimmt in Jena der Humanitätston überhand, und man kann im Gebirge stundenweit alleine spazieren gehen. Das Militär und die Kaufmannschaft in Berlin sind roh gegen die jenenser Studenten. Überall hört man von Wilhelm Meister sprechen, von der Transzendentalphilosophie und von Silbenmaßen; dazu klingen aus jedem Hause Gitarren und Geigen ....

Freiheit und Vernunft / der Geist der Zeit schrie den Studenten diese Worte ins Ohr; und auf dem Katheder stand vor ihnen ein Gewaltiger, dessen Begeisterung in ihren Herzen Opferflammen entzündete. „Unser menschliches Jahrhundert herbeizuführen,“ / so schloß er seine Antrittsvorlesung / „haben sich alle vorhergehenden Zeitalter angestrengt.... Ein edles Verlangen muß in uns glühen, zu dem reichen Vermächtnis von Wahrheit, Sittlichkeit und Freiheit auch aus unseren Mitteln einen Beitrag zu legen und an dieser unvergänglichen Kette, die durch alle Menschengeschlechter sich windet, unser fliehendes Dasein zu befestigen... Jedem Verdienst ist eine Bahn zur Unsterblichkeit aufgetan, zu der wahren Unsterblichkeit, wo die Tat lebt und weiter eilt, wenn auch der Name ihres Urhebers hinter ihr zurückbleiben sollte.“

Sahen dann die jungen Augen um sich, so konnte ihnen nichts unwahrer, unsittlicher, unfreier erscheinen als der studentische Ehrenkatechismus, der ihre Lebensgewohnheiten regierte. Im Jahre 1792 erließen dreihundert jenenser Studenten ein Sendschreiben an alle deutschen Hochschulen „die allgemeine Abschaffung der Duelle und Gründung einer wahren akademischen Freiheit betreffend“. Es ist bezeichnend, daß sie diesem Schreiben eine Übersetzung der Rousseauschen Gedanken über den Zweikampf aus der „Nouvelle Héloise“ hinzufügten. Und wie begeisterungsjung tönen dann ihre Worte: „Die goldenen Tage brechen für Europa an, seitdem die Menschen, durch das Licht der Philosophie aus dem tierischen Schlummer geweckt, mit reger Kraft anfangen, die Vernunft auf den ihr gebührenden Thron der Gesetzgebung zu erheben, der bisher ein Raub der Willkür und noch öfters der schrecklichsten Vorurteile war. Überall regt sich der Geist der Nationen, die göttlichen Rechte derselben geltend zu machen.... Wir, deutsche Brüder, sollten nichts zu diesem großen Werke beitragen?.... Nicht den Drang empfinden, auch unter uns die Vernunft als höchste Gesetzgeberin einzuführen?.... Die Vernunft duldet keine Vorurteile, die sie höhnen. Der Zweikampf ist ein solches Vorurteil; und wenn wir nichts zu seiner Abschaffung tun, wird uns die Nachwelt mit allen vorhergehenden akademischen Geschlechtern in eine Klasse, in die Klasse roher, unaufgeklärter Menschen werfen.“

Schon im Jahre 1791 hatten Deputierte der Studentenschaft mit dem Einverständnis des Herzogs Carl August und mit der Unterstützung zweier Professoren einen Plan ausgearbeitet, der ein akademisches Konzil zur Entscheidung aller Ehrenstreitigkeiten einsetzte, und hatten paragraphenweise die Gesetze dieses Konzils aufgestellt, die jede Beleidigung der Studenten untereinander mit wohlabgemessenen Strafen ahnden sollten.

Auf jede Forderung zum Zweikampf sollte Relegation, auf jedes ausgefochtene Duell Relegation cum infamia gesetzt sein. Auch Goethe war auf den Wunsch der Studenten vom Herzog in dieser Angelegenheit zum Kommissar ernannt; er nahm die Statuten in Empfang und gab sie an seinen Herrn und an die anderen Pfleger der Universität weiter „zur hohen Einsicht und gnädigster Ausführung". Da sind sie verblieben. Als man Goethe dann nach längerer Zeit zu einer mündlichen Äußerung drängte, sagte er, man halte die Eingabe nur für das Werk einiger besseren Köpfe; der Plan entspräche noch nicht dem rohen Geiste des großen Haufens; auch sei es eine Maxime der Regierungsklugheit, die Menschen nicht so zu behandeln, wie sie sein sollten, sondern wie sie wirklich sind. Immer der kühle, verschanzte Geheimrat. Auch der Senat der Universität, auf dessen Mitwirkung die Reformer gehofft hatten, blieb schweigsam. Und doch waren die Ideen nicht lächerliche Einfälle wilder Phantasten. Im Sommer 1792 nahm die Zahl der Zweikämpfe so auffällig ab, daß man kaum noch davon hörte. Auch für den heiligen Ernst der Jugend war das ein schönes Zeugnis.

Das eine Mittel, das ihr die Studentenschaft selbst in die Hand gegeben hatte, um die akademische Zucht zu reformieren, wies die Regierung von sich; das andere Mittel, zu dem sie griff, schnitt ihr ins eigene Fleisch. Sie ging nämlich in eben diesem Moment, da sie die akademische Jugend für gespalten hielt, mit auffälliger und unbegründeter Strenge gegen die alten Ordensverbindungen vor. Infolge einer niedrigen Angeberei verhängte sie über achtzehn Mitglieder die Relegation und suspendierte sämtliche Orden, die sie in dem letzten Jahrzehnt geduldet hatte. Gerade damals schlossen diese die tüchtigsten Elemente unter den Studenten in sich.

Diese Gewaltmaßregel empfand die Gesamtheit der Studentenschaft als einen unerlaubten Eingriff in ihre alte verbriefte Freiheit, und auf die halbtoten Orden fiel ein Märtyrerglanz. Die Studenten strömten ihnen zu, zumal da sie klug nun aus ihrer Mitte ein Reformprogramm verkündeten. Kleine Demonstrationen auf den Straßen raubten dem Senat die Ruhe, und die allzueifrigen Polizeimaßregeln des Prorektors Ulrich sammelten solchen Haß an, daß man ihm die Fenster einwarf. Er requirierte aus Weimar Husaren und Jäger. Und da geschah die Sezession der jenenser Studentenschaft.

Das war am 17. Juli 1792. Auf Anordnung des Rektors zogen die weimarischen Jäger, mit scharfen Patronen ausgerüstet, die Husaren

DIE VON WAHREM   EHRGEFUHL DURCHDRUNGENEN STU
GERN HUSAREN U. LANDMILITZ DAS CONSILIUM ABEUNDI,

... ZU IENA, ERTHEILEN EINER STARKEN PATROUILLE VON IÆ=
DER EDELN ABSICHT, EIN BLUTBAAD ZU VERHÜTEN. AM 17 IUL: 1792.

zu Pferde mit blankem Säbel, die Stadtsoldaten mit Fangeisen und Springstöcken von der Schloßwache zum Marktplatz und stellten sich auf der Rathausseite auf. Auf diese bewaffnete Drohung hin erschallt der Ruf „Burschen heraus!" durch alle Gassen zu allen Studentenstuben hinauf. Die Bürger schließen ängstlich die Fensterläden. Lärm und Geschrei schwellen an. Mit Ziegenhainern, Degen und Pistolen, die Taschen mit Steinen gefüllt, von ihren Hunden gefolgt, eilen die Kommilitonen auf dem Markt zusammen. An den Hüten trotzen die Kokarden der aufgelösten Verbindungen. Wie zwei Schlachtreihen stehen sich Soldaten und Studenten gegenüber. Ein förmliches Gemetzel droht. Kaum vermögen es die Senioren noch, das Ungestüm mit Überlegenheit zurückzuhalten. Endlich ziehen die Soldaten zur Wache zurück, und die Studenten, die sich Sieger glauben, schwenken jubelnd die Hüte. Auf einem Stich, der diese Vorgänge verewigt, steht als Unterschrift: „Die von einem wahren Ehrgefühl durchdrungenen Studenten zu Jena erteilen einer starken Patrouille von Jägern, Husaren und Landmiliz das Consilium abeundi mit der edlen Absicht, ein Blutbad zu verhindern."

Als die Studenten bei der Erledigung dieses Streitfalles im Senat nicht das Entgegenkommen fanden, das sie erwarteten, geschah der Auszug aus Jena; er sollte, über eine bloße Demonstration hinausgehend, eine ernstliche Drohung sein, die Universität nach Erfurt zu verlegen. Am 19. Juli morgens drei Uhr sammelten sich die Studenten auf dem Paradies; nach Landsmannschaften geordnet, marschierten sie mit Fahnen und Musik über den Marktplatz, dann hinaus zum Johannistor, zur Ölmühle und weiter über Kötschau nach Weimar. Hier mußten beim Zuge durch die Stadt die Fahnen zusammengerollt werden. 450 Mann wurden gezählt. Im Dorfe Nohra bezog man Quartier. Die Unterhandlungen mit Erfurt begannen, wo der Koadjutor, der Freiherr von Dalberg, allen ihren Wünschen entgegenkam. Nun schreckte aber doch der Ernst der Sachlage den jenenser Senat und die Bürgerschaft und vor allem die Regierung in Weimar; und gerne gewährte man den Studenten die verlangte Rechtfertigung. Wie im Triumphe kehrten sie am 23. Juli nach Jena zurück, geleitet von den beiden Professoren Walch und Döderlein, die ihnen zur Begrüßung bis Weimar entgegengegangen waren. Die weiße Fahne der livländischen Landsmannschaft wehte der Schar voran, darauf in roter Inschrift die Worte standen: „Vivat libertas academica!"

Viele Jahre lang haben noch die Studenten den Jahrestag dieses Auszuges durch ein lautes Gaudeamus gefeiert; allein der günstige Moment einer Reform des akademischen Lebens war verpaßt. Lustig sang der Jenenser:

> Unser Herzog Carl Augustus
> Hat fürwahr den rechten Gustus;
> Er ruft seinem Studio zu:
> Wenn ich schwärme, schwärm' auch du!
> Valleri, vallera!

Zu ihrem Schwärmen lachte er gewiß; allein über ihre Freiheit hatte er seine eigene Gedanken. Er äußerte sich so zu Goethe: „Es ist meinen Grundsätzen ganz angemessen, daß man den Studenten aus den Köpfen bringe, daß sie etwas anderes seien als Schutzverwandte und temporäre Bürger des Staates, in welchem sie sich aufhalten. Dies gelingt gewiß, wenn man sie nach Zivilgesetzen richtet und sie wie die Burschen und Handwerker behandelt, die auch unter den Gesetzen des Landes stehen."

Nach dem Studentenauszuge sieht man auf den Bildern wieder die alten Landsmannschaften florieren. Ihre Selbstgefälligkeit drückte sich sofort nach deutscher Weise darin aus, daß sie eine Art Uniform einführten. Den Zopf und die Perücke schnitt wohl die Zeit ab, indes dies Studentenkostüm stellte sich unter den Zwang der steifen militärischen Mode, der erst auf Napoleons Schlachtfeldern der Atem ausging.

In den achtziger Jahren waren die Studenten altenfritzisch gegangen. Sie trugen den dreieckigen Hut, den weiten, bequemen blauen Rock, der

über der gelben Schoßweste saß, und zu den Hosen lange Stiefeln oder Kniestrümpfe. Nun zogen sich die Jünglinge an, daß sie nach Börnes Worten halb römischen Kriegern, halb deutschen Postillonen glichen. Ein ganz ungefüger, breiter und hoher Lederhut, der Dreimaster, saß auf dem Kopf, mit einer Kokarde oder einem aufrechten stolzen Federstutz staffiert. Sein Durchmesser ging weit über die Schulternbreite hinaus; und das Ding nahm so große Dimensionen an, daß der ganze Mensch nur als Stütze dieser Hauptzier erschien. Daneben sah man andere Jünglinge mit Helmen, die an Dragoner und Kürassiere erinnerten. Der Oberkörper war bis zur Taille in eine enggeknöpfte Uniformjacke mit bunten Aufschlägen und hohem Kragen gezwängt, die oft mit Gold oder Silber gestickt und mit Epauletten verziert war. Auch die militärische Halsbinde gehörte dazu. Der Unterkörper steckte in einer faltenlos gestrafften weißen ledernen Hose, an die sich zierliche Husarenstiefel oder plumpe Kanonen mit Sporen schlossen. Schläger und Pfeife waren die Attribute. Ein bequemer Rock, lange, weite Hosen und eine leichte Mütze dazu haben in den ersten Jahren des neunzehnten Jahrhunderts jene Puppentracht verdrängt.

Ein Beobachter sah im Jahre 1800 oft Scharen jenenser Studenten auf stolpernden Philisterpferden, die allezeit die erbarmenswertesten Geschöpfe der ganzen Zoologie gewesen sind, über das Weimarer Pflaster

galoppieren. „Ihre Kleidung“, sagte er, „stach seltsam gegen den dezenten
Anzug der Weimarer jungen Herren ab. Sie trugen turmförmige Mützen
mit mancherlei bunten Zieraten, als Schnüren, Troddeln und Quasten
von allerlei Farben. Ihr dickes Haar hing darunter hervor, schlug um
ihr Kinn zusammen und bedeckte den größten Teil des Gesichts; sie mußten
ihre Löwenmähnen alle Augenblicke schütteln, um sehen zu können.“ Das
gibt eine karikaturenhafte Vorstellung; doch darf man darüber nicht

vergessen, daß es dieselben Jünglinge waren, die ihrem Schiller entgegengejauchzt hatten und so mannhaft für ihre umschwärmten Lehrer,
für Reinhold und für Fichte eingetreten waren.

Vom Jahre 1780 an stieg die Zahl der Studenten. Und jetzt war es
bald wirklich nicht mehr die Wohlfeilheit des Lebens und die Zügellosigkeit der Sitten, die lockte, sondern der Ruf der großen Männer. Denn in
Teutschland gab es keinen großen Namen, der einer lebendigen Beziehung
zu dem kleinen Städtchen entbehrte. Wie aus einer Mutterstadt zog von
hier ein ver sacrum junger Dozenten nach allen Universitäten aus.

Friedrich der Große hatte den verjagten Philosophen Wolf zurückgeholt, aber unter seinem Nachfolger wagte sich doch der frömmelnde

134

Wöllner an Kant heran. Über Jena waltete Carl August. „Hier ist",
so heißt es in den Briefen aus dem Jahr 1792 voll Begeisterung, „eine
vollkommene Freiheit, zu denken und zu lehren und zu schreiben . . . .
Kein Inquisitor wittert hier mit gerümpfter Nase nach Heterodoxie und
fletscht hämisch den Mann an, der anders denkt und spricht als er. Keine
Dummbärte sind in den weimarischen Landen, bei denen der Theolog
nach vollendeten Studien erst systematische Albernheiten erlernen müßte.
Keine vom Auslande ausgeworfenen Huren herrschen über Regenten,
Minister und Volkslehrer. Der Herzog liebt und schätzt die Wissenschaf=
ten und / kennt sie, weiß, daß weder Dragonaden noch Edikte den Gang
des menschlichen Denkens hemmen und die innere Überzeugung anders be=
stimmen können. Frei und offen lehrt der Philosoph, was ihm seine Ver=
nunft sagt; der Theolog prüft sein System, ohne in den Ketten einer tö=
richten Orthodoxie zu schmachten; der Staatsrechtslehrer unterwirft selbst
die Rechte seines Fürsten dem Rechte der Menschheit; jeder Denker trägt
die Resultate seiner Spekulationen ungehindert seinen Schülern vor."

Von demselben Fürsten konnte an dem goldenen Jubeltage seiner Re=
gierung der frei gesinnte Theologe Röhr in seiner Predigt sagen: „Die
Freiheit der Gedanken und der ungehinderte Austausch der Meinungen,
ohne welche im Gebiete des Geistigen eine starre Todesstille an die Stelle
eines regen Lebens tritt, hatte zu jeder Zeit an ihm einen großherzigen
Beschützer, und sklavisches Fesseln und Beschränken besonnener Prüfung
erschien ihm stets als ein Verbrechen gegen die Menschheit." Mit Carl
August waren die anderen Beschützer. Ernst II. von Gotha und Georg
von Meiningen, in edelsinniger, vorurteilsloser Pflege ihrer Universität
verbunden, und man darf ihre Namen über jenem nicht vergessen.

So vermochte sich in Jena unter der glücklichsten Konstellation jede
tüchtige Kraft zu regen und auch ihre Individualität zu entwickeln. Die
pekuniären Vorteile der Professoren waren nicht eben groß. Die Besol=
dungen aus den alten Fonds betrugen meist 300 Taler. Viele erhielten
eine persönliche Zulage, vornehmlich vom Weimarer Hofe, aber mehr
als 400 Taler hatte um das Jahr 1790 kaum jemand. Die Bibliothek
erschien „nicht unbeträchtlich", kostete aber nur 100 Taler jährlich. Hoch
schien dagegen die Summe, die das öffentliche Naturalienkabinett erfor=
derte, / 200 Taler. Eine Entbindungsanstalt und eine Hebammenschule
hatte der Herzog von Weimar der Universität hinzugefügt; sie leitete
Loder, dem auch das anatomische Theater unterstellt war. Der Name

des Mannes zog viele junge Mediziner heran. Auch sein Kollege Stark
genoß weithin Ruhm. Er stand dem klinischen Institut vor, in dem jährlich über 300 arme Kranke gepflegt wurden, obgleich er nur 50 Taler
aus Weimar bezog und sonst auf milde Gaben angewiesen war.

Das Losungswort der Geister und das Element aller Bildung wird in
jenen Tagen wieder die Humanität. Von Winckelmann geführt, wenden
sich die Herzen dem Griechentum, dem schönsten Menschentum, zu; Hellas
ist aller Welt Vaterland. Damals wird die klassische Philologie eine selb-
ständige Wissenschaft. Auch die Geschichte macht sich von kleinlicher
Chronologie und politischen Klügeleien frei und gewinnt in der Betrach-
tung des Kulturfortschrittes der gesamten Menschheit große Zielpunkte.
Mit seiner Zeit lebt der Historiker. Der junge Hufeland las über die Geschichte der französischen Revolution. Er verteidigt / so schreibt einer, der
ihn hörte / die unverjährlichen Rechte der Menschheit und die Freiheit zu
glauben und zu denken; und es macht dem Fürsten, in dessen Lande er
lebt, Ehre, daß er es darf. Zugleich trat Feuerbach in seinen staatsrecht-
lichen Anschauungen rückhaltlos für eine konstitutionelle Verfassung ein.

136

Die Theologie ist ein „liberales Studium", und so wächst das Geschlecht jener Pfarrer, die uns aus „Hermann und Dorothea" vertraut sind. Auf den wackeren Walch war in Jena Ernst Danovius gefolgt, oft vom Orthodoxismus verdächtigt. Und der liberale Döderlein lehrte hier und Eichhorn und Griesbach, die zwei kritischen Bibelforscher, und der große Rationalist Paulus. Hunderte von Hörern saßen in ihrem Kolleg.

Am gewaltigsten greift die Philosophie in die Seele. Sie wird zu einer Macht, der sich alles beugt, zur Königin der Wissenschaften. Die ganze Zeit trägt den Namen Philosophie mit Scheidewasser vor die Stirn gezeichnet, sagt Herder. Mit Kant müssen sich die Meister unserer Dichtkunst den Ruhm der Popularität teilen. Alle Welt will kantianisch sein. Selbst die Damen in Jena werden „kantisiert".

Und Jena wird das Hauptquartier der Kantianer! Zugleich gewinnt es mit der Gründung der Allgemeinen Literaturzeitung im Jahre 1785 endlich auch für die deutsche Dichtkunst, die bisher den Mauern fern geblieben war, die Bedeutung eines gewichtigen Sammelplatzes. So gehen gerade hier die beiden Sphären ineinander, in deren Harmonie die Summe der deutschen Geisteskultur liegt: Dichten und Denken.

Neben den gelehrten, ehrwürdigen Größen des Katheders lief mancher gelehrte Sonderling, der nur in Jena den Stil nicht störte. Da war der Dr. von Gerstenbergk, der als Mathematiker über Fortifikation las. Der halbverhungerte arme Mensch war närrisch in seinen Adelsstand verliebt, aber seine Kleidung zeugte von vagabundenhafter Unreinlichkeit. In einem Kostüm lief er umher, das ihm einige Studenten verehrt hatten; es war ein abgetragener scharlachroter, goldbesetzter Rock, weißseidene zerrissene Strümpfe, ein Federhut und um den Hals ein schwarzer Strumpf. Ein anderer in zynischer Unsauberkeit verkommener Gelehrter war der Prorektor am anatomischen Theater. In seinen Taschen fanden sich in seltsamer Eintracht Käse, Brot, Butter, anatomische Präparate und Tabak. In den Kneipen ließ er sich von den Studenten freihalten, und reichte man ihm den Tabaksbeutel, so stopfte er nicht nur seinen Pfeifenkopf, sondern auch seinen Rockärmel voll. Ein Professor der Medizin hatte seine Magd geheiratet und lebte nun geduckt unter ihrer Fuchtel. Bisweilen ließ sie ihn durch eins ihrer Kinder aus dem Kolleg rufen, und kam er nicht gleich, so holte sie ihn selbst mit Schimpfworten. „Sie sehen schon, meine Herren, daß ich folgen muß", sagte er gelassen und packte sein Manuskript zusammen.

Drei Erzieher zur deutschen Bildung: Reinhold, Fichte, Schelling

Der Schreiber der „Briefe über Jena" meint, die Menschen stellen sich die Akademien immer als einen Stall großer Männer vor, groß an Wissenschaft und groß an Herz; aber Kirchtürme und große Männer seien in der Ferne größer als in der Nähe.... Zwei Männer nur hebt er 1792 selbst hoch über alle anderen hinaus, Schiller und / Reinhold.

Die Leibniz-Wolffsche Philosophie hatte einen Schweif von Empirikern und Skeptikern hinter sich hergezogen. Die Erlösung von diesen brachte Kant, als er Verzicht leistete auf die Erkenntnis des Unsichtbaren, als er untersuchte, was die reine Vernunft aus sich selber zu erkennen vermöge, und als er das an sich Gewisse in dem Sittengesetze fand: Du sollst! Also kannst du auch! Einen schnellen Siegesgang ging seine Philosophie. Sie war keine Reservatwissenschaft für einzelne auserlesene Denker. Mit ihren klaren Grundsätzen durchsetzte sie die ganze Kultur, durchleuchtete sie das bürgerliche Leben mit neuen Pflichtgeboten. Wie einer Religion ergab man sich ihr. Alle Wissenschaften wurden durch sie zum strengeren Denken geweckt; die Theologie, die Jurisprudenz, die Naturwissenschaften, selbst die Ästhetik mußten sich umformen.

138

„Kantische Morgenröte!" / Nach langen Jahren schrieb in der Erinnerung an diese Zeit ein alter Jenenser, der Theologe Paulus: „Die
Kraft des Denkens erhob sich zu einem für alle Arten des Despotismus
furchtbaren Ansehen. Alle Fächer waren bereit, sich diesem Zepter, der
Herrschaft der Gründe, zu unterwerfen. Warum? Die Moralität der
Menschen war angeregt worden mit Macht. Alle Tätigkeit wurde geheiligt und alles Heilige aus der trägen Passivität der Aftertheologie
zur Aktivität aufgefordert. Welche Aussichten und Hoffnungen!"

Es war Reinhold, der in Jena eine Akropolis der Kantischen Philosophie erbaute. Das Verständnis und die Verherrlichung der Kritik der
reinen Vernunft gingen von hier aus. Und die Verkündiger, die selbst
dem kategorischen Sittengesetze Kants ihre eigene Persönlichkeitsbildung
dankten, haben sich nicht damit begnügt, Lehrer der Jugend zu sein, /
sie sind ihre Führer geworden. Und von Führern verlangt man Edel-
herzigkeit und die Kraft der Begeisterung.

Zu Michaelis 1787 hielt Reinhold, als professor ordinarius super-
numerarius mit 200 Talern Gehalt angestellt, seine Antrittsvorlesung
über den Einfluß des Geschmacks auf die Kultur der Wissenschaften und
Sitten.

Er war von vornherein für die Jenenser als Schwiegersohn Wielands eine interessante Persönlichkeit. Aber auch sonst wußte man aus
seinem bewegten Leben mancherlei, was vom Gewöhnlichen abwich. Er
war ein Wiener. Seine Neigung hatte ihn einst in den geistlichen Stand
getrieben. Er war ein Zögling des Jesuitenkollegiums geworden; dann
nach der Aufhebung des Ordens hatte er seine Erziehung im Kloster der
Barnabiter vollendet. Aber dichterische Begabung, philosophische Spekulation und Freimaurerschwärmerei drängten ihn aus dem Gleichmut
des Lebens heraus und bestimmten ihn zur Flucht aus der Mönchskutte.
Weimar bot ihm Schutz. „Er ist einer der besten Menschen, die jemals
von einem Weibe geworden", bezeugte Wieland von ihm und weiter:
„Aus den Wolken oder vielmehr aus den Armen irgend eines Gottes ist
er in meinen Schoß gefallen." Und immer hat der alte Dichter später
die Stunde gepriesen und gesegnet, da Reinhold sein Schwiegersohn wurde. Die Briefe, die Reinhold im Deutschen Merkur über die Kantische
Philosophie veröffentlichte, waren sein Meisterstück. Die lichte, unbe-
irrte Gründlichkeit, die ihm eigen, leuchtete ebenso hell daraus hervor
wie die Kunst seiner ruhig fließenden, überzeugenden Darstellung.

Und beides fanden auch die Studenten wieder, die nun in Jena zu seinen Füßen saßen. Es waren ihrer oft 400, zuletzt sogar 600. Tausenden ist er der erste und der beste Kommentator der neuen Philosophie geworden, der selbst das Abstrakteste mit Klarheit und freundlichem Ernst verständlich zu machen wußte. Schiller und auch Goethe haben sich durch ihn zu Kant führen lassen. Und Fichte sagte später mit Bezug auf Reinholds Buch über das System der Elementarphilosophie: „Nach dem

genialen Geiste Kants hat der Philosophie kein größeres Geschenk gemacht werden können als durch den systematischen Geist Reinholds."

Durch Reinhold ist das philosophische Katheder in Jena für ganz Deutschland zur Autorität geworden; hier lag der Besitz der kritischen Philosophie, und hier wurde sie zur Grundlage der gesamten modernen philosophischen Bildung gemacht.

Reinhold war weit davon entfernt, ein trockener Systematiker zu sein. Er war es ja, der an der Universität zuerst eine ästhetische Vorlesung über einen deutschen Dichter hielt. Wielands „Oberon" legte er ihr zu Grunde. Der Bescheidene wollte diese Stunden nur als „eine geistige

140

Unterhaltung auf dem Felde der Dichtkunst" bewertet wissen, allein alle Plätze waren gefüllt, wenn er da las.

Ein blasser, kränklich aussehender Mann / so erschien er den Jenensern, der auf seine Gesundheit immer Rücksicht zu nehmen genötigt war und deshalb oft über das „ungünstige physische und psychologische Klima" der Stadt klagte. Doch schritt seine Gestalt hoch und würdevoll dahin, seine Augen blickten voll Geist und Güte, und seine Stimme klang weich. Etwas Herzliches ging von ihm aus. „Alle Façons blieben unter uns weg; wir waren Bekannte, ehe wir die Treppe ganz hinaufgestiegen waren", schrieb Schiller an Körner, als er 1787 sechs Tage lang Reinholds Gast war.

Ein Reiz lag in der Art, wie er den Studenten vertraulich und unbefangen näher kam mit jener stillen Flamme in der Brust, die nicht allein die Geister erleuchtet, sondern auch die Herzen wärmer macht. Ein Sokrates schien er in seinem Kreise. Mit diesem hatte er auch die Wahrheitsliebe gemein und das Zürnen, wenn Wahn und Vorurteil das ewige Recht umdüstern wollten. Warfen sich Tagesfragen auf, er ging ihnen nicht aus dem Wege; von religiösen Dingen, von bürgerlicher und politischer Freiheit sprach er und von allen den Ideen, die die französische Revolution herüberwehte.

Das erzwang ihm die Achtung der Jugend. Rein und hold, so sprach die Begeisterung seinen Namen aus.

> „Was ist reiner und holder als Wahrheit und herzliche Güte!
> Holder und reiner erblick' ich nichts auf Erden als Reinhold"

sang der Däne Jens Baggesen.

Der milde Philosoph war von Ängstlichkeit frei. Er wußte auch, wie man die Leute anfaßte. Anfangs, als er nach Jena kam, verdroß ihn die Grobheit der Studenten, die ihm gegenüber wohnten und mit Hüten zum Fenster hinaus ihm ins Gesicht schauten. Er nahm also auch seinen Dreispitz und setzte ihn auf. Das half. Jene nahmen es sich zu Herzen, verließen das Fenster und setzten den ritterlichen Zierat vom Kopfe. Schiller hat uns das Geschichtchen erzählt.

In dem großen neuen, mit Rokokoornamenten geschmückten Bachsteinschen Hause hinter dem Rathause wohnte er mit seiner Frau Sophie, die so unverdorben war, wie er selbst, aber sprudelnder mit der lebendigen Kraft ihrer Natur. „Sie ist", sagte Schiller, „äußerst populär und nichts weniger als mit Idealen aufgefüttert; unsern Weibern müßte

sie behagen." In dieser Familie, die „durch Liebe, Harmonie und Ein=
falt des Herzens glücklich war", versammelten sich zweimal in der Woche
die Jünger um ihren Meister zu philosophischen Gesprächen. Aus aller
Herren Ländern kamen sie, ihn zu hören, und, die jungen Seelen mit
Begeisterung gesättigt als Wegzehrung für die ganze Lebensbahn, zogen
sie von dannen, wenn aus Schülern Lehrer geworden waren.

Ihre Liebe war sein Teil. „Nie", schrieb sein Sohn später, „mag
wohl ein akademischer Lehrer mehr Beweise des Beifalls, mehr Äuße=
rungen der Anhänglichkeit und der Verehrung seiner Zuhörer erhalten
haben, als ihm während der sieben Jahre seiner Amtsführung in Jena
gezollt worden sind."

Jens Baggesen und der Herzog Friedrich von Augustenburg gewannen
ihn 1793 für Kiel. Da suchten ihn die bestürzten Studenten in Jena zu
halten. Die Landsmannschaften, diese ob ihrer Burschikosität verrufenen
Scharen, verhießen, aus eigenen Mitteln sein kärgliches Gehalt zu er=
höhen, wenn er bliebe. Er schlug das rührende Anerbieten aus. Und
er ging Ostern 1794.

Als er zum letzten Male zu seinen Studenten sprechen wollte, war der
Hörsaal schon eine Stunde vor dem Beginn gefüllt; auch das große
Griesbach'sche Auditorium faßte seine Anhänger nicht. Alles, was junge
Studentenherzen an Schwärmerei und Verehrung tragen, boten sie auf,
ihm ihre Liebe zu zeigen. Eine Abordnung drückte ihm den Dank der
Jünglinge aus. Dann zogen sie am Abend mit Fackeln vor seine Woh=
nung und brachten ihm ein Abschiedsständchen. Eine große goldene
Medaille ließen sie prägen mit seinem Bildnis und der Inschrift: Prae-
ceptori Philosopho Kiloniam petenti Pietatis et Desiderii causa f. f.
Auditorium Jenense 1794. Und sie reichten sie ihm mit dieser Versiche=
rung: „Sie gaben uns Ihren Geist, einen Geist der Wahrheit und des
ewigen Rechtes; Wahrheit und Recht sind Kinder der Ewigkeit; sie
bleiben für und für!" Über alles sollte ihnen heilig bleiben, was er sie
gelehrt.

Am nächsten Morgen fuhr sein Reisewagen durch die hallenden Gassen.
Die Bürger und Studenten standen gedrängt und winkten ihm zu. Er
sah so viele Augen voll Tränen und mußte selber weinen. Die Getreue=
sten gaben ihm zu Pferde das Geleit. Als er die rüstigen, liebenswür=
digen Gesellen sah, klang feierlich in ihm nach, was sie ihm gestern aus
warmem Herzen gedichtet hatten:

„Zieh' hin, Geliebter, unser Auge weint
Bei Deinem Scheiden fromme Zähren.
Die Aussaat Deiner weisen Lehren
Steigt schon in Halmen auf; bald wogt das Ährenfeld
In weite Fluren hin; Du siehst mit stillem Schauen
Die goldne Frucht, die Du bestellt!
Durch Dich beglückte Nationen bauen
Dir Ehrensäulen auf, und in der Folgezeit
Reift Sinn für Freiheit und Unsterblichkeit!"

Ernst Moriz Arndt hat einmal das Wort ausgegeben: Reinholds mildes Wesen und Fichtes tapfere Persönlichkeit. Dieser tapfere Fichte steht nun auf dem Katheder.

Eine kurze, stämmige Figur. Das Haar hat er aus der machtvollen Stirne wirr hoch hinaufgestrichen. Die Nase ist groß; wie der Schnabel eines Stoßvogels sieht sie aus, der nach Beute sucht. Die runden Augen sind ganz voll tiefen Ernstes; oft blicken sie zürnend, fast furchtbar. Als Fichtes bestes Porträt hat einmal Schinkel den Kopf des großen Kurfürsten auf dem Schlüterschen Denkmal bezeichnet, und Arndt hat Fichtes Gesicht mit dem des Freiherrn vom Stein verglichen.

Zu Fichtes Füßen sitzen Studenten aller Fakultäten und zwischen den Deutschen auch Dänen, Norweger, Ungarn, Russen, Polen, selbst Franzosen. Oft faßt der Raum nicht alle Wißbegierigen; dann setzen sie von außen Leitern an die Fenster und hören so seine Worte. „Wir sind von unserer unbegrenzten Zügellosigkeit und von der wilden Verteidigung angemaßter Rechte zurückgekommen", können sie damals sagen, und ihr Lehrer hat ihnen später das Zeugnis ausgestellt, „daß bei der Mehrzahl eine würdigere Denkart über das Geschäft des Gelehrten herrsche, als man sonst gewöhnlich antreffe, ein größerer Trieb, auch das zu lernen, was mit dem künftigen Amte nicht in unmittelbarer Beziehung stehe, mehr Liebe zu der Wissenschaft um der Wissenschaft willen, mehr Trieb zum Selbstdenken und zum Selbstarbeiten und überhaupt ein sichtbares Streben, sich in allen Stücken zur Selbständigkeit emporzuheben und nicht mehr Kinder, sondern Männer zu sein".

Heute ist ein Sonntagvormittag im Sommer 1794. Er liest über die Bestimmung des Gelehrten. Die klare Kraft eines festen Führers birgt sich in jedem seiner Worte. Ein Geschlecht großer Menschen will er aus diesen Jünglingen bilden, herrenhaft, furchtlos und sittlich wahrhaftig

inmitten einer weichlichen Zeit. „Vertrauen Sie", ruft er ihnen zu,
„Sich selbst und auf Sich selbst. Man ist schwach meistenteils darum,
weil man sich für schwach hält. Wer Grundsätze hat und den festen Vor-
satz gefaßt hat, ihnen treu zu bleiben, und so sehr, wie von seinem Dasein,
überzeugt ist, daß er ihnen treu bleiben werde, der wird ihnen auch treu
bleiben, denn unsere Entschließungen sind in uns, nicht außer uns be-

gründet.... Der Gute siegt immer, wenn er sich nur nicht mit den
Schlechten auf ihrem eigenen Felde, dem der List und des Betruges, ein-
läßt.... Durch Ihre Handlungsweise auf der Akademie bilden Sie
sich für Ihr Handeln in der Welt!"

Friedrich Schlegel bezeichnete die französische Revolution, Goethes

Wilhelm Meister und Fichtes Wissenschaftslehre als die drei größten Tendenzen des Jahrhunderts. Aber wenn wir auch glauben wollen, daß der Jugend jener Zeit das abstrakte Denken nicht so ungewohnt und nicht so unnatürlich war, wie der heutigen, so ging doch von der Wissenschaftslehre die wirksame Kraft Fichtes nicht aus. Diese Kraft lag in der Suggestion seiner moralischen Persönlichkeit, die im mutigen Bewußtsein der unbedingten Freiheit des Ich und durchdrungen von dem Glauben an das Allvermögen des menschlichen Geistes, der Materie jedes Dasein absprach und auf die Sinnenwelt herabblickte, wie die mittelalterlichen Poeten auf die Frau Welt. „An Fichte wird geglaubt, wie niemals an Reinhold geglaubt ist,“ schrieb damals ein jenenser Dozent; „man versteht jenen freilich noch ungleich weniger als diesen; aber man glaubt dafür auch desto hartnäckiger.“ Und einer, der die Vorlesung über „die Bestimmung des Menschen“ hörte, der junge Norweger Steffens, erzählt uns: „Wie ein Befehl klang Fichtes Rede, dem man unbedingt Gehorsam schuldig sei: ‚Meine Herren, fassen Sie sich zusammen, gehen Sie in sich ein; es ist hier von keinem Äußeren die Rede, sondern lediglich von uns selbst!‘ . . . . Alle veränderten die Stellung, richteten sich auf oder sanken in sich zusammen . . . . ‚Meine Herren, denken Sie diese Wand!‘ . . . . Alle dachten die Wand . . . . ‚Haben Sie die Wand gedacht? Nun, meine Herren, so denken Sie denjenigen, der die Wand gedacht hat!‘ Es war seltsam, wie jetzt offenbar eine Verwirrung und Verlegenheit zu entstehen schien. Viele der Zuhörer schienen in der Tat denjenigen, der die Wand gedacht hatte, nirgends entdecken zu können . . . . . Fichtes Vortrag war vortrefflich, bestimmt, klar, und ich wurde ganz von dem Gegenstande hingerissen und mußte gestehen, daß ich nie eine ähnliche Vorlesung gehört hatte.“

Fichte war kein göttlicher Sieger. Man fühlte in ihm den Mann, der mit dem kategorischen Imperativ der Kantschen Sittenlehre schwer an sich gearbeitet hatte und der nun unerschrocken das Leben meisterte. Ein Stürmen ging durch sein Herz, eine Tatenlust. Und das hat die Jugend gern. „Handeln will ich, nicht bloß denken,“ hatte er einst an seine Braut geschrieben; „Glück ist nur jenseits des Grabes, aber Glück ist es auch nicht, was ich suche. Ich habe nur eine Leidenschaft, nur ein Bedürfnis, nur ein volles Gefühl meiner selbst, das: außer mir zu wirken. Je mehr ich handle, desto glücklicher scheine ich mir.“ So tönte denn auch immerfort zu der Jugend sein machtvoller Ruf: In Euch liegt das

einzig Wertvolle; die Außenwelt kann Euch nicht die Kraft Eures Wer=
dens und Wachsens hemmen; werdet etwas!

Es war die Kunst seines Vortrages, daß er den Studenten nichts
Fertiges und Festgeprägtes aufnötigte, sondern daß er ihre Gedanken
aus dem Schlummer schreckte. Wie ein Gewitter rauschten seine Worte
an ihren Ohren, das sich in einzelnen Schlägen entladet. „Man hörte
ihn“, heißt es, „graben und suchen nach der Wahrheit; in rohen Massen
brachte er sie aus der Tiefe mit und warf sie von sich.“ Gegen seinen
Brauch, am Sonntagvormittag eine öffentliche Vorlesung zu halten,
hatte die Regierung auf Veranlassung des Oberkonsistoriums in Weimar
ein Veto eingelegt. Aber da nahmen die Studenten in zwei öffentlichen
Anschlägen für ihren gekränkten Lehrer im Namen des Rechts und der
Wahrheit Partei. Der Streit schlichtete sich übrigens leicht, als Fichte
die Vorlesung auf den Sonntagnachmittag verlegte.

Alles, was man in Jena von Fichte wußte, bezeugte seine tapfere
Eigenart. Ein ganz bescheidener Webersohn, hatte er als Schüler den
Zwang der Schulpfortischen Zucht nur schwer ertragen. Viel lieber wäre
er auf Robinsonaden ausgezogen. Als armseliger jenenser Student,
als ungeschmeidiger Hauslehrer, bald in der Schweiz, bald in Polen
irrend, hatte er nur wenig Sonnenschein gefunden, bis eine einzige,
schnell entworfene philosophische Schrift, die man im ersten Augenblick
für das Werk des großen Kant selbst hielt, sein Geschick bestimmte und
ihn auf das Katheder in Jena führte.

Als man ihn hier 1794 erwartete und ihm dann gleich nach seiner
Ankunft eine solenne Musik mit Vivat brachte, galt die Spannung nicht
nur dem Nachfolger Reinholds, sondern auch dem Wortführer der
Menschenrechte. Er hatte im Jahre zuvor einen „Beitrag zur Berichti=
gung der Urteile über die französische Revolution“ drucken lassen und
gleich darauf seine „Zurückforderung der Denkfreiheit von den Fürsten
Europens, die sie bisher unterdrückten, im letzten Jahre der Finsternis“.
Die lauten Worte, mit denen er hier die frohe Botschaft der politischen
Gerechtigkeit und der religiösen Freiheit ins Volk hineingerufen hatte,
waren noch in vielen Herzen wach.

In der Unterlauengasse wohnte Fichte in einem Hause, das ihm bald
zu eigen gehörte. Er war hier im Verkehr nicht bequem, wie alle Menschen,
die immer den starren Harnisch ihrer Grundsätze anhaben. Delikatesse
und höfische Feinheit lagen nicht in seiner Art. Er hatte mit Schiller

146

und Goethe, auch mit Hufeland, Griesbach, Paulus freundlichen Umgang, aber herzlich nahe ist ihm keiner getreten. Auch die Romantiker, die ihn als ihren Propheten reklamierten, zogen ihn in ihre Kreise. Da ging er bisweilen aus sich heraus. Als er 1798 mit ihnen nach Weimar hinübergefahren war, um „Wallensteins Lager" in der ersten Aufführung zu sehen, war er ganz enthusiasmiert; er saß nachher bei seiner Bouteille Champagner und nötigte auch die anderen immerfort zum Trinken.

Den Menschen in ihm kannte ganz nur seine Frau, seine „holde Gesellin", eine Schwestertochter Klopstocks. Eine Züricherin war sie, die ihr trauliches Schweizerdeutsch ebensowenig ablegen mochte, wie ihr reinliches Schweizerhäubchen. Die „männliche Erhabenheit" des Geistes fand er bei ihr, aber vereint mit weiblicher Zärtlichkeit. Wie treu klang, was er ihr einst als Bräutigam geschrieben hatte: „Ich habe mir fest vorgenommen, ein rechtschaffener Mann im ganzen Sinne des Wortes zu sein, und dazu werde ich Deine Unterstützung oft nötig haben."

Fichte sah in den Jünglingen, die ihm folgten, die künftigen Lehrer des Menschengeschlechtes und die Verkünder der Freiheit und der Wahrheit. Sein nach Taten greifender Sinn mußte daher alles stürzen, was sich an rohen Vorurteilen dieser hohen Mission entgegenwarf. Und das war vor allem das studentische Ordenswesen mit den mittelalterlichen Ehrbegriffen, die eine Unwahrheit, eine Unsittlichkeit und eine Knechtung waren. Es ist der beste Beweis von der Durchschlagskraft seines sittlichen Charakters, daß sich eine Anzahl alter Orden tatsächlich selbst auflöste. Freilich kam auch der Zeitpunkt, da Sympathien und Antipathien scharf aneinander fuhren. Der alte Pennalismusgeist warf ihm die Fenster ein und wiederholte diesen im Lapidarstile gehaltenen Fehdebrief, bis der Professor, den der Senat nicht zu schützen vermochte, sich selbst auf einige Zeit nach Oßmannstedt verbannte. Die Vernunft der vielen siegte endlich über den Terrorismus der wenigen, und die tapfere Jugend blieb dann treu an seiner Seite, als alle anderen ihn verließen.

In seiner Schrift über die Revolution hatte Fichte einst ein hartes Wort über die Fürsten gesprochen: „Sie werden größtenteils in der Trägheit und Unwissenheit erzogen .... Sie sind allemal wenigstens um ihre Regierungsjahre hinter ihrem Zeitalter zurück." Nun, sein Leben hatte ihn anders denken gelehrt, denn daß Carl August ihn, der als Gelehrter keine Vergangenheit hatte und den Ruf eines offenen Demokraten mitbrachte, nach Jena rief, war selbst im Kreise der befreiten

Geister „ein Werk der Kühnheit, ja der Verwegenheit", wie Goethe sagte. Fichte hat das freimütig anerkannt und hat den Herzog mit ehrlicher Verehrung als denjenigen unter den Fürsten Europas bezeichnet, den er zu dem seinigen erwählt haben würde, wenn er es nicht schon wäre.

Die Philosophen der sittlichen Selbständigkeit stehen seit Sokrates' Tagen auf einem gefährlichen Posten. Schon 1794 hatte eine reaktionäre politische Zeitschrift Fichte als den Führer der Weltverwirrer bezeichnet, und der verbissene Widersachergeist wagte es nun, vier Jahre später, einen Verketzerungsprozeß gegen ihn heraufzubeschwören. Im Philosophischen Journal, das er mit Niethammer zusammen herausgab, standen zwei Aufsätze, einer von Fichte selbst, der andere von Forberg, die der kursächsischen Regierung als atheistisch verdächtig erschienen. In der Besorgnis, daß hier die Religiosität und mit ihr die Sicherheit der Throne gefährdet sei, trat sie an die weimarische Regierung mit der bestimmten Forderung heran, die Verfasser zur Verantwortung zu ziehen. Zugleich wurden die anderen thüringischen Höfe, ja auch einige norddeutsche alarmiert, und man zeigte von ferne die Drohung, den eigenen Landeskindern den Besuch der gefährlichen jenenser Universität zu untersagen.

Als Fichte nach Jena berufen war, hatte er den Auftrag erhalten, ganz nach seiner Überzeugung zu lehren, und die Versicherung, daß man ihn gegen alle Beeinträchtigungen kräftig schützen werde. Jetzt fühlte er sich in seinem Gewissen völlig ohne Schuld und bekannte offen: „Ich bin kein Atheist!" Auch der Revolutionär und Jakobiner, zu dem man ihn machte, war er nicht; er hatte in seinem Naturrecht ausdrücklich die demokratische Regierungsform als entschieden rechtswidrig verworfen. Die Art, wie sich der Angegriffene wehrte, war nach seiner Weise schroff und kantig, aber voller Hoheit; „wie eine literarische Macht verhandelte er mit einer politischen Macht". Der Herzog, die Regierung, Goethe waren entschlossen, ihn zu halten / allerdings mit einer kleinen diplomatischen Verbeugung gegen Kursachsen. Man kannte Fichte nicht. Jede Vertuschung, Milderung, Beschwichtigung galt ihm unwürdig und unsittlich. Sein gerader Sinn sah nur die zwei extremen Möglichkeiten: ehrenvolle Freisprechung oder Verdammung. Eine unbedachte Drohung des Philosophen, daß er mit seinem Anhang die Akademie sofort verlassen werde, wenn ihm ein Verweis zugehen sollte, sah die weimarische

Regierung in einer bösen Minute, da unheilvoller Beamteneifer schob und drängte, als eine Kündigung an, und so wurde Fichte seines Amtes entsetzt. So schnell und so entschieden fiel der Schlag, daß die Vermittlung seiner Freunde, namentlich des Prorektors Paulus, ebenso zu spät kam, wie seine eigene sehr ruhige und vernünftige Erklärung, mit der er noch im letzten Moment die Schwierigkeit hatte lösen wollen.

Fichtes Lage war beklagenswert. Allein er selbst war nicht der Mann der Klage. Hier war die Weisheit, die er gelehrt hatte, hieb- und stichfest. Er schrieb an seine Frau: „Wo steckt denn nun das große Unglück, das uns betroffen haben soll? Die alberne Denkart, die da glaubt, nur auf der Scholle, auf der sie sitzt, glücklich sein zu können, teilst Du diese auch? . . . Ich wette mit Dir, soviel du willst, nach zehn Jahren bin ich ein im ganzen deutschen Publikum durchgängig geschätzter und verehrter Mann . . . . Ich werde es nie an mir fehlen lassen und werde endlich siegen!" Daß Goethe nicht ausgleichend eingriff, empfanden seine Verehrer mit bitterer Empfindlichkeit.

Eine prächtige Genugtuung war für Fichte nun die Haltung der Studentenschaft. Taten sah er hier aus seinen Worten wachsen. Die Studenten richteten eine Bittschrift an den Herzog, er möchte ihnen den Lehrer, den Stolz ihres Jahrhunderts, lassen, den sie verehrten und liebten, dessen Führung sie sich mit ganzer Zuversicht anvertrauten. Obgleich die Osterferien da waren, füllte sich das Papier gleich mit 262 Namen. Der Herzog blieb bei seinem Entschluß und er änderte ihn auch nicht, als ein Jahr darauf die Eifrigen ihre Bitte wiederholten. Friedrich Wilhelm III., auch einer der einst von ihm verurteilten Fürsten, nahm Fichte auf und sprach die guten Worte: „Ist Fichte ein so ruhiger Bürger, wie aus allem hervorgeht, und so entfernt von gefährlichen Verbindungen, so kann ihm der Aufenthalt in meinen Staaten ruhig gestattet werden. Ist es wahr, daß er mit dem lieben Gott in Feindseligkeiten begriffen ist, so mag dies der liebe Gott mit ihm abmachen; mir tut das nichts!"

Für Jena war Fichtes Weggang ein großer Verlust. Seinetwegen waren viele Studenten aus weiter Ferne gekommen, und nun hielt sie nichts mehr hier zurück. Und wenn man später hörte, wie der Philosoph in seiner neuen Heimat seine Gedankenwelt mit der Wirklichkeit der Außenwelt versöhnte, wie dort das schönste Hoffen ihm in die Erfüllung rückte, und wie er in den Stunden politischer Ohnmacht die Jugend durch

seine tapferen Reden zu sittlichen Männern und opferfreudigen Helden er=
zog / dann mochte es hier in Jena wie das Echo eines Vorwurfs klingen.

Mit den Namen Fichte und Goethe mag man wohl die größten Ge=
gensätze des deutschen Geisteslebens jener Zeit aussprechen. Doch der
Dichter schätzte den Philosophen als „eine der tüchtigsten Persönlich=
keiten, die man je gesehen, an deren Gesinnungen in höherem Betracht
nichts auszusetzen sei". Er schrieb 1797: „Die Universität Jena stand
auf dem Gipfel ihres Flors." Dann nach Fichtes Fortgang 1799: „Ein
heimlicher Unmut hatte sich aller Geister so bemächtigt, daß man in der
Stille sich nach außen umtat." Und weiterhin: „Fichtes Verteidigung
besserte die Sache nicht, weil er leidenschaftlich zu Werke ging, ohne

Ahnung, wie gut man diesseits für ihn gesinnt sei, ebenso wie man ihm
auf das Gelindeste herauszuhelfen gedachte." Aber leichthin hatte er
doch in einer Sitzung des Geheimen Rates geäußert: „Geht der eine
Stern unter, geht der andere auf."

Dieser andere war Schelling. „Der wackere Fichte streitet eigentlich
für uns alle, und wenn er unterliegt, sind die Scheiterhaufen ganz
nahe gekommen." So schrieb Wilhelm Schlegel in jenen kritischen

150

Tagen. Indes der Herzog dachte an kein Inquisitionsgericht; und hätte man den neuen Philosophen nach seinem Glaubensbekenntnis gefragt, er würde ohne Zagen geantwortet haben: „Ich bin ein Atheist, der an die Unsterblichkeit glaubt, aber Gott leugnet.... Ich bin ein Mensch, und der Mensch ist ein auf sich stehendes, selbständiges Wesen, und wer über mich eine Macht setzt, sei es auch nur eine hütende, schirmende, der entwürdigt mich." Für Goethe genügte es, daß Schelling keine Sanskülottentournüre hatte.

Schon als noch Fichte in Jena wirkte, stand hier Friedrich Wilhelm Schelling zum ersten Male auf dem Katheder. Das war im Wintersemester 1798, als er im großen öffentlichen Auditorium seine Antrittsvorlesung hielt. Professoren und Studenten saßen in Menge da. Als er zu sprechen begann, war er ein wenig befangen. Dann stürzten Worte und Gedanken wie die Doggen hintereinander her, ohne dem Hörer eine Rast zu gönnen. Was sein Meisterstück werden sollte, die Idee einer Naturphilosophie, erfüllte damals schon als frischer Entwurf sein junges Herz. Sein junges Herz, denn der Frühreife war kaum dreiundzwanzig Jahre alt, jünger als viele der Studenten, die in ihm ihren Meister sahen. Ein praecox ingenium hatte ihn einst sein Vater genannt, als er fünfzehnjährig auf die Universität Tübingen gezogen war. Aus der windlosen württembergischen Luft, aus dem schwäbischen Abderitentum hatte er sich bald herausgerissen, voller Enthusiasmus für alles, was sich in Freiheit aufschwang, ob es in Frankreich drüben der republikanische Idealismus war oder hüben in Deutschland der kritische Geist Lessings, Herders, Kants. „Wer mag sich im Staube des Altertums begraben, wenn ihn der Glanz seiner Zeit alle Augenblicke auf und mit sich fortreißt!" (1795)

„Handeln will ich", hatte Fichte gerufen; „schaffendes Leben ist der Mensch und ist die Welt", so wertete Schelling das Dasein.

Schellings Vortrag hatte etwas Souverän-Sicheres, das frei von Pose und Pathos war. Während Fichte in seiner Rede immerfort rang und arbeitete, schien es den Hörern, sobald Schelling sprach, als ob er etwas nicht sehr Bedeutendes schnell erzählte. Aber in seinen Worten steckte eine Tiefe von Empfindung und Beobachtung, und zugleich hatte jeder Gedanke sein eisernes Rückgrat. Überlegenheit, Stärke, Wucht sprachen hier und oft etwas Höhnisch-Mitleidsloses, das mit einem Griff dem Mittelmäßigen und Unlauteren die Kehle umdrehte, wenn es im

Wege schien. In der Art, wie der junge Philosoph auf dem Katheder stand, lag etwas sehr Bestimmtes, ja Trotziges. Er hatte breite Backenknochen, die Schläfen traten stark auseinander, die Stirn war hoch, das Gesicht energisch zusammengefaßt, die Nase etwas aufwärts gebogen; aus dem großen, klaren Auge strahlte das geistig Gebietende. So sah ihn damals Steffens. Manchem fiel das Imperatorenhafte auf, das an Napoleon

gemahnte. Friedrich Schlegel nannte ihn den Granit; und wie ein Urgebirge, so riesenhaft, so unerschütterlich in seiner Basis, so hart und schroff und starr in seiner Rinde erschien er vielen Zeitgenossen. Dorothea Veit fand sein Äußeres, wie sie erwartet hatte, durch und durch kräftig, trotzig, edel und roh; er paßte nach ihrer Meinung nicht so recht zum Katheder und in die literarische Welt, und er hätte eigentlich ein französischer General sein sollen. Ein ganz kühler Beobachter, der englische Student Robin-

152

sen, nahm so die Züge auf: Er hat die Physiognomie eines weißen
Negers, also krauses Haar, eine platte Nase und dicke Lippen .... Dies
Negerhafte wird tatsächlich namentlich auf den scharf profilierten Sil=
houetten sofort sichtbar. Jener Engländer war eines Abends zu Schel=
ling geladen und fand ihn ganz zwanglos heiter. Inmitten eines Ge=
spräches, das sich um Mythologie bewegte, zeigte ein anderer Herr einen
Ring in der Form einer Schlange, den er aus England erhalten hatte.
Der Philosoph fragte Robinson, ob die Schlange das Symbol der eng=
lischen Philosophie sei. „Keineswegs," erwiderte dieser, „der Engländer
hält sie für das Symbol der deutschen Philosophie, weil sie jedes Jahr
ihre Haut wechselt." „Ein Beweis," sagte Schelling schlagfertig, „daß
die Engländer nicht tiefer als nur auf die Haut blicken."

Seit 1794 war Schelling bereits in Jena gewesen als Fichtes An=
hänger, als erster, der ihn verstand; als sein Mitarbeiter. Das war
seine erste philosophische Entwicklungszeit. Dann aber, gerade damals,
als er sein Nachfolger werden sollte, hatte seine Spekulation geschickt da
eingesetzt, wo die Schwäche seines Lehrers war. Er hatte das in sich,
was Fichte fehlte. Dieser war ganz abstrakter Moralist, in dem König=
reich seiner inneren Welt absolut gebietend, aber der Schönheit der
Sinnenwelt und ihren Gestalten feindlich abgewandt. Der Schatten
seines Ich verdeckte ihm den Farbenglanz der Welt. Schelling war vol=
ler ästhetischer Neigungen. Selbst ein Dichter, erklärte er die Poesie für
das Höchste. Und während Fichte also die Wirklichkeit wie einen Ball
von sich warf und die Naturnotwendigkeit überwand, wußte sein Jün=
ger nichts von Sinnenaskese, erfüllte sein Herz mit Schönheit, drängte
zum forschenden Erkennen der Wirklichkeit. Er gab der Natur eine im=
manente Kraft, die Weltseele, und wurde der Schöpfer der Naturphilo=
sophie.

Mit seiner großen neuen Lehre von der Einheit und der Vernünftig=
keit des Alls riß er die jungen Geister aufwärts; sie fühlten, daß sein
Odem sie befreite. Als Steffens ihn in der ersten Vorlesung über Natur=
philosophie hörte, hatte er den Eindruck, als stehe der junge Gelehrte
mutig dem ganzen Heere der ohnmächtig werdenden alten Zeit gegen=
über, die sich polternd und schimpfend, aber scheu vor ihm zurückziehe.
Und dankbar schrieb er ihm nach Jahren: „Nichts hat mich so begeistert
wie Ihre Transszendentalphilosophie. Es ist das Umfassendste, was ich
kenne / das wahrste System / ein erhabenes Kunstwerk .... Tränen der

heiligen Begeisterung stürzten aus meinen Augen, und ich versank in die unendliche Fülle der göttlichen Erscheinung.... Hier lege ich den Kranz vor Ihre Füße, den ein künftiges Zeitalter Ihnen sicher reichen wird."

Novalis sagte in seiner sublimen Art: „Es war ihm die wahre Strahlenkraft von einem Punkt in die Unendlichkeit eigen."

Die Studenten drängten sich zu Schellings Vorlesungen, wenn auch der Eifer oft größer sein mochte als das Verständnis. Jener junge Engländer, der ein Skeptiker war, erzählt im Jahre 1802: „Des Morgens nehme ich Schellings Journal für spekulative Physik zur Hand, und indem ich die gedruckten Paragraphen mit meinen am letzten Freitag gemachten Notizen vergleiche, versuche ich mich zu überreden, daß ich etwas verstanden habe. Dann höre ich wieder eine Vorlesung bei ihm über denselben Gegenstand.... Am Nachmittag gehe ich in Schellings Vorlesung über Ästhetik oder Philosophie des Geschmacks. Trotz der Dunkelheit einer Philosophie, in welcher sich tiefe Abstraktion und begeisterungsvoller Mystizismus verbinden, ergötze ich mich doch, noch unfähig, das Ganze zu erfassen, an einzelnen Bemerkungen in seiner Entwicklung der Platonischen Ideen und Erläuterung der in der griechischen Mythologie verhüllten Philosophie.... Nach einigem Herumstreifen am Flusse, im sogenannten Paradiese, besuche ich Schellings Vorlesung über spekulative Philosophie, und mich belebt der Anblick von mehr als hundertunddreißig begeisterten jungen Männern, welche der Darlegung einer Philosophie eifrig lauschen, die größere Ansprüche macht, als irgend eine öffentlich aufgestellte seit den Tagen des Plato. Doch wenn ich zufällig in prosaischer Stimmung bin, so lächle ich über die Geduld einer so großen Versammlung, die da emsig, weil es die Zeit so mit sich bringt, ein Detail anhört, das nicht einer von zwanzig versteht und das den Kopf mit toten Formeln und rhapsodischer Phraseologie füllt."

Noch härter urteilte schon zwei Jahre vorher Fries: „Man kann jetzt in Deutschland im Gebiete der Philosophie allen möglichen Unsinn geltend machen, wie Schelling, Bardili usw. die besten Beweise geben, wo manche Leute noch glauben, wunder was für Weisheit dahinter steckt. In Schelling ist die philosophierende Vernunft rein toll geworden; kümmere Dich auf mein Wort um den Bettel gar nicht; er ist wieder hier und wird täglich alberner."

Den Studenten stand Schelling wesentlich anders gegenüber als

Fichte. Dieser hatte in ihnen ein Geschlecht erziehen wollen, das riesen=
stark war durch die strengste sittliche Selbstdisziplin; und sie hatten, be=
schämt von seinen Worten, den Raufdegen in die Ecke gestellt. Vor
Schelling durften sie den Staub wieder von der Klinge wischen. Er sagte
vom Katheder herab: „Wer nicht kühn bei Gelegenheit sein Leben aufs
Spiel zu setzen und mit ihm wie mit einem Kreisel umzugehen wagt, der
ist ohne Frage ein solcher, der von Natur unfähig ist, es zu genießen,
oder es nicht in seiner vollsten Kraft besitzt."

Schelling blieb immer der große Anreger, der geniale Gestalter, der
das Interesse der Hörer in seinen Bann zwang; aber das Organ, ihren
innersten sittlichen Kern zu packen, das ethische Pathos der Apostel und
Propheten / das fehlte ihm.

Schelling ist der Philosoph der Romantiker geworden. In ihren Krei=
sen werden wir ihn zu suchen haben.

Er ging im Jahre 1803 nach Würzburg.

Einst, im Jahre 1798, hatte Schiller sich für Schelling bei Goethe ver=
wendet und ihm geschrieben: „Wenn Schelling eine Professur erhielte,
das wäre sehr gut für uns jenaische Philosophen, und selbst Ihnen
würde es nicht unangenehm sein, das hiesige Personale mit einem guten
Subjekt vermehrt zu haben." Jetzt, 1803, sprach er aus Weimar zu
seiner Schwägerin Karoline: „Zu Jena sind Loder, Schütz, Paulus,
Hufeland, Schelling abmarschiert. Das Schlimmste ist, daß man bis jetzt
noch nicht einen brauchbaren Mann an ihren Platz angeschafft hat. Das
ist doch sehr böse und droht der Universität einen unvermeidlichen Fall."

Schiller und sein Kreis in Jena

Reinhold und Fichte, auch Schelling waren durch die unmittelbare Kraft ihrer lebendigen Lehrer- und Gelehrtenpersönlichkeit die großen Erzieher der akademischen Jugend geworden. Das blieb Schiller versagt.

Schiller als Professor an der Universität / von dieser Vorstellung konnte keiner mehr überrascht sein als er selbst. Er wollte aus der alten Rastlosigkeit endlich heraus und gab die köstliche Ungebundenheit dahin für die materiellen Vorteile eines Amtes. Jena sollte seine „retraite" sein. Er kannte sein eigenes Genie nicht, das immer des Stachels bedurfte und in der Zeit des Bohêmetums den unbändigsten Feuerstrom hatte quellen lassen. Und dann / er unterschätzte die Verantwortlichkeit seiner neuen Stellung. Allerdings stieg ihm oft das Bedenkliche der Lage auf, und er fühlte, daß ihm zum Lehren alles fehlte, daß er sich habe übertölpeln lassen, und daß das Katheder ihm heillos sein werde. Aber dann tröstete ihn Goethe: „docendo discitur"; tröstete ihn auch Körner: „Jena gewinnt mehr an Dir als Du an ihm"; tröstete er sich schließlich selbst: „Wem Gott ein Amt gibt, dem gibt er auch Verstand." Schiller hat in den zehn Jenaer Jahren / und es war der beste Ausschnitt des Menschenlebens / weder die Wissenschaft weiter geführt, noch seiner dra-

156

matischen Kraft Raum gelassen. Ja, er hat nicht einmal für die ge=
mütlichen Neigungen des Daseins hier eine wohlige Geborgenheit ge=
funden.

In seinen geringfügigen geschichtlichen Studien besaß Schiller nicht
die Schatzkammer zuverlässiger Gelehrsamkeit, ohne die eine wissenschaft=
liche Freiheit und Freigebigkeit nicht denkbar ist; allein er hatte doch
eines vor manchem seiner Kollegen voraus: er war ein anregender Geist,
und die Jugend will lieber angeregt als belehrt sein. Das fühlte er, als
er sorglos an Körner schrieb: „In drei Wochen spätestens bin ich in
Jena . . . . Worüber ich lesen werde, weiß ich noch nicht einmal . . . .
Ich bekümmere mich diesen Sommer um keinen Plan; die Hauptsache ist,
jede Vorlesung interessant und nützlich zu machen.“

Das ewig Jugendliche, das sich an das Wort Freiheit hängt, klopfte
in seinen Dramen mit starkem Pulsschlag. Und die jungen Studenten
lieben solche Protestnaturen. Sie, die einst zu Heidelberg, von der Mann=
heimer Räuberaufführung fortgerissen, in den Waldbergen bei Fackel=
schein und Hörnerklang die rauschendsten Szenen des Dramas nachge=
bildet hatten, die dann in Weimar mit ihren hellen Burschenstimmen
in das Lied „Ein freies Leben führen wir“ eingefallen waren / die=
selben Studenten erwarteten nun in Jena ihren Dichter / nicht ihren
Professor.

Mit banger Empfindung stand er am Fenster Reinholds in der Jo=
hannisstraße. Dieser liebe Gastfreund hatte ihm sein Auditorium, das
er nach damaligem Brauch in der eigenen Wohnung besaß, überlassen.
Es war ein Frühlingstag, der 26. Mai 1789, abends gegen sechs Uhr. In
der Gasse unten kamen die Studenten, Trupp an Trupp, heran. Bald
füllten sie den Hörsaal, den Flur, die Treppe. Man mußte im letzten
Augenblick ein geräumigeres Auditorium suchen, das Griesbachische.
Man verkündete es den Studenten, und sie zogen nun hinüber, daß ihr
Schwarm die ganze Johannisstraße füllte. Die Leute wähnten, es sei
Feuer; selbst die Stadtwache geriet in Alarm. Auch im neuen Audi=
torium, dem größten, das es gab, standen bald die Hörer Kopf an Kopf,
noch über den Vorsaal hinaus bis an die Haustüre. Dann kam Schil=
ler. Kaum fand er eine Gasse. Seine hagere Gestalt, die sich momentan
in der Erinnerung an den alten militärischen Drill der Karlsschule auf=
reckte, schritt durch die Jünglinge hindurch, die mit Beifallsrufen und
Pochen den Dichter ihres Karl Moor empfingen. Die Fenster standen

weit auf, um die kühle Luft ins schwüle Zimmer zu lassen. Dann war alles still, und man hörte die Stimme, die hart in einem ausgeprägt schwäbischen Dialekt klang, vernehmlich genug. Es war die Vorlesung: „Was heißt und zu welchem Ende studiert man Universalgeschichte?" Das Pathos edler Leidenschaft umrauschte die Hörer; sie fühlten, wie ein hoher Geist sich hier über das Gewöhnliche erhob. Und überall Stille der Ergriffenheit. Der Redner kam zum Schlusse: „Unser sind alle Schätze, welche Fleiß und Genie, Vernunft und Erfahrung im langen Alter der Welt endlich heimgebracht haben. Aus der Geschichte erst werden Sie lernen, einen Wert auf die Güter zu legen, denen Gewohnheit und unangefochtener Besitz so gern unsre Dankbarkeit rauben: kostbare, teure Güter, an denen das Blut der Besten und Edelsten klebt, die durch die schwere Arbeit so vieler Generationen haben errungen werden müssen!" Das war Schillers schönster Abend in Jena. Er hatte das Bewußtsein, auch diesmal die Jugend gepackt zu haben. Die Studenten kamen vor sein Haus gezogen und brachten ihm ein Vivat mit Nachtmusik. „Es war mir kaum irgendwo so wohl als hier," sagte er, „meine Freunde tragen mich auf den Händen, mein Humor ist gut; auch bin ich geselliger, und mein ganzes Sein hat einen besseren Anstrich."

Im ersten Semester hielt Schiller nur eine zweistündige öffentliche Vorlesung, eine Einführung in die Weltgeschichte, im nächsten Sommer eine öffentliche Vorlesung über Römische Geschichte und eine private über die Weltgeschichte von Karl dem Großen bis auf Friedrich II. von Preußen. Er schrieb an Lotte, wie er das erste Kollegiengeld erhielt. Ein Student aus Bernburg brachte es ihm . . . . „Es kam mir doch lächerlich vor; zum Glück war der Mensch noch neu und noch verlegener als ich; er retirierte sich auch gleich wieder." Im Jahre 1790 las Schiller privatim über den ersten Teil der Weltgeschichte und öffentlich über die Theorie der Tragödie; im Winter privatim über Europäische Staatengeschichte und über die Weltgeschichte des Mittelalters und der neuesten Zeit und dazu noch öffentlich über die Geschichte der Kreuzzüge. Allein schon längst vor dem Schluß des Semesters zwang ihn seine Krankheit, die Vorlesungen einzustellen. Und dann brachte zwar der Index immer weiter seine Themen über Weltgeschichte; aber zustande kam eine historische Vorlesung nicht mehr. In seiner großen Stube in der Schrammei las er im Winter 1792 noch ein Kolleg über Ästhetik; aber er wurde auch damit nicht fertig. Im Index steht es bis 1799 angezeigt. Schon

158

im Jahre 1794 wurde aus Göttingen der Professor Woltmann als Extraordinarius „zur Sublevierung des durch zugestoßene Unpäßlichkeit an öffentlichen Vorlesungen verhinderten Hofrats und Professors Schiller" berufen.

Als akademischer Lehrer mußte Schiller geistig von der Hand in den Mund leben. Er saß in den ersten Wochen bei seinen Vorbereitungen mit festem Fleiß, arbeitete sein Thema schriftlich genau aus und schrieb jeden Tag zwei Druckseiten voll. Dann fühlte er sich allmählich sicherer und versuchte bisweilen frei aus dem Stegreif zu sprechen. Der Zwiespalt zwischen seinem Wollen und Können erregte ihm Verdrießlichkeit. Bei stillem Studium fand er wohl sein Vergnügen. „Ich erwerbe mir neue Begriffe, mache neue Kombinationen und lege immer etwas an Materialien für künftige Geistesgebäude an die Seite; sieh, so wird einem der Dienst lieb." So heißt es in einem Briefe an Körner; dann schreibt er doch auch wieder: „Das akademische Karrenführen soll mir doch nie etwas anhaben; freilich zu einem musterhaften Professor werde ich mich nie qualificieren; aber dazu hat mich ja die Vorsehung auch nicht bestimmt."

Schiller hielt die Jugend nicht fest, die so leichten Schwunges ihm zugeflogen war. In seinen ersten Vorlesungen über die Einleitung in die Universalgeschichte sprach er vor vierhundert Hörern. Noch am 29. Juli, als ihn der Universitätsbereiser Gedike aufsuchte, hatte er so viele. Aber dieser nüchterne Beobachter schreibt: „Ich gestehe, daß es mir schwer ward, die Ursachen seines übergroßen Beifalls zu finden. Er las alles Wort vor Wort ab, in einem pathetischen, deklamatorischen Ton, der aber sehr häufig zu den simpeln historischen factis und geographischen Notizen, die er vorzutragen hatte, gar nicht paßte. Überhaupt aber war die ganze Vorlesung mehr Rede als unterrichtender Vortrag. Der Reiz der Neuheit und die Begierde, einen berühmten theatralischen Dichter nun auf dem Katheder in einer ganz neuen Situation zu sehen, mochte wohl am meisten den Zusammenfluß sovieler Zuhörer bewirkt haben, zumal da nichts für das Kollegium bezahlt ward und es spät am Abend, wo keiner mehr las, gelesen wurde."

Schon im zweiten Semester schrieb Schiller an Körner: „Mein Privatum ist äußerst miserabel ausgefallen.... Ich habe dreißig Hörer, wovon mich vielleicht nicht zehn bezahlen." Er suchte nach äußerlichen Gründen.... sein Anschlag sei zu spät ans schwarze Brett geheftet...

seine Vorlesung fiele ungünstig mit anderen beliebten Vorlesungen zusammen. Er vermißte auch bei den Studenten Empfänglichkeit und eine gewisse vorbereitende Fähigkeit. Körner bestärkte ihn in dieser Annahme: „Glaube mir, Dein Vortrag ist viel zu gut für diese Menschen; Jena ist kein Himmelreich für solche Blumen." Körner und Schiller haben die Schuld auf einer falschen Seite gesucht. Verstanden es doch die Philosophen, dieselben Studenten zu Hunderten mit ihren Abstraktionen festzuhalten.

Gedike hatte recht gesehen: mit seinem Pathos sättigte Schiller die Jugend nicht. Und je mehr sich nun auch noch seine Seele von seinem Werke zurückzog, desto schneller erlosch die Kraft, andere anzuregen, die Fähigkeit, ihnen die Freude an dem Gegenstande zu suggerieren, die ihm selbst ausging. Als er seine Antrittsrede hielt, tagte in Versailles die Nationalversammlung, und zu dem Dichter der Freiheitsdramen mochte manches Studentenauge fragend aufschauen. Allein der Marquis Posa schloß auf seinem Katheder jede lebendige Verbindung mit der ungestüm erregten Gegenwart aus. Ihm hätte die französische Nation nicht das Ehrenbürgerrecht dekretiert.

Den Menschen in Schiller konnten nur wenige Studenten kennen lernen. Wem dies Glück zuteil wurde, hing mit seinen liebsten Erinnerungen daran. Schiller hatte 1790 seine Charlotte, mit der ihn drüben in der kleinen Kirche zu Wenigenjena der Adjunkt Schmidt, ein kantischer Theologe, heilig verbunden hatte, in die Schrammei geführt. Wie eine Junggesellenwirtschaft mutete seine Häuslichkeit an. Sie wohnten unter fremden Möbeln und aßen an dem offenen Mittags- und Abendtisch, den die beiden Demoiselles Schramm unterhielten. Etwas Sorglos-Studentisches, Studentisch-Glückliches lag so in dem Eheleben; und das reizte, junge Freundschaften zu knüpfen.

„Der Umgang mit hoffnungsvollen jungen Leuten ist eine Hauptannehmlichkeit von Jena", schrieb Schiller seinem Freunde. Auch Charlotte, „die kleine Maus", war unter der Jugend in ihrem Element; sie fühlte sich leicht und atmete Lebenslust. Mit ihr ihre Schwester Karoline.

Da war der junge Bartholomäus Fischenich. „Mein lieber Sohn" pflegte ihn Charlotte im Umgangston zu nennen; und sie schrieb einst von ihm: „Fischenich ist auch wohl und putzt die Nägel fleißig. Wir haben ausgedacht, er könne auf dieses Geschäft reisen und so wie die Zahnärzte seine Kunst ausbieten. Die Damen würden es bald für ebenso

160

wichtig halten, schöne Nägel wie schöne Zähne zu haben." Und Schiller charakterisierte ihn von seiner ernsteren Seite: „Es war ihm Ernst um die Wissenschaft und das Gute." Nach dem Tode des Dichters hat dann Fischenich die liebevolle Weise, mit der er einst der jungen Frau zugetan war, auch der alternden gegenüber eingehalten; ist in geschäftlichen Dingen ihr treuer Berater geblieben.

Dann war ein Nürnberger da, der Mediziner Erhard, „der reichste und vielumfassendste Kopf"; ein Livländer Groß, ein Theologe mit dem Talent zum Zeichnen und Malen; ein anderer Livländer, der Baron von Adlerskron; ein Däne Hornemann; ein Steiermärker, der Baron Herbert; ein armer schwäbischer Studiosus Niethammer und sein Landsmann Göritz und der Frankfurter Fichard / man sieht, eine bunte Gesellschaft. Fritz von Stein wohnte bei Schiller. Er hieß das Brüderchen, kannte Charlotte schon in den Kinderjahren und stand immer kameradschaftlich zu ihr. „Es ist eine Frage," schrieb er ihr, „ob es mir irgendwo wieder so wohl geht als bei Euch." Dann kam Novalis, der junge Freiherr von Hardenberg, nach Jena; seine reine, froh gestimmte, verzückte Seele hing ganz an „seinem lieben, großen Schiller". Ein anderer liebenswürdiger und tüchtiger Jüngling war Johann Baptist Lacher mit einem gut deutschen Herzen unter einem französischen Kittel. Von seinem Antlitz sagte Lavater: „Ist es nicht, als ob uns Gott in einem solchen Gesichte erschien!" Lacher schrieb später, 1809, einmal an Charlotte: „Wie Feuerzüge flammen noch Schillers letzte Worte in meinem Innern, und lebendiger als am Tage meines Auszuges aus Jena steht sie noch da vor meinen Augen die hohe Gestalt des ewig Verklärten. Aber auch heilig sind Sie mir, die Sie das beneidenswerte Los hatten, in Ihrer Person unserem unsterblichen Sänger den überirdischen Himmel eröffnet zu haben, worin er nichts erblicken konnte als jene erhabenen Ideale, die sein Feuerpinsel der Nachwelt zum Beispiel vormalte. Ein Sternbild erster Größe schimmern Sie mir auf meiner dunklen Laufbahn, und nur Ihrem Lichte getreu, verzage ich nicht, an das Ziel zu gelangen, wo die Sonne in vollem Glanze leuchten wird." Bald nachdem er diese Worte geschrieben, ist Lacher auf dem Schlachtfelde bei Eßling gefallen.

Das waren Schillers gute Tage in Jena. Damals empfand seine Frau, wie leicht er mit jungen Leuten umzugehen verstand und wie gewandt er von ernsten Dingen auf Possen überzuspringen vermochte. Die

Herren kleideten sich in eine besondere Tracht, die das Zeichen ihrer Zusammengehörigkeit sein sollte. Es war ein dunkelblauer Frack mit himmelblauem Futter und silbernen Knöpfen. Und in einer lustigen Laune tranken sie eines Abends, Herren und Damen, Schmollis. Heute machten sie Seifenblasen wie die wahren Kinder; am anderen Tage spielte man L'Hombre; spazierte auf die Dörfer, um Kegel zu schieben; veranstaltete Spazierritte und wählte verbotene Wege, um mit den Bauern in lustige Händel zu geraten.

Hielt ein ernster Ton die Gesellschaft zusammen, so disputierte man zumeist über die Kantsche Philosophie. Ihretwegen waren ja die meisten nach Jena gekommen, und mit ihr mußte sich auch Schiller selbst abfinden. Das tat er mit Bemühen. „Jetzt stecke ich", schreibt er dem Freunde 1792, „bis an die Ohren in Kants ‚Urteilskraft'. Ich werde nicht ruhen, bis ich diese Materie durchdrungen habe und sie unter meinen Händen etwas geworden ist."

Im Jahre 1793 zerstreute sich die junge lustige Tischgesellschaft in alle Lande. Als ihn längst die Romantiker zu sich gezogen hatten, mußte Novalis immer noch seiner Schillertage gedenken: „Wenn ich nur Schiller nenne, welch ein Heer von Empfindungen lebt in mir auf; welch mannigfaltige und reiche Züge versammeln sich zu dem einzigen entzückenden Bilde Schillers und wetteifern wie zaubernde Geister an der Vollendung des herrlichsten Gemäldes. Stolzer schlägt mir das Herz; denn dieser Mann ist ein Deutscher, ich kannte ihn, und er war mein Freund."

Wir nennen Schiller einen Erzieher zur deutschen Bildung und sehen ihn am Eingange zu einer neuen ästhetischen Kultur als Führer stehen. Allein die unmittelbare Wirkung auf die Jugend entglitt ihm in Jena von Jahr zu Jahr mehr. Er blieb die Berühmtheit der Stadt, nicht der Akademie. Das Solidaritätsgefühl mit der Studentenschaft fehlte ihm, durch das Reinhold und Fichte stark waren. Bei der Sezession nach Nohra im Jahre 1792 hielt er sich zu der kleinen Anzahl der Professoren, die nichts von Nachgiebigkeit gegen die Studenten hören wollten. So ließ denn später auch sein Scheiden hier an der Universität keine Lücke. Die jugendhelle Begeisterung, die einst dem Ankommenden entgegengeflammt hatte, war müde, als der Lehrer ging. Dem Dichter haben die Studenten auch fernerhin ihre Liebe bewahrt. Als 1803 in Weimar „Die Braut von Messina" aufgeführt wurde, riefen sie ihm ein donnern-

des Vivat zu; und wenn sie hörten, daß Schiller in Lauchstädt war,
eilten sie hinüber und brachten ihm Morgenständchen und Serenaden.

In Jena hat Schiller Freud und Leid erfahren. Schwere Krankheit
hat ihn dem Tode nahe gebracht, aber auch das Anerbieten des Prinzen
von Augustenburg ist hier wie eine Himmelsgabe in seinen Schoß gefallen. Besser als seine Professur lohnten ihm seine literarischen Arbeiten, die Redaktion der Thalia, seine Beiträge für den Merkur und
die Allgemeine Literaturzeitung. Er kam endlich aus seinem Abenteurer-
dasein heraus. Der stufenweise Aufschwung seines materiellen Lebens
markierte sich äußerlich sehr gut an der Art seines Wohnens in Jena.

In der „Schrammei" auf der Jenergasse hauste er 1789 bis 1793.
Er fand es zunächst hier „über Erwarten gut" in seinen „drei Piecen,
die ineinander liefen", ziemlich hoch waren und helle Tapeten und viele
Fenster hatten. Die Möbel gehörten den Wirtinnen; nur eine Schreib-
kommode hatte er sich selbst für zwei Karolinen fertigen lassen. Für den
Mittags- und Abendtisch bezahlte er zwölf Taler den Monat. Im
Jahre 1794 bezog er eine Wohnung an der Ecke des Marktes und der
Gasse Unterm Markt. Sie war geräumiger und ging durch zwei Etagen.
Von hier aus pflegte er den Verkehr mit Wilhelm von Humboldt, der
wenige Schritte davon in der Postgasse wohnte; und hier war es auch,
wo er sich mit Goethe fand. Von 1795 bis 1799 wohnte er in einem
der allerbesten Häuser, in dem Griesbachschen am Löbdergraben. Mit
seinen großen, hohen Räumen, den breiten Korridoren, dem weitläufigen
Treppenhaus glich es mehr einem fürstlichen Quartier als einer Bürger-
wohnung. Die stattlichen Fenster gaben einen freien Blick über das
Tümplingsche Nicolaushospital hinüber und über die rauschende Lache
hin in das grüne Saaletal bis zu den steilen Höhen, an denen so gern
die Abendröte hing. Hier wurden Schiller zwei Kinder geboren, die dem
ältesten Knaben folgten; und hier sah der alte Kirchenrat Griesbach,
wie der Dichter auf der Erde herumkroch und mit seinen Kleinen Löwe
spielte. „Doch", sagte er, „er kam mir größer vor, als jener König,
der so von einem spanischen Gesandten überrascht wurde." Zu dieser
Stadtwohnung erwarb Schiller 1797 noch ein Gartenhaus an der Leutra zu eigen, das hinter dem Gasthof zum gelben Engel zwischen Gärten
und Krautländern in menschenstiller, musenfreundlicher Abgeschiedenheit
lag. Es war im Zuge der Zeit, daß die Stimmung des Lebens sich an die
Landschaft schmiegte. Goethe wandelte das Ilmtal zu Weimar in einen
11*

großen Park um, und die Idylle baute sich dort ihr Borkenhäuschen, die
Antike ihr römisches Haus, die Romantik ihre Ruine. Goethe dachte an
den Erwerb eines Gutes, Wieland machte sich in Oßmannstedt ansässig.
Auch in Jenas Umgebung sah man die gelblich gestrichenen Landhäuschen
überall hineingestickt. Schiller ist der glücklichste Mensch, als er von seinem
Stückchen Erde aus den ersten Brief an Goethe schreibt. Die Bäume
stehen im weißen Blütensegen, die Rosen treiben Knospen, die Sonne
geht freundlich zögernd unter, die Nachtigallen heben an zu schlagen....
„Alles um mich herum erheitert mich, und mein erster Abend auf dem
eigenen Grund und Boden ist von der fröhlichsten Vorbedeutung." Heute
hat die wachsende Stadt die Stille des Schillergartens umdrängt; aber
die Seelenruhe des ungestörten Friedens sitzt noch immer auf den weißen
Lattenbänken vor der dunklen Taxuswand. In der Mansarde des Gar-
tenhauses war seine Stube. Als ein Überbleibsel seines Hausrates
gilt ein Ofen, der heute im städtischen Museum steht und sich rühmt,
von einem Entwurf des Dichters zu stammen. Aus geschwärztem Eisenblech nimmt die gute nordische Heizvorrichtung hier unter dem Einfluß
einer ästhetisierenden Zeit die Gestalt einer antiken, von bronziertem
Laubgewinde umkränzten Vase an, die zudem Feuertüren, Rohransätze
und Aschenkasten ertragen muß.

Wo heute im Gebüsch des Gartens das Denkmal steht, war einst eine
Hütte, die Schiller um ein Stockwerk erhöhte. Da oben auf der „Zinne"
war sein Poetensitz. Nach Nordwesten blickte er ins Leutra- und Mühltal
hinauf, nach Süden zur Saale hinunter. Die dichterische Schaffenskraft
pochte hier wieder so lebendig. „Ich muß jetzt eilen," schrieb er an
Goethe im September 1798, „den kleinen Rest der guten Jahreszeit
und meines Gartenaufenthaltes für den Wallenstein zu benutzen, denn
wenn ich meine Liebesszenen nicht schon fertig in die Stadt bringe, so
möchte mir der Winter keine Stimmung dazu geben, da ich einmal nicht
so glücklich bin, meine Begeisterung im Kaffee zu finden." Nach zwanzig
Jahren stand Goethe mit Eckermann in dem Garten: „Auf diesen jetzt
fast zusammengebrochenen Bänken haben wir oft an diesem alten Stein-
tisch gesessen und manches gute und große Wort miteinander gewechselt.
Er war damals noch in den Dreißigern, ich selber noch in den Vierzigern,
beide im vollsten Aufstreben, und es war noch etwas." Aus dem turm-
artigen Zinnenhäuschen gedachte Goethe ein schlichtes Schillerheiligtum
zu machen, ein Ziel der Wallfahrten seiner Verehrer. Drinnen sollte die

Der Schiller=
garten an der
Leutra
Kpfr. von
J. Roux

Jena
Städtisches
Museum

Büste des Dichters stehen, dazu sein Tisch, sein Stuhl, sein Tintenfaß und seine Feder; an den Wänden sollte unter Glas und Rahmen ein bedeutendes Blatt mit seiner Handschrift und eine Abschrift des Goethe= schen Epiloges zur Glocke hängen. Man weiß, daß der Plan nicht zur Ausführung gedieh.

Ging Schiller durch die Straßen Jenas, so fiel seine nachlässige Hal= tung und eine sonderbare Bewegung des Kopfes auf; die Knie zog er zusammen, und seine ungeschickten Füße waren nach auswärts gestellt. In der Wahl seiner Kleidung war er sorglos, und wollte er ja einmal hierin Geschmack zeigen, so traf er gewiß das Wunderlichste. Mit einem blauen Frack kam er dann und einem roten Halstuch, mit gelben Bein= kleidern und dunklen Strümpfen. Die ihn in seinem Hause aufsuchten, fanden ihn im Umgange angenehm, aber sein Äußeres erschien vielen „zurückschreckend“. Ein Besucher kam. Schiller erhob sich vom Karten= tisch; in seinen langen Händen drehte er ein Taschentuch hin und her, und mit schwacher, unmännlicher, fast quäkender Stimme lud er den Fremden zum Eintreten. „Alles von ihm widersprach dem, was ich mir über seine äußerliche Gestalt und ihren Ausdruck eingebildet hatte; ein langer Mann mit schlaffem Körper, die Knie eingebogen; ein mattes Auge mit unstätem Blick; ein bleiches, längliches Gesicht ohne Ausdruck und dazu rötliches Haar . . . .“

In der Jenaer Gesellschaft hat sich Schiller nicht behaglich gefühlt. Er klagte über die Verdrießlichkeit, die ihm die empfindlichen Kollegen bereiteten, trotzdem sie ihn mit Freuden aufgenommen hatten. Ein Teil der Schuld lag an ihm, vielleicht der größere. Robinson, der ihn später kennen lernte, schrieb: „Er hat eine heftige Ausdrucksweise . . . . Es ist in ihm eine Mischung von der Zerstreutheit des Genies und der Eckigkeit des Studenten.“ Schiller konnte sich nicht leichthin mit den Kleinlichkeiten der Menschen abfinden, wie es Goethe so gut vermochte. Und hatte er einst als Jüngling in der Freigeisterei der Leidenschaft ganz des sinnlichen Feingefühls entbehrt und mit seiner reichen Phantasie selbst das garstige Urbild verklärt, so konnte er jetzt oft genug den Menschen nicht mehr das Menschliche verzeihen. Die Briefe aus jener Zeit sind sein Bekenntnis; in ihnen steigen die Gestalten des Alt=Jenaer literarischen Salons herauf, nicht immer günstig und nicht immer gerecht beleuchtet. „Die Akademie in Jena ist eine freie und sichere Republik“, das war der Eindruck, den er schon 1787 bekam, ehe an seine Professur

166

zu denken war. Nach zwei Jahren lernte er die Gesellschaft kennen. Zuerst in einem Klub, der sich aus Professoren und Studenten zusammensetzte, zuweilen auch Konzerte und Bälle veranstaltete. Es waren hundert Menschen da, und es ging, obwohl die Hälfte aus Studenten bestand, ziemlich bescheiden und ruhig zu. Schiller wurde Mitglied und zahlte für das halbe Jahr acht Taler, wofür er im Klub fünfundzwanzigmal zu Abend essen konnte. Merkwürdig klingt dann allerdings, wenn er weiter sagt, „für feineren Umgang, wozu auch Weiber konkurrieren könnten, ist schlechterdings nichts zu hoffen". Auch einige Wochen später bleibt dies sein Urteil noch bestehen.

Da Schillers Verlobung Geheimnis war, setzte natürlich sogleich das Bemühen der Frauen ein, ihn zu binden. Nur eine einzige gefiel ihm, ein Fräulein Seidler. „Sie hat", schreibt er seinem Vertrauten Körner, „eine gute Erziehung und auch einige Feinheit des Umgangs, die man hier selten findet." Er maß ohne Zweifel die Damen mit ungerechtem Maß; sein Herz war von Charlottes Bild erfüllt. „Ich kann den Menschen und den Dingen den tiefen Abstand nicht verzeihen, in welchem sie zum himmlischen Ideal meiner Liebe stehen."

Dabei drängte er nach Geselligkeit. „Ich sehe oft Menschen bei mir," steht in einem Briefe, den er nach seiner Heirat schrieb, „zwei Tage in der Woche habe ich schon zwei Privatklubs unter guten Freunden; nun will ich noch zwei dazu bestimmen. Viele Ausgaben machen diese Butterbrotgesellschaften nicht. Wenn ich das halbe Jahr vier Louisdor mehr dran wende, so kann ich alle Woche zweimal drei, auch vier Menschen bitten, und zu meinem Wohlsein ist dies so nötig. Nun fehlt mir bloß Equipage, um jeden Tag spazieren zu fahren .... Diesem Wunsch muß ich entsagen .... Für meine Lotte wünscht' ich mir wohl einige leidlichere Frauengestalten; denn in diesem Stücke sieht es hier sehr traurig aus."

Als er zum ersten Male in Jena geweilt hatte, hatte ihn Reinholds Familie gastfreundlich aufgenommen, und sie waren zusammen vergnüglich nach Lobeda spaziert. Er fand in diesem Hause, als er 1789 kam, auch die Wärme der alten Freundschaft wieder und traf in Reinhold selbst den besten Förderer seiner Kantstudien, aber trotz alledem vermochte er es nicht, im Verkehr mit dem trefflichen Manne Herzliches durch Herzliches zu erwidern.

Rivalitäten und Antipathien gab es auch in den jenenser Zirkeln,

doch rühmte man, daß die gesellschaftlichen Sitten ohne Zwang und der Aufwand des Verkehrs einfach waren. Die Männer überwogen. Jeder durchreisende Fremde von einigem Ruf war willkommen und fand, der schlechten Wirtshäuser überhoben, gern gebotene patriarchalische Gastlichkeit.

Der alte Kirchenrat Griesbach bildete den Mittelpunkt der guten jenenser Geselligkeit. Die schönen Räume seines Hauses, das einst zum Witwensitz einer Herzogin bestimmt war, sahen alle Berühmtheiten um den großen Tisch sitzen. Zu dem Stadthause hatte sich die Familie neben dem botanischen Garten ein ländliches Grundstück gekauft. Griesbach schuf da die anmutigsten Gartenanlagen, Lauben und vertraute Plätze, und ließ dann auch das Haus bauen, das noch heute steht. Alle Reisenden priesen die lachende Aussicht. Und da war ein Platz unter Pappeln; oft hat eine frohe Gesellschaft dort unter freiem Himmel ihr Abendbrot gegessen. Hier lernte Schiller schon im Jahre 1787 die Familie kennen, und hier umschlossen später Rosen und Lilien einen Rasenplatz, der seinem Andenken geweiht war. Das Grundstück ging 1818 in großherzoglichen Besitz über. Prinzessinnengarten heißt es seitdem.

Es ist Jenas stillster Ort. Die alten Bäume lassen ihre schweren Zweige tief auf das Gras sinken, das mit Gänseblümchen durchwebt ist. Kletterrosen ranken am kleinen Gärtnerhaus. Bewegungslos schläft, wie verwunschen, ein Teich; und wie verwunschen liegt auch der ganze Park mit seinen großen Linden, Ahornbäumen und Akazien. Weiße

168

Bänke warten in den laubkühlen, umbuschten Gängen, ein Fink hüpft über
den Kies des Weges, ein paar Hühner scharren auf dem Rasen. Das
zweistöckige Schlößchen sieht gelb mit grauen Läden aus Farnkräutern
und wildem Wein heraus. Ein paar Stufen führen zum Eingang, über
den die grünen Ranken hängen. Aber der Blick, der einst entzückt von
hier ins Tal und zu den Bergen flog, stößt heute erschrocken auf eine
aufdringliche Häuserwand und wendet sich gedemütigt in die Stille der
Erinnerungen zurück.

Der alte Johannes Jakob Griesbach war 1777 nach Jena berufen,
ein kritischer Bibelforscher und klug und offen allen neuen Ideen zugewandt. Goethe hatte ihn schon, den um etwas älteren, unter den
Frankfurter Gymnasiasten als einen ausgezeichneten Jüngling kennen
gelernt, von dem man, wie er in „Wahrheit und Dichtung“ schrieb, erwartete, er würde dereinst im Staat und in der Kirche etwas Unge-
meines leisten. Ein prächtiger, unbewußt vornehmer Mann dieser Griesbach, dem sich die Achtung seiner Kollegen von selbst beugte. Auch die
Achtung der Studenten. Er stand einmal mit gestrenger Miene vor
einem, den er wegen eines Zweikampfes bestrafen mußte. Als der ihn
nun auf seine eigenen Narben hinwies, rief er: „Ja, das war damals,
als ich noch ein solcher dummer Junge war, wie Sie!“ Als Prälat war
er im Landtage eine gewichtige Person, fest bestehend auf seinem Urteil.
„Da habe ich mich nun vier Tage mit dem alten Griesbach herumge-
stritten, und zuletzt hat er doch recht behalten“: so sagte Carl August.
Eine aufrechte Gestalt mit schlohweißem Haar. Im Verkehr wohl zuerst
verschlossen, daß es schien, als mache er sich kostbar; aber dann, wenn
ihm das Herz aufging, schnell erwärmt und voll heiterer Güte. Knebel,
dem er immer erschien, als habe er aus dem Jugendquell getrunken,
besang ihn:

Da, wo reine Seelen schöpfen,
Schöpft er sich die milden Freuden,
Und des Lebens rauhe Stürme
Mildert er mit heiterm Sinn . . . .

Mild und gütig seinen Freunden,
Aber zürnend den Verderbern
Des gemeinen Wohls, verkünder
Er den Freund und braven Mann.

Frau Griesbach war eine Freundin des Fräuleins von Klettenberg
und der Frau Rat. Immer tätig und immer zum Helfen bereit, immer

sonnigen Gemüts / so stand sie den Jenensern lange im lieben Gedächtnis. Sie war kinderlos. Wenn sie durch die Straßen ging, war da
kaum ein Haus, in dem sie nicht einmal als Trösterin erschienen war.

Griesbachs Wohnung ist eine klassische Stätte. Alle sind da ein= und
ausgegangen, Goethe, Schiller, Wieland, Herder, Knebel, Voß, Karoline
von Wolzogen, Heinrich Meyer, Fichte und hundert andere.

170

Schiller allein konnte sich nicht in den Geist des Hauses finden. Er war sogleich freundlich aufgenommen, und Griesbach hatte ihm sein Auditorium eingeräumt, und die Dame war unerschöpflich in Liebenswürdigkeiten gegen ihn. Sie regalierte ihn, wenn er sein zweistündiges Kolleg las, mit Tee; sie bot ihm ein Gastzimmer für Charlotte von Lengefeld und ihre Schwester an. Er hatte für diese Aufmerksamkeiten nur Spott, ohne daß man sieht, was eigentlich auf dem Grunde lag. Frau Griesbach / Madame Lorbeerkranz, wie sie in der Korrespondenz Schillers mit Lotte heißt / gewahrte einst an seinem Finger einen Haarring und ahnte, daß er verlobt sei. Sie schenkte ihm daher am Neujahrstage frische Blumen, damit er sie seiner Geliebten gäbe; da schrieb er: „Ich schicke Dir die Blumen nicht, liebe Lotte, ... lieber mögen sie bei mir verwelken." Als er dann sein Verlöbnis bekannt machte und ihre Freude zärtlich hervorbrach, meldete er Lotte: „Es hat eine widerwärtig empfindsame Szene gegeben; ich habe einen Kuß von ihr ausstehen müssen." Lotte selbst hat die alte gütige Dame gerechter beurteilen gelernt; und hat allerdings auch von ihr, als sie selbst an schwerer Krankheit lag, und dann als Schiller gestorben war, des Guten genug erfahren. .

Johannes Griesbach bildete mit seinen Kollegen Johannes Eichhorn und Johannes Döderlein die Johanneische Trias. Der letzte besonders genoß den Ruhm, mit seinem liberalen Sinne „den dicken Nebel der Orthodoxie aus manch düsterem Kopfe verscheucht zu haben". Von sich selbst dachte er nicht gering. Man fragte ihn einst, wer wohl der größte zeitgenössische Theologe wäre; „Reinhard ist der zweite", erwiderte er. Ihnen stand Paulus zur Seite, der 1789 Professor der orientalischen Sprachen und 1793 Professor der Theologie wurde. Der Rationalismus dankte ihm eine wissenschaftliche Vertiefung. Als das Eisenacher Konsistorium einen Verketzerungsversuch gegen ihn unternahm, schlug durch Herders Vermittlung der Herzog Carl August diesen Prozeß edelsinnig nieder. Jeden Sonnabend hielt Paulus mit den Studenten theologische Disputationen. In einer solchen Stunde wandte sich der junge Crabb Robinson an ihn: „Herr Kirchenrat, Sie haben in der Vorlesung gesagt, daß ein Mensch durchaus an gar keine Wunder zu glauben braucht und doch ein Christ sein kann; habe ich Sie recht verstanden?" Paulus erwiderte: „Denken Sie nicht, Mr. Robinson, daß ich persönlich alle Achtung außer Augen setze, wenn ich sage, daß mir das eine

dumme Frage zu sein scheint; denn diese Frage setzt voraus, daß das
Christentum etwas mit Inspiration, mit Prophetie oder mit Wundern
zu tun habe, / aber es hat nichts mit alledem zu tun."

Auch Paulus' Haus war in Jena ein Herd der Geselligkeit, die hier
besonders durch die musikalische Begabung der Hausfrau einen Reiz
gewann. Schiller dachte sogar einmal daran, die Überlegenheit des
Griesbachschen Zirkels mit Hülfe der Familie Paulus zu brechen.
„Außer Paulus haben wir gar keine leidliche Gesellschaft" schrieb er;
und dann: „Paulus könnte mir viel sein, wenn er sich selbst mehr an=

gehörte. Mit freiwilliger Kraft sproßt nichts aus seinem Kopfe. Es ist
mir aber nicht immer gegeben, erst die Hebamme eines anderen zu machen,
wenn ich nach einem erfrischenden Umgang schmachte."

Gerne traf sich auch die jenenser Gesellschaft beim Philologen, Hof=
rat Schütz, der durch seine Literaturzeitung weit ausgestreckte Bezie=
hungen zu allem hatte, was damals in der deutschen Dichtkunst einen
Namen trug. Das Journal lohnte ihm sehr gut; er selbst bezog jährlich
2500 Taler, und seinen Mitarbeitern konnte er für den Bogen fünfzehn
Taler geben. Seine Frau galt als belesen. Schiller fühlte auch hier die
Abneigung stärker als die Anziehung, obwohl sie ihm fürsorglich seine
erste Wohnung in der Schrammei eingerichtet hatte: „Sie ist ein triviales

172

sonst sehr lebhaftes Weib, das unaussprechlich gern gefallen will und sich durch die auffallendsten, übel angebrachten Kleidertrachten lächerlich macht.... Sie belagert die Fremden, vorzüglich die von einigem Ruf."

Im Jahre 1794 trat Fichte in den Kreis der jenenser Gelehrten ein. Schiller hoffte gleich an ihm einen Freund zu finden, zumal da er sich damals gerade mit seiner ganzen Energie der Kantschen Philosophie zugewandt hatte. „Ich habe jetzt", teilt er Körner mit, „auf eine Zeitlang alle meine Arbeiten liegen lassen, um den Kant zu studieren. Einmal muß ich darüber ins Reine kommen, wenn ich nicht immer mit unsicheren

Schritten meinen Weg in der Spekulation fortsetzen soll. Humboldts Umgang erleichtert mir diese Arbeit sehr, und die neue Ansicht, welche Fichte dem Kantschen System gibt, trägt gleichfalls nicht wenig dazu bei, mich tiefer in diese Materie zu führen." Auf eine Harmonie ließ sich trotzdem der Verkehr zwischen den beiden Männern nicht stimmen. Einen Beitrag, den Fichte für die Horen bestimmt hatte, beurteilte Schiller mit übermäßiger Schärfe, und er verweigerte ihm die Aufnahme. Es war Schillers Art zudem, bei jeder Meinungsverschiedenheit gleich leidenschaftlich zum Bruch zu drängen. Fichte war nicht weniger starrsinnig; immerhin hatte er hier einen Vorrat von Gutmütigkeit, so daß eine verbitterte Entfremdung vermieden werden konnte.

173

Es war Schillers Verhängnis, daß er im geselligen Verkehr keinen Augenblick eine geistvolle philosophische Debatte entbehren konnte, und daß er denjenigen in seiner Schätzung sofort entwertete, der darauf nicht einging. Auch die Gabe, sich sanft der Anschauung eines Gegners anzupassen, fehlte ihm völlig. Als er 1798 mit Schelling zusammentraf, von dem er sich philosophische Anregung versprochen hatte, schrieb er enttäuscht: „Schelling sehe ich wöchentlich nur einmal, um, zur Schande

Bildnis des
Professors
H. E. Gottlob
Paulus
(1761–1851)
Kpfr. von
H. Lips

Jena
Städtisches
Museum

der Philosophie sei es gesagt, meistens L'Hombre mit ihm zu spielen ... Er ist noch immer sehr wenig mitteilsam und problematisch wie zuvor."

Schelling wandte sich den Romantikern zu, und da war er für Schiller ganz verloren, denn zwischen ihm und dem Hause Wilhelm Schlegels brannte der offene Krieg.

Mit Niethammer, Hufeland, Stark und einigen anderen Gelehrten ergaben sich wohl einige Beziehungen, aber es blieb doch jedes Band locker. Für die Dauer genügte ihm nur Wilhelm von Humboldt, der leicht angeregte und immer selbst anregende. Hier entsprang aus den

174

philosophischen Gesprächen, in denen sie sich im Schillerschen Hause
an der Marktecke ergingen, eine dauernde Seelengemeinschaft, zu der
als Dritter aus der Ferne Freund Körner gehörte. Und die Harmonie
der beiden Frauen, die auch kein Kastenunterschied trennte, gab der
Freundschaft der Männer die anmutige Ergänzung. Schiller hatte,
leichtfertig mit seinem Urteil und seinem Wort, auch diesen Mann für
flüchtig, „mit viel Fläche, aber wenig Tiefe" gehalten; indessen er änderte

Wilhelm
von Humboldt
(1767—1835)
Zeichnung
von
J. Schmeller

seine Meinung Schritt für Schritt, den er mit ihm ging. Er schrieb an
Körner: „Humboldt ist mir eine unendlich angenehme und zugleich nützliche Bekanntschaft, denn im Gespräch mit ihm entwickeln sich alle meine
Ideen glücklicher und schneller. Es ist eine Totalität in seinem Wesen,
die man äußerst selten sieht und die ich außer in ihm nur in Dir gefunden habe. Er hat zwar vor Dir sehr viel an einer gewissen Leichtigkeit
voraus, die man sich in seinen Verhältnissen leichter erwerben kann, als
in den unsrigen; aber was er auf der Oberfläche gegen Dich gewinnt,
das gewinnst Du reichlich gegen ihn in Tiefe."

175

Täglich waren die beiden zusammen. Von einem Hause zum anderen
war es nur ein Sprung. Humboldts mehr rezeptive Natur, sein schnelles,
feines Verständnis, die Art, wie er selbstlos seines Freundes Größe
anerkannte, das alles lockte Schiller, den Reichtum seiner Ideen spielen
zu lassen mit jenem schmeichelnden Gefühl, das immer zum Denken und
Schaffen regt. Dann kam auch über ihn die lange verscheuchte Milde.
Schiller dachte später immer dieser Stunden, da es aus der Geistes=
reibung wie ein elektrisches Feuer sprang. Und Humboldt, der ihn wohl
so in seiner Eigenart gesehen hat, wie niemand anders in Jena, schrieb
lange nach Schillers Tode an Körner: „Ich kann nie ohne große Er=
schütterung an die Zeit meines Lebens mit ihm denken .... Mein
ganzes Leben kommt mir seitdem leerer, unbedeutender und weniger
befriedigend vor .... Bewundernswürdig war an ihm seine Ruhe und
Milde. Niemand kann weniger zerstreut, weniger unstet, mit mehr Liebe
bei einem Gegenstand bis zur Erschöpfung verweilen, mehr frei von der
abgebrochenen Heftigkeit sein, die andere Nationen Leidenschaft nennen.
Darin lag seine unendliche, sich immer gleich bleibende Liebenswürdigkeit,
die, wenn sie mit der Größe zusammenschmolz, ihn manchmal im Ge=
spräch so werden ließ, wie ich nie einen anderen gesehen habe und mir
keinen anderen, wenigstens nicht höher, denken kann .... Die anderen
sind beschäftigt mit ihrem Ich, beschränkt auf eine einzelne Sphäre ....
Er hat eine Superiorität, die alle Empfänglichen aufregen mußte.“

Als 1795 an Schiller ein Ruf nach Tübingen ergangen war, hatte
er abgelehnt. Damals hatte er an einen Freund am 6. April geschrieben:
„Jetzt endlich kann ich mich mit völliger Gewißheit als einen Bürger
der hiesigen Universität betrachten, und alle Gedanken, Jena zu ver=
lassen, sind nun auf immer verbannt. Kein Ort in Deutschland würde
mir das sein, was Jena und seine Nachbarschaft mir ist, denn ich bin
überzeugt, daß man nirgends eine so wahre und vernünftige Freiheit
genießt und in einem so kleinen Umfange so viel vorzügliche Menschen
findet.“

Aber er ging doch diesen vielen vorzüglichen Menschen aus dem Wege.
Auf dem Katheder sah man ihn garnicht mehr. Wer ihn von Angesicht
zu Angesicht erblicken wollte, tat am besten, nach Weimar zu fahren und
im Theater auf ihn zu warten. Als ihn dann gar Humboldt 1797 ver=
lassen hatte, war ihm Jena nichts mehr. Sein Geist, den philosophischen
Spekulationen durch Goethe entrissen, trug sich mit einer Fülle dichte=

176

rischer Probleme. Eine Unruhe überkam ihn in dieser Reifezeit, die ihn aus der Jenaer Ruhe nach Weimar drängte. Es war, als ob seine Frau dies Hasten ahnte, das alle Segel aufsetzte. „In Weimar", klagte sie, „reißt der Geist des Leichtsinns alles mit sich fort." Sie wäre wohl geblieben. „Hier in Jena leben wir sehr still", steht in einem ihrer Briefe, „und sind mit allen gut Freund, aber mit wenigen auf ein geselliges Verhältnis gestimmt." Und das war nun merkwürdig, daß Schiller selbst, der die Menschen von sich gestoßen hatte, sich nach ihnen sehnte, sobald er sich der Einsamkeit ausgeliefert sah. Das spricht lebendig aus einem Briefe an Goethe: „So lange ich mich mit der Philosophie beschäftigte, fand ich mich hier vollkommen an meinem Platz; nunmehr aber, da meine Neigung und meine verbesserte Gesundheit mich mit neuem Eifer zur Poesie zurückgeführt haben, finde ich mich hier wie in eine Wüste versetzt. Ein Platz, wo nur Gelehrsamkeit und vorzüglich die metaphysische im Schwange geht, ist den Dichtern nicht günstig." Er übersah, daß gerade damals, 1799, das große Jahr der Romantik in Jena war.

Auch der Herzog rief ihn, gewährte ihm eine Zulage von 200 Talern, die allerdings nicht so entscheidend sein konnte, wie die Worte, die er persönlich schrieb: „Was auf die Gesellschaft wirken soll, bildet sich gewiß auch besser, wenn man mit mehreren Menschen umgeht, als wenn man sich isoliert."

Noch in demselben Jahre ging er, am 3. Dezember. In der lebendigen Verbindung mit dem Theater mag Schillers dramatische Kraft erstarkt sein; aber was er in der Gesellschaft Weimars gewann, konnte ihm / abgesehen von dem Verkehr mit Goethe / kaum einen Ersatz bieten für das, was er in Jena dahingegeben hatte. Der sich hier in der Universitätsstadt nicht hatte in die Menschen schicken können, war am allerwenigsten ein Hofmann. In der Ferne mußte sich ihm das Bild des kleinen Jena verklären. Und sein Gartenhäuschen wenigstens hat er nie vergessen können. Im Jahre 1801 kehrte er im März noch einmal an diesen leisen umbuschten Dichterwinkel zurück, für das Drama der Jungfrau von Orleans die Muße zu suchen, die der Straßenlärm Weimars verscheuchte. Und noch einmal führte ihn der Juli 1804 nach Jena. Da mußte Lotte den alten getreuen Hausarzt Dr. Stark aufsuchen. Schiller selbst fuhr damals ins Dornburger Tal hinaus, und die Abendkühle brachte ihm jenes heftige Leiden, von dem er sich nie wieder erholen sollte.

Der Kreis der Romantiker in Jena

Kräfteverschwendendes Studententum und kräftesparendes Philistertum / diese Gegensätze, die jede Universitätsstadt mit ewigem Humor sich reiben sieht, werden in Jena mit einem Male in eine höhere Bedeutung gerückt. Nun sind es nicht mehr die Burschen mit dem langen Raufdegen und der von den biederen Pedellen geschirmte Bürgerfriede, sondern hier die jungen streitfrohen romantischen Poeten mit der lustigen Sturmfahne / und gegenüber alles, was sich wie eine dumpfe Masse an Vorurteilen und schwerfälligen Sitten angesammelt hat. Die dionysischen Stürmer und Dränger sitzen nicht mehr auf den Bänken der Hörsäle, aber die Universitätsjahre liegen eben erst hinter ihnen. Einige stehen schon selbst auf dem Katheder. Und der Adlerflug des ungefesselten Studentenoptimismus ist allen geblieben. Immer haben die Romantiker in den Studenten ihre natürlichen Mitkämpfer gegen den alten Philisterwust gesehen. Bettina hat ihr Buch „Die Günderode" „den irrenden, suchenden Musensöhnen" gewidmet; und Clemens Brentano gab in seiner Abhandlung über den Philister die prächtige Losung aus: „Nehmen wir das Wort Student im weiteren Sinne eines Studierenden, eines Erkenntnisbegierigen, eines Menschen, der das Haus seines Lebens noch nicht wie eine Schnecke, welche die wahren Hausphilister

178

sind, zugeklebt hat, eines Menschen, der in der Erforschung des Ewigen,
der Wissenschaft oder Gottes begriffen ist, der alle Strahlen des Lichtes
in seiner Seele freudig spiegeln läßt, eines Anbetenden der Idee / so
stehen die Philister ihm gegenüber; und alle sind Philister, welche keine
Studenten in diesem weiteren Sinne des Wortes sind.“

Trotz Schillers und trotz der Allgemeinen Deutschen Literaturzeitung,
die von hier aus ihre Edikte und Manifeste für ganz Deutschland er=
gehen ließ, ist Jena nicht zum Herde des Klassizismus geworden. Es
war, als ob schon die ganze unwandelbare Physiognomie der krummen
und krausen Gassen nicht klassisch dreinsehen konnte. Romantisch wohl.
Die Romantiker haben hier ihr Nest gebaut und ihren Blütenmond ge=
lebt.

Schiller selbst hat den Patron der neuen Dichtung, Wilhelm Schlegel,
in seine Nähe nach Jena gezogen; keinem haben dann die undankbaren
Götterbuben nachher mehr zum Ärger gepfiffen als ihm.

Aber ein anderes war es, das hier den Boden für die Romantik wohn=
lich gemacht hatte / die Philosophie. Die neue Philosophie und die neue
Dichtkunst griffen ineinander wie zwei Zahnräder, ohne daß man gleich
sehen konnte, welches von beiden das andere trieb. Kant hatte den
Schwerpunkt der Philosophie in den Menschen hineingelegt; Fichte hatte
dann die ganze Welt in ein Ich verwandelt; und mit diesem ins Unend=
liche gesteigerten Subjektivismus war der starre Mann, in dessen klaren
Augen kein leiser Schimmer süßer Schwärmerei und nicht der kleinste
Schein der schönen Sinnenwelt zu leuchten schien, dennoch der Weg=
weiser ins romantische Land geworden, wo die Innerlichkeit und die
dunklen Gefühle wohnen. Fichte / seinen Namen sprachen die Jungen
allezeit in Ehrfurcht aus. Mit ihren Dichtungen hatte der strenge Mo=
ralist nicht eben viel zu schaffen; um so mehr Schelling, der selbst ein
Dichter war. Seine Naturphilosophie war den Romantikern eine wissen=
schaftliche Bestätigung dessen, was in ihnen als ein angeborenes Gefühl
lebte: Natur und Geist sind eins!

Das Jahr 1799 war das große Jahr der Romantik. Schon im Mai
1796 war Wilhelm Schlegel als erster gekommen. Vermöge seiner Ver=
dienste um Shakespeare wurde er 1798 außerordentlicher Professor,
und er las gleich zuerst nun über Ästhetik oder die Wissenschaft der ele=
ganten Künste, über deutsche Poesie und über die Kunst des Deutsch=
schreibens, dann über die Methode des Altertumsstudiums, über grie=

chische und römische Literaturgeschichte und über Horaz. Aber seine
eigentümlichen reichen Kräfte lösten sich doch erst in seiner Rezensenten-
tätigkeit, und es verstrich keine Woche, ohne daß er in der Literaturzeitung den Lesern einen seiner schnellen, kühnen, urteilsicheren Aufsätze
vorlegte. Sein jüngerer Bruder Friedrich hatte sich im Sommer 1796
flüchtig in Jena umgesehen, bevor er nach Berlin gegangen war. Als
er nun 1799 wiederkehrte, berühmt als Dichter der „Lucinde", dachte
er auch daran, in die akademische Tätigkeit einzulenken. Unter den Brüdern war eine aufopfernde Treue. Der jüngere verstand es, Freunde zu
gewinnen; der ältere, sie festzuhalten. Und alle kamen nun herbei und
fanden gleich das winklige Nest entzückend. Tieck, in Wahrheit der
Dichter der Romantik, beschloß zu bleiben. Novalis, aus dessen aske-
tischem Gemüt der Schatten der verklärten Heiligen Sophie wich, damit das Lebendige wieder Knospen treibe, kam aus dem nahen Weißenfels herübergeritten. „Sein Äußeres", so skizziert ihn ein Romantiker-
genosse, „erinnerte dem ersten Eindruck nach an jene frommen Christen,
die sich auf eine schlichte Weise darstellen. Sein Anzug selbst schien
diesen Eindruck zu unterstützen, denn dieser war höchst einfach und ließ
keine Vermutung seiner abligen Herkunft aufkommen. Er war lang,
schlank, und eine hektische Konstitution sprach sich nur zu deutlich aus.
Sein Gesicht schwebt mir vor als dunkel gefärbt und brünett. Seine
feinen Lippen, zuweilen ironisch lächelnd, für gewöhnlich ernst, zeigten
die größte Milde und Freundlichkeit. Aber vor allem lag in seinen tiefen
Augen eine ätherische Glut. Er war ganz Dichter. Das ganze Dasein
löste sich für ihn in eine tiefe Mythe auf. Gestalten waren ihm beweglich wie die Worte, und die sinnliche Wirklichkeit blickte aus der mythi-
schen Welt, in welcher er lebte, bald dunkler, bald klarer hervor . . . ."
Und Dorothea Veit schrieb über ihn an Schleiermacher: „Sie müssen
ihn sehen; denn wenn Sie dreißig Bücher von ihm lesen, verstehen Sie
ihn nicht so gut, als wenn Sie einmal Tee mit ihm trinken. Ich rede
nur von der reinen Anschauung; zum Gespräch bin ich garnicht mit ihm
gekommen; ich glaube aber, er vermeidet es; er ist so in Tieck, mit
Tieck, für Tieck, daß er für nichts anderes Raum findet . . . . Er sieht
aber wie ein Geisterseher aus und hat sein ganz eigenes Wesen für sich
allein . . . ."
Fichte ging dem Romantikerkreis im Atheismusstreit verloren, aber
sie gewannen desto mehr an Schelling, der sich ihnen mit Leib und Seele

gab. Schleiermacher wurde in der Ferne mit Fäden festgehalten. Dann
war der vereinsamte, stille, wunderliche Naturphilosoph Johann Wil=
helm Ritter da, der „Schelmerei und Andacht und Essen und Gebet,
alles durcheinander war"; und Johann Dietrich Gries, der Übersetzer
des Tasso, Ariost, Calderon, Bojardo, und der helläugige Norweger
Steffens, immer entflammt und immer wissensfroh. Als junger Stu=
dent war er nach Jena gekommen und hatte zu Fichtes Füßen gesessen;
Goethe und Schiller lernte er persönlich kennen, und dann taten es ihm
die Romantiker an. Von der brausenden Fülle des geistigen Lebens hat
sich kaum einer inniger umfangen lassen als dieser Jüngling. Aus seinen
Lebenserinnerungen haucht uns der Duft jener Tage so unmittelbar
frisch an: „Was mich einsam beschäftigte, war Aufgabe bedeutender
Männer geworden, war laut geworden in der Literatur und rang nach
einer geschichtlichen Bedeutung. In diesen mächtigen Strom einer ge=
waltigen Entwicklung war auch ich hineingerissen und stand nicht mehr
allein. Diejenigen Männer, die mich in meiner Einsamkeit beschäftigt
hatten, nach deren wenn auch nur entfernten Bekanntschaft ich mich so
lange gesehnt hatte, waren nun in meine Nähe getreten. Der stille Mo=
nolog hatte sich in ein lebhaftes Gespräch verwandelt; fremde und eigene
Aufgaben wurden von mir und den Freunden aufgestellt und gemein=
schaftlich gelöst .... Natur und Geschichte hatten eine andere Bedeu=
tung erhalten, Klänge aus der Vergangenheit, Ereignisse und Lehren,
Poesie und Kunst verrieten mir Geheimnisse, die ich früher nicht ahnte;
selbst die geselligen Verhältnisse, die Personen der nächsten Umgebung
erhielten einen fremden Glanz und schienen mir aus der bis dahin ver=
borgenen Welt hervorzutreten, die sich wunderbar für mich aufzuschließen
versprach. Ja, es war eine Zeit warmer, reicher Begeisterung, und ich
war gewiß nicht der einzige Enthusiast dieser Tage, aber den Fremden,
aus fernen Gegenden mit Gewalt Herbeigezogenen mußten diese Tage
mit ihrem plötzlichen Licht mächtiger aufregen, heftiger bewegen."

Der Organisator des neuen Bundes war Aug. Wilhelm Schlegel, aber
der feurige Odem saß in seinem Bruder Friedrich. Schleiermacher gibt
uns einmal dessen Äußeres: „Eine nicht eben zierlich und voll, aber doch
stark und gesund gebaute Figur, ein sehr charakteristischer Kopf, ein
blasses Gesicht, sehr dunkles, rund um den Kopf kurz abgeschnittenes,
ungepudertes und ungekräuseltes Haar und ein ziemlich uneleganter,
aber doch feiner und gentlemanmäßiger Anzug." Und der Freund rühmt

auch seine ausgebreiteten Kenntnisse, seinen originellen Geist, der alles Berlinische weit überragte, dazu die Natürlichkeit, Offenheit und kindliche Jugendlichkeit seines Wesens, die Verbindung von Witz und Unbefangenheit, die ihn zur angenehmsten Erscheinung in jeder Gesellschaft machte. „Etwas leichtfertig“, sagt er dann weiter, „war er, ein tödlicher Feind aller Formen und Plackereien, heftig in seinen Wünschen

und Neigungen, allgemein wohlwollend, aber auch wie Kinder oft zu sein pflegen, etwas argwöhnisch und von mancherlei Antipathien.“

Alle, wie sie nun da in Jena im Jahre 1799 beisammen waren, waren jung, und das gab ihnen das Sieghafte. Mit zweiunddreißig Jahren war Wilhelm Schlegel der älteste. Novalis und Friedrich Schlegel waren siebenundzwanzig Jahre alt; Tieck war noch jünger, und der allerjüngste war mit vierundzwanzig Jahren der Professor Schelling. Und wo so viel Jugend war, sprühte es von Geist. Wie die Raketen

182

stiegen die Gedanken und schillerten im berauschenden Farbenspiel. Mit seiner lebendigen Wechselwirkung der einzelnen Glieder bietet der Romantikerkreis eins der reizendsten Bilder der deutschen Literaturgeschichte. Wie viele flüchtige und dauernde Werte und Werke hat Jena damals schaffen sehen!

Es ging so edel und gemessen zu in der deutschen Dichtung, und so

Bildnis von Aug. Wilhelm Schlegel (1767—1845) Kpfr. von G. Zumpe

weihevoll läuteten die Glocken und friedlich, seit Goethe und Schiller als die beiden Machthaber mit ausgeglichenen Rechten sich das Land geteilt hatten. Und Wilhelm Schlegel, der eben mit seinen prächtigen Übersetzungen die Universalherrschaft des deutschen Geistes weiter trug, fand zu gleicher Zeit doch seine Genugtuung darin, ein Vermittler zwischen seiner Nation und ihren eigenen Klassikern zu werden. Allein diese Tendenzen zerrissen, als sein Bruder, ungleich anspruchsvoller und rücksichtsloser, sich zu ihm stellte. Der hatte Schillers Musenalmanach für das Jahr 1798 ohne Heiligenscheu mit journalistischer Hitze rezensiert; und Schiller, des Überfalles ungewohnt und durch den Witz tief verletzt, hatte nicht Humor oder Ironie genug, um seinen Ärger hinunterzuschlucken. Er wehrte sich gegen Friedrich Schlegel mit seinen Xenien / und das war sein gutes Recht; er stieß aber auch gegen den älteren Bruder, der unschuldig war, aus und schrieb ihm einen Absagebrief, der sehr peinlich von pekuniären Erwägungen ausging / und das war nicht Schillerisch. Den Laffen pflegte Schiller verächtlich seinen Gegner zu nennen; aber es schmeckte giftiger und galliger, wenn dieser ihn dafür als den bleiernen, moralischen Schiller bezeichnete, oder wenn er sagte: „Er ist ein guter Kantianer, aber ein kleiner Geist, ein bloßer Anempfinder, ein regressiver Sentimentalist." Über das Lied von der Glocke hat er laut gelacht, und dann hat er den Dichter fortan in seinen Rezensionen und Kritiken absichtlich übergangen, als könnte er ihn damit totschweigen. Als er gelegentlich einmal die größten deutschen Dichter und Denker aufzählte, waren das Kepler, Dürer, Luther, Jakob Böhme, Lessing, Winckelmann, Goethe und Fichte. An den Platz, wo er Schillers Namen ausließ, hätte er am liebsten seinen Freund Tieck gesetzt. Gegen dessen Genoveva schien ihm die Jungfrau von Orleans nur ein matter Nachklang.

Die starke Abneigung der Romantiker gegen Schiller hatte ursprünglich nichts Persönliches. Sie entsprach durchaus ihrem Empfinden und war ein Punkt ihres negativen Programms. Die äußere Gestaltung der dichterischen Charaktere, das gewissermaßen Körperliche der Dichtungen, ließen sie absichtlich zerrinnen und suchten das Innerliche in jeder Erscheinung. Da mußte Schiller ihr markierter Feind werden. Aus Kampf aber wird immer Neues geboren, ob er mit der Streitaxt geführt wird oder im Kabinett.

So bewußt sich die Romantiker von Schiller abkehrten, so stark beanspruchten sie Goethe als ihren Dichter. Wirklich haben sie das Menschliche seiner Kunst, das Innenbewußtsein seiner Menschen mit so feinen und verwandten Organen ergriffen, wie niemand sonst. Er war ihr Gott, den sie im dionysischen Reigentanz umschwärmten, vor dessen Richterantlitz sie sich niederwarfen, dessen Religion sie mit Priesterschritten durchs Land trugen. Den Wilhelm Meister haben sie zusammen mit der Fichteschen Wissenschaftslehre und der französischen Revolution zu einer heiligen Dreiheit zusammengestellt. Schöneres und Wahreres

184

als das, was der eine Schlegel über Hermann und Dorothea und der
andere über Wilhelm Meister geschrieben hat, gibt es auch heute noch
nicht, und wir sehen noch immer unseren Dichter mit den Augen, mit
denen ihn die Romantiker zuerst gesehen haben. An einem Herbsttage
ging die ganze Schar im Paradiese an der Saale spazieren. Da kam
„die alte göttliche Exzellenz“ vom Berge herab. Und er tat nicht fremd,
höflich knüpfte er mit ihnen an, und besonders machte er an Friedrich
Schlegel „ein recht auszeichnendes Gesicht“, wie er ihn grüßte. Auch
gegen Dorothea Veit, die uns davon erzählt, war er freundlich und
lieblich und ungezwungen. Als gewandte Frau wußte sie ihn sofort
richtig zu nehmen; sie fragte ihn über die reißenden Strömungen in der
Saale, und da war er gleich in gutem Fahrwasser. Der Engländer
Robinson traf einst in einer Gesellschaft bei Goethe auch Wilhelm
Schlegel; während aber sich Goethes Gespräch so anspruchslos wie nur
möglich bewegte und doch jedes Wort eine denkwürdige Bedeutsamkeit
ahnen ließ und gelassene Stärke zeigte, haschte Schlegel, um sich zur
Geltung zu bringen, ersichtlich nach Wortspielen und suchte seine Bemerkungen zu epigrammatischen Spitzen zu schleifen.

Aus der Zuneigung zu Goethe und der Abneigung gegen Schiller
entwickelte sich das Programm der Romantiker, das wohl im Gegensatz
zum Klassizismus zu stehen scheint, aber ihn doch eigentlich ergänzen
soll. Ein Polygon mit unzähligen Seiten ist die Romantik. Sie ist eine
Renaissance des Mittelalters und ein Wiederfinden der Frührenaissance;
ist eine Erlösung des germanischen Geistes; ist Nationalität und Uni-
versalität; ist nicht kühle Reflexion, sondern Sinnlichkeit, Natur, Subjektivismus; ist nicht Leidenschaft und trotzige Kraft, sondern Phantasie,
Seele, Gefühl; ist nicht heller Tag, sondern Dämmerung, Mystik, Sehnen,
Glauben, Hoffen; nicht Plastik, sondern bunte Miniatur und ornamen-
tale Formensprache. Die verwunschenen Schätze der mittelalterlichen
Poesie will sie heben, den Jungbrunnen der schlichten alten Volkslieder
wieder sprudeln lassen. Die Schönheit des deutschen Landes, das Rauschen des Waldes, das Weben der mondbeglänzten Zaubernacht kündet
sie mit brünstiger Andacht. Das ästhetische Ziel drückt Friedrich Schlegel
so aus: „Die romantische Poesie ist eine progressive Universalpoesie.
Ihre Bestimmung ist nicht bloß, alle getrennten Gattungen der Poesie
wieder zu vereinigen und die Poesie mit der Philosophie und der Rhetorik
in Berührung zu setzen; sie will und soll auch Poesie und Prosa, Genia-

litär und Kritik, Kunstpoesie und Naturpoesie bald vermischen, bald
verschmelzen."

Im Beginn des Jahres 1798 gingen Schillers „Horen" ein. Und
gleich sprang das neue Journal der Gebrüder Schlegel in die Bresche,
mit dem sie sich zu Herren der Situation zu machen suchten: „Das
Athenäum". Als ihren Grundsatz gaben sie aus, was ihnen für Wahr=
heit galt, stets ganz und niemals aus Rücksichten halb zu sagen. Schleier=
macher, Tieck, Novalis waren Mitarbeiter. Goethe erkannte das pole=
mische Verdienst an und fand die ernste Absicht und den gründlichen
Eifer heraus; Schiller aber schrieb: „Mir macht diese naseweise, ent=
scheidende, schneidende und einseitige Manier physisch wehe."

Was die neue Zeitschrift vor allen anderen voraus hatte, war das,
daß sie modern war, daß sie keinen bürgerlichen Mittagstisch versetzte,
aber den Feinschmeckern Delikatessen. Wie heute die „Jugend" und der
„Simplizissimus" hat sie einst in alte Verschanzungen eingeschlagen.
Sie war ihnen auch in dem Geiste ähnlich, der vor keiner Größe den
Hut abzieht, und auch in der Form, die das Aphoristische, Fragmen=
tarische, Paradoxe bevorzugt. Gediegen war stets, was Wilhelm Schlegel,
stachelig, was Friedrich sprach. Wie ein Igel, sagt er selbst, waren seine
Einfälle, abgesondert gegen die Außenwelt, gegen die sie sich mit Stacheln
wehrten, und innen ein Reich für sich, wohnlich und schön. Randglossen
zu Briefen gelangen ihm nach dem Urteil des älteren Bruders weit
besser als ganze Briefe, Fragmente besser als Abhandlungen, selbst=
geprägte Wörter besser als Fragmente. „Er war ein Mensch, der un=
aufhörlich seine inneren Reichtümer in allerlei Ungestalten von sich gab
und doch einen auf der Treppe verlorenen Gedanken mit unsäglichem
Kummer wie eine Stecknadel suchte." Etwas, das an Nietzsche erinnert,
kehrt er bisweilen in seinem ganzen Wesen hervor. In seinen jugend=
lichen Schriften braust es vor lauter Jugendlust und Kampfesmut; „sie
streben dem Unendlichen zu und haben einen weiten, freien, vom Staube
der Vorurteile reinen Blick; sie wollen Liebe, Freundschaft, Ehe, Bildung
und Dichtung, Religion und Philosophie veredeln, alles Tiefe und Große
im Leben miteinander verbinden und aus dieser Vereinigung ein neues,
wunderbar erhöhtes Leben schaffen; sie rütteln den Menschen auf, indem
sie in Witz und Zorn, in Ironie und Leidenschaft diesem stolzen und
hohen Sehnen die Götzen und die Moral der Mode, die ganze Be=
schränktheit der Gegenwart gegenüberstellen". „Du bist der Opfer=

priester von Eleusis gewesen", konnte Novalis zu Friedrich Schlegel
sagen, „ich habe durch dich Himmel und Erde kennen gelernt."

Gerne möchte man wissen, wie viel von solchem Enthusiasmus hinüber-
strömte in die Herzen der studentischen Jugend. Und davon gibt einer
Zeugnis, der damals jenenser Bursche war, Johann Georg Rist. Er
schreibt: „Es war ein Drängen und Treiben wie im Frühling; eine
Ahnung geistiger Übermacht, auch wohl deutscher Vorzüglichkeit fing
an sich zu regen. Es war, als gewönnen die bleichen Gestalten der Vor-
zeit, die man vermessen so oft heraufbeschworen, um sie nach herkömm-
licher Vorzeigung wieder abtreten zu lassen, frische Farbe, als dränge
Mark in ihre Glieder .... Wann wird man so edle, reine Begeisterung
wieder sehen, wie damals in den Herzen der unverdorbten Jünglinge,
die aus Träumen zu erwachen glaubten und Lichterscheinungen vor sich
zu sehen, deren Glanz sie mit dem eigenen besten Blut zu nähren sich
sehnten! .... Es trat eine jugendliche, poetisch-ästhetische Begeisterung
in die von Gegensätzen bereits aufgewühlte Zeit; sie wirkte hier und da
versöhnend, rettend, oft irreleitend, nicht selten empfängliche, doch be-
schränkte Naturen von Grund aus zerrüttend. An der Stirne trug sie
die Lehre, alles Schöne sei gut und gut nur das Schöne; in ihrem Kern
ein vornehmes Selbstbewußtsein der Gottähnlichkeit, dem Hochmut nahe
verwandt."

Die Romantiker saßen in der jenenser Gesellschaft wie eine Sezession. Und diese erhielt das Absonderliche in der Form nicht zum min-
desten durch die Teilnahme der Frauen. Ein belebender Luftzug, der
überall kleine Flammen aufschlagen ließ, kam mit ihnen hinein. Ihr
körperlicher Liebreiz machte nun das Beisammensein nicht gleich zu
galanten Festen; sie waren von starkem Geist, und für sie hatte Schleiermacher in seinem Katechismus edler Frauen das zehnte Gebot geschrieben: „Laß dich gelüsten nach der Männer Bildung, Kunst, Weisheit und Ehre!" Auch hier lag etwas kulturgeschichtlich Neues.

Man könnte den Kreis der Romantiker, so lange er in Jena weilte,
auch den Kreis um Karoline nennen, / so hielt mit geschmeidigen Händen diese tätige kleine Frau die unbändigen Genies am Bande. An
Erlebnissen reicher, an Jahren älter als die Männer. Was hatte sich
ihr nicht schon alles in den Weg geworfen! Im Jahre 1788 hatte sie
ihren ersten Mann, den Bergmedikus Böhmer in Klausthal, verloren.
Da lernte Wilhelm Schlegel sie kennen, aber sie wies seine Liebe ab.

„Schlegel und ich! Ich lache, indem ich es schreibe. Nein, das ist sicher /
aus uns wird nichts": so dachte sie damals. Die merkwürdige Frau,
die die Müßigkeit nicht vertragen konnte, entflammte für die Völker-
freiheit. Nicht als wortlustige Schwärmerin. Sie eilte nach Mainz,
wo ihr Freund Georg Forster mit den Klubisten die Rheinische Republik
erklärt hatte. Der Bau brach gar bald zusammen. Karoline geriet in
Gefangenschaft und Elend, angeklagt wegen jakobinischer Umtriebe und
verlassen von einem Unwürdigen und Unbekannten, dem sie sich unnach-
denklich hingegeben hatte. Sie war groß darin, wie sie alle Konsequenzen
ihres Handelns nahm. Ritterlich nahte sich jetzt Wilhelm Schlegel
wieder; er half sie befreien; er sorgte für sie aus der Ferne, während
sie in Lucka bei Leipzig dem Kinde eines Verführers das Leben gab.
Damals ist sein Bruder Friedrich sein Vertrauter und in seinem Auftrage ihr Schützer und Berater gewesen. Ein wunderbar verklärtes
Bild hat er später von ihr in seiner „Lucinde" gemalt: „In ihrem
Wesen lag jede Hoheit und jede Zierlichkeit, die der weiblichen Natur
eigen sein kann; jede Gottähnlichkeit und jede Unart, aber alles war
fein, gebildet und weiblich ... Sie konnte in derselben Stunde irgend eine
komische Albernheit mit dem Mutwillen und der Feinheit einer gebildeten
Schauspielerin nachahmen und ein erhabenes Gedicht verlesen mit der
hinreißenden Würde eines kunstlosen Gesanges. Bald wollte sie in Gesellschaft glänzen und tändeln, bald war sie ganz Begeisterung, und
bald half sie mit Rat und Tat, ernst, bescheiden und freundlich wie
eine zärtliche Mutter. Eine geringe Begebenheit ward durch ihre Art,
sie zu erzählen, so reizend wie ein schönes Märchen. Alles umgab sie
mit Gefühl und Witz; sie hatte Sinn für alles, und alles kam veredelt
aus ihrer bildenden Hand und von ihren süß redenden Lippen. Nichts
Gutes und Großes war zu heilig oder zu allgemein für ihre leidenschaftliche Teilnahme. Sie vernahm jede Andeutung, und sie erwiderte auch
die Frage, welche nicht gesagt war. Es war nicht möglich, Reden mit
ihr zu halten; es wurden von selbst Gespräche, und während des
steigenden Interesses spielte auf ihrem freien Gesichte eine immer neue
Musik von geistvollen Blicken und lieblichen Mienen .... Wer sie nur
von dieser Seite kannte, hätte denken können, sie sei nur liebenswürdig,
sie würde als Schauspielerin bezaubern müssen, und ihren geflügelten
Worten fehle nur Maß und Reim, um zarte Poesie zu werden. Und
doch zeigte eben diese Frau bei jeder großen Gelegenheit Mut und Kraft

188

Bildnis von
Karoline
(1763—1809)

Kpfr. von
A. Weger

zum Erstaunen, und das war auch der hohe Gesichtspunkt, aus dem sie
den Wert der Menschen beurteilte ...."

Eine Frau, wie Karoline, war leicht zu erkennen, aber schwer einzu=
reihen. Alle Eigenschaften, gute und schlimme, lagen bei ihr offen zu Tage,
von keiner Retusche geschwächt. Man mochte sie bisweilen für klein,
man mußte sie oft für groß halten; aber immer war sie etwas Ganzes
und daher den anderen überlegen. Das Exzentrische und Extravagante
des Feminismus war ihr weit fern.

Frauen sind, sobald sie hervortreten, leicht übler Nachrede preis=
gegeben. Auch Schiller sah Karoline nicht richtig. Er glaubte in Friedrich
Schlegels Bitterkeit ihre Zutat zu schmecken und nannte sie „das Übel"
und prägte das Wort „Dame Luzifer". Goethe sah sie mit klareren
Augen; er empfand ihre in sich so abgeschlossene Natur angenehm. Und
wer heute ihre Briefe liest, spürt noch wie einen Duft vergilbter Rosen=
blätter all das Persönliche, ihr Vertrauen zu dem sicheren Gefühl ihres
Herzens, ihre über alle Klatschsucht erhabene Ruhe, ihren Scherz, der so
anmutig sein kann und der nie versagt. Karoline war keine Nymphe;
aber Friedrich sagte, sie habe die Seele der Seele: die Liebe, das Talent
zur Liebe, mit dem sie jede Entfremdung überbrücken könnte, wenn sie
wollte.

Entzückend sieht sie auf dem Brustbilde aus, das wir von ihr haben.
Ein ganz fein geformtes Köpfchen; träumend und schalkhaft und klug
zugleich. Locken fallen, nur von einem farbigen Bande oben gehalten,
auf die Schultern. Um den Hals trägt sie ein seidenes Tüchelchen. Das
Empirekleid läßt die Brust offen. Ein gestreiftes Schultertuch legt sich
darüber.

Als sie Wilhelm Schlegels Bewerbung endlich annahm, war Dank=
barkeit ihre Hingebung; sie wurde sich untreu. Er war nicht ihr Herr,
nie. So hat sie erst später die rechte Liebe als Schellings Frau geben
können, dessen sicherer Kraft sie sich unterwerfen mußte. Goethe selbst
hat die Scheidung befürwortet. Ihre Jugendlichkeit hat sich Karoline
immer bewahrt. Und wenn die seltene Frau noch einer Rechtfertigung
bedürfte, so würden die Worte genügen, die Schelling nach ihrem Tode
sprach: „Die ganze letzte Zeit war sie lieblicher und sanfter denn je;
ihr ganzes Wesen war in Süßigkeit aufgelöst ...." „In je größere
Ferne sie mir tritt, desto lebhafter fühle ich ihren Verlust; sie war ein
eigenes, einziges Wesen; man mußte sie ganz oder garnicht lieben ...."

Die Gewalt, das Herz im Mittelpunkt zu treffen, behielt sie bis ans
Ende. Wir waren durch die heiligsten Bande vereinigt, im höchsten
Schmerz und im tiefsten Unglück einander treu geblieben. / Alle Wunden
bluten neu, seit sie von meiner Seite gerissen ist. Wäre sie mir nicht
gewesen, was sie war, ich müßte als Mensch sie beweinen, trauern, daß
dies Meisterstück der Geister nicht mehr ist, dies seltene Weib von männ-
licher Seelengröße, von dem schärfsten Geist mit der Weichheit des weib-
lichsten, zartesten, liebevollsten Herzens vereinigt. O, etwas der Art
kommt nie wieder!"

Karoline hatte über Wilhelm Schlegel hinweggesehen. Wie oft hatte
sie sich geärgert, wenn sie seine kleinen Eitelkeiten wahrnahm, die Art,
wie er seine Aperçus ins Gespräch flocht oder seinen Witz paradieren
ließ. Auch in seiner äußeren Haltung war er ihr zu „allerliebst geputzt
und gesalbt" erschienen, zu korrekt, zu viel Zeit mit „Waschen, Kämmen
und Kokettieren verschwendend". Dafür wurde nun sein Bruder Friedrich
von seiner Frau verhätschelt. Die war ein ganz anderes Blut: Dorothea
Veit, die Gattin eines Bankiers, die Tochter Moses Mendelssohns,
also aus dem Cercle jener temperamentvollen Jüdinnen, die in der Berliner Gesellschaft zuerst den ästhetisierenden Ton anschlugen. Bei Hen-
riette Herz hatte sie Friedrich 1798 zuerst gesehen, und sie hatte sich
ihm zuliebe scheiden lassen. In Jena lebten sie jetzt miteinander unbedenklich im Hause Wilhelms, „wie die Patriarchen". Erst 1802 ließen
sie sich trauen. Ihr Witz, der oft geistvoller schien, als er war, zog ihn
an, und das Harte, das sie hatte und das sich in den teilweise starken,
männlichen Zügen ihres Gesichtes ausdrückte, stieß ihn nicht ab. Er
versicherte, daß er das Göttliche lieber zu hart als zu zierlich möge, und
daß es ihn an der Geliebten nicht irre. Die Androgyne hatte er in ihr
gefunden, den Ganzmenschen, in dem Männlichkeit und Weiblichkeit zu
einer Einheit zusammenfließen. Sie war, nach seinen Worten, sehr einfach
und hatte für nichts in und außer der Welt Sinn als für Liebe, Musik,
Witz und Philosophie .... „In ihren Armen habe ich meine Jugend
wiedergefunden, und ich kann sie mir jetzt garnicht aus meinem Leben
wegdenken." Dorothea war eher häßlich als schön; auch um sieben Jahre
älter als ihr Mann. Fichte und Schleiermacher haben sie besonders ge-
schätzt. Sie war immer heiter und offen, dabei praktisch im Handeln und
gewandt im Mitarbeiten mit ihrem Mann. Nie wollte sie über ihm stehen;
sie hatte das Talent des Sichunterordnens. Unwirtschaftlich und selbst-

süchtig wie er war, nahm er ihre Stütze. Und der Bequeme wurde fortan immer bequemer und animalischer. Und wie sein Doppelkinn immer runder wurde, wurde sein Geist immer gesättigter von Ideen und Ideen, und immer unfähiger, dieser Ideenmasse zu einem Leben zu verhelfen. Nicht ungeschickt hat Dorothea seine Schwerbeweglichkeit gekennzeichnet, wenn sie sagte, er sei, was die Orgel unter den Instrumenten, die Orchideenblüte unter den Blumen, die Pfirsiche unter den Früchten. Doch dies Hingleiten zu der „immer stumpfer werdenden Behäbigkeit eines Haremsweibes" lag noch nicht in seiner jenenser Zeit.

Am Löbdergraben neben dem roten Turm haben die Schlegels gewohnt. Gastlich standen die Türen auf. Wie eine große Familie fühlten sich hier die Romantiker, und am liebsten hätten sie als eine freie Lebensgemeinschaft alle unter einem Dache gehaust.

Es bedurfte das Geschlecht, das so reich an eigener Stimmung war, noch nicht der Inspiration einer anspruchsvollen Interieurstimmung. Nüchtern, ohne künstlerische Farbenempfindung boten sich die Zimmer mit ihrem kalten, hellen Kalkanstrich, von dem die kleinen schwarzen Silhouetten blickten. An den Fenstern hingen die sauberen Mullvorhänge. Die Möbel, aus gelblichem Kirschholz oder, wenn sie kostbarer waren, aus rotem Mahagoni mit Bronzebeschlägen, waren von einer gespreizten Behaglichkeit. Auf der bauchigen Kommode, die noch vom Rokoko sprach, tickte die Standuhr zwischen Alabastersäulchen. Das Schreibkabinett am Fenster mit seiner feinen Holzfournierung wies auf klassizistischen Geschmack, wie auch die Servante, hinter deren Glasscheiben das bunte Porzellan geordnet war. Auf der Sofabank lagen perlengestickte Kissen. Der große runde Tisch ruhte schwer auf einer dicken Säule. Um ihn standen die Stühle; ihr Sitz war mit gestreiftem Stoff überzogen, und ihre Rückenlehnen zeigten zierlich gesetzte Stabmuster.

Karoline, die sich am gewandtesten der Häuslichkeit befleißigen kann, bereitet den Tee. Die Herren halten die Tabaksdose. Es sind keine Seigneurs der Mode. Mag alles, was man in Jena denkt und dichtet, Gesetzeskraft haben in deutschen Landen, / die Mode wird von hier aus nicht beeinflußt. Aber drüben in Weimar erscheint Bertuchs „Journal des Luxus und der Mode", die erste deutsche Modenzeitung. Daß Schiller sich wunderlich kleidete, fiel jedem Fremden auf. Auch die Romantiker halten nichts mehr vom Zopf und Puder; sie streichen das Haar wild zu-

rück, wie die Libertins und Sauvages, oder gehen à la Titus frisiert oder
lassen nach Novalis' Art die Locken sich sanft über den Kragen ringeln.
Statt des Dreispitzes tragen sie den hohen Filzhut und um den gereckten
Hals die Binde der Incroyables. Wilhelm Schlegel kleidet sich mit stu-
dierter Sorgfalt, und er wählt, wie Goethe, den braunroten Überrock
und die schwarzseidenen Beinkleider bis zum Knie. Ein anderer, der als
Danton gelten will, liebt die langen Hosen. Man will nicht den Luxus,
man verwirft alle die brodierten Westen, die blitzenden Schuhschnallen,
goldenen Knöpfe, Spitzenjabots und Spitzenmanschetten. So ganz bescheiden pflegte selbst Humboldt sein Äußeres, daß er in Jena in der Gesellschaft nach dem Mittagessen stets gleich seinen Staatsrock auszog, ehe
er sich mit den anderen an den Kaffeetisch setzte.

Auch den Frauen erscheint die Simplizität als das Reizendste. Und
die Einfachheit tritt bisweilen prätentiös auf. Die Revolution hat ihnen
das antike, rhythmisch wallende weiße Gewand gebracht; nur um die hohe
Taille schlingen sie gerne ein farbiges Band. Sie wollen keinen Schmuck
mehr um den Hals, auch nicht in den Ohren und in dem natürlich geordneten Haar.

Wie ein entzückender zarter Hausgeist stand hier zwischen den Männern und den Frauen Auguste Böhmer, die Tochter Karolines aus der
ersten Ehe. Sie war die Verkörperung der romantischen Poesie, das
weibliche Gegenbild zu dem Jüngling Novalis / „die Jugend in der
Jugend, Lieb' in Liebe, Natur in der Natur, Gottheit der Götter".
1799 war sie kaum vierzehn Jahre alt. Tischbein hat ihr liebliches Gesicht gemalt, schlank und hell; und man mag nun gerne in diesen feinen
Zügen alles lesen, was wir von ihr wissen / ihre mädchenhafte Schüch-
ternheit; die schwärmerische Innigkeit, wenn sie die Augen niederschlug;
und dann, wenn sie sie aufschlug, die übermütige Ausgelassenheit des
Wildfangs. Am liebsten spielte sie noch und lachte, ganz Kind. Und doch
las sie so eifrig griechisch und italienisch und konnte mit den Männern
so ernsthaft und verständig über das Faustfragment und über Nathan
sprechen. Sie hörten aber wohl noch lieber den Wohllaut ihrer Stimme,
wenn sie sang. Am begierigsten Schelling, der immer, wenn er mit der
Mutter Dantes Verse las, von seinem Buche zu der Tochter hinüberblicken
mußte. Seine Beatrice war sie dann, bis Karoline seine Leidenschaft
für sich nahm. An der Schwelle des Lebens hat das Mädchen bald
umkehren müssen, wie Novalis.

Über den Weltenprospekt zog brüllender Völkerkampf, wie dürres
Holz zersplitterten alte Reiche / in dem kleinen Jena störte das alles das
Wilhelm-Meister-Dasein nicht. Aber eine Schlacht zwischen dem Alten
und dem Neuen ward auch hier gefochten. „Die Poesie ist das Höchste
und Letzte" rief Schelling, der 1799 das System seiner Naturphilosophie
baute. Wilhelm Schlegel stand auf dem Katheder; zu Hause übersetzte
er, dichtete er. Tieck vollendete mit schnellem Wurf seine Genoveva. Novalis' dichterische Kraft setzte wieder gewaltig ein; er trug sich mit sei-

Bildnis von
Auguste
Böhmer
(1785—1800)
Kpfr. von
A. Weger
nach einem
Gemälde von
Tischbein

nem „Heinrich von Ofterdingen". Dorothea schrieb ihren Roman „Flo-
rentin". Und Friedrich Schlegel konnte vor lauter Dichten und Denken
nicht zum Bilden und Schaffen kommen. Ganz wie der junge Bursch
das schönste, erste Semester mit Bewußtsein vertändelt, pries er die
göttliche Kunst des Müßigganges: „O Müßiggang, Müßiggang! Dich
atmen die Seligen, und selig ist, wer dich hat und hegt, du heiliges
Kleinod! Einziges Fragment von Gottähnlichkeit, das uns noch aus
dem Paradiese blieb . . . . Der Fleiß und der Nutzen sind die Todes-

194

engel mit dem feurigen Schwert, welche dem Menschen die Rückkehr ins
Paradies verwehren.“

Merkwürdig, eher kam einmal den Frauen als einem der Männer
der Gedanke, wie phäakenhaft doch eigentlich den Poeten und Ästhe-
tikern hier der Tag dahinglitt, indes draußen das Genie der Tat die
große Weltgeschichte machte. Karoline erzählte einst ihrer Tochter von
dem, was es in der Poesie Neues gab; plötzlich unterbrach sie sich: „doch
diese Händel gehen dich nichts an, die Russen und Bonaparte aber sehr
viel.“ Und Dorothea rief einmal zu Schleiermacher: „Ihr revolutio-
nären Menschen müßtet erst mit Gut und Blut fechten, dann könntet
ihr, um auszuruhen, schreiben wie Götz von Berlichingen seine Lebens-
geschichte!“

Heute saß die Gesellschaft und hörte das Konzert des blinden Flöten-
spielers Dülon aus Petersburg; morgen reiste sie in schwerfälligen
Chaisen nach Weimar hinüber, um die erste Aufführung der Piccolo-
mini zu sehen. Denn an diesem Wallenstein war ganz Jena interessiert,
mit einem gewissen Stolz / war das Drama doch in ihrer Mitte entstanden! „Die Familien der Professoren“, sagt Heinrich Steffens,
„sorgten mit der größten Mühe schon bei der ersten Nachricht von der
bevorstehenden Aufführung für Plätze. Man hörte in der ganzen Stadt
von nichts anderem sprechen. Frauen und Töchter intrigierten gegeneinander, um sich wechselseitig zu verdrängen; wer einen Platz erhalten
hatte, pries sich glücklich. Es entstanden aber auch Feindschaften, die
später nicht ohne Folgen waren.“

An einem anderen Tage führte man selbst daheim Theaterstücke auf.
Einmal war es Goethes Stella, und Karoline spielte die Rolle der
Cäcilie. Ein andermal nahm man Iphigenie, und die las sie noch herrlicher; man hörte es an dem Klingen ihrer Stimme, wie tief sie in die
Dichtung drang. Friedrich schrieb an Auguste: „Wenn Du wieder da
bist, wollen wir auch etwas agieren, etwas, wie das Stück, von dem Du
schreibst. Du machst die schöne, aber treulose Angelina, Tieck den kleinen
beglückten Schäfer Medoro, Schelling den rasenden Paladin, Orlando
den Wütigen, ich Kaiser Karl den Großen und Wilhelm den edlen Vet-
ter Rinaldos von Montalban.“

An einem ernster gestimmten Tage haft sich das Gespräch in die Naturwissenschaft ein. Alle sind ihr zugetan, die ihnen neue Welten er-
schließt. Novalis adelt mit seinem reichen Geist sich seinen bürgerlichen
13*

Beruf und baut mit seiner Dichtersprache geologische Hypothesen. Wie ein Hymnus klingt an, was er über die Mathematik sagt: „Das Leben der Götter ist Mathematik" oder „Reine Mathematik ist Religion". Leidenschaftlich ist der Eifer für die junge Wissenschaft der Elektrizität. Eben erzählt Steffens, wie er sich neulich aus den Talerstücken seiner heimatlichen Geldsendung eine Voltaische Säule konstruiert habe, und gleich

müssen die Damen und die Herren zu ihm kommen, sie anzusehen. Dann zeigt ihnen der stille Ritter, wie Galvani die elektrischen Zuckungen der abgehäuteten Froschschenkel fand. Man disputiert über Goethes Pflanzenmetamorphose, über Priestleys Entdeckung des Sauerstoffgases, über Lavoisiers Verbrennungstheorie, über Werners geognostische Ansichten und Cuviers vergleichende Anatomie, aber auch über Lavaters Physiognomik und Galls Schädellehre.

196

Und es ist ein anderer Tag; da ist der kleine gelbliche Gries mit den schwarzen Augen, der so schwer hört, aus seinem altjüngferlichen Stübchen herabgekommen. Er hat gerade seine Tassoübersetzung beendet und er liest nun in seinem bescheidenen Glück daraus vor.

Dann gibt Wilhelm Schlegel ein neues Stück seiner Shakespeareübersetzung. Er rezitiert gut; aber Tieck weiß mit vollendeter Künstlerschaft zu lesen. Das sagen alle, namentlich wenn er seinen Liebling Holberg vornimmt. Und er versteht es auch, famos zu improvisieren. Er erdichtet einmal über ein Thema, das die Gesellschaft ihm stellt, fast ohne Besinnen ein ganzes Theaterstück und führt es sogleich auf, indem er sämtliche Rollen allein übernimmt.

Nicht müde wird man, über Wilhelm Meister zu sprechen; allein es trägt jeder doch dabei seinen eigenen Roman im Kopfe und flechtet in dies bunte Gewebe die Gestalten, die da um ihn herum im Kreise sitzen und schwärmen.

In seinen Bewegungen ist Steffens der lebendigste. Wie ein sinnender Priester sitzt gegenüber Friedrich Schlegel und umfaßt mit Daumen und Zeigefinger seine Stirn, läßt dann die beiden Finger einander nahekommen und bewegt sie langsam am Rücken der Nase herunter und über die Nasenspitze hinaus in die Luft. In dem Moment kommt die Malice heraus, so drastisch, daß Karoline und Dorothea vor Lachen beinahe auf der Erde liegen. Seine Aperçus sind Signalschüsse. Nun schwirrt das Pfeilgefecht der spitzen Witze. Einst ist Karolines Mutter dabei, eine würdige Haubenmatrone. Verwundert hört sie eine Weile auf das tolle Zeug, das Gemisch von Tiefsinnigem und Groteskem; ihre Augen werden immer runder; da steht sie rauschend vom Sofa auf und geht kopfschüttelnd zur Türe; sie kann den „vielen Witz“ nicht vertragen, erklärt sie. Hätte sie erst gehört, wie Wilhelm seine Parodie auf „Die Würde der Frauen“ deklamierte:

<blockquote>
„Ehret die Frauen, sie stricken die Strümpfe,
Wollig und warm, zu durchwaten die Sümpfe,
Flicken zerrissene Pantalons aus.
Kochen den Männern die kräftigen Suppen,
Putzen den Kindern die niedlichen Puppen,
Halten mit mäßigem Wochengeld Haus.“
</blockquote>

In einem Briefe Dorotheas, der aus Jena geschrieben ist, steht: „Ich werde alle Tage klüger und geschickter. Wer es aber bei diesen und mit diesen Menschen nicht werden sollte, müßte von Stein und Eisen sein. Ein solches ewiges Konzert von Witz und Poesie, von Kunst und Wissenschaft, wie mich hier umgibt, kann einen die ganze Welt vergessen machen.“

Als Tieck später den fünften Band seiner Schriften dem Freunde Wilhelm widmete, hat er an die goldenen Tage denken müssen, die damals schon neunundzwanzig Jahre zurücklagen: „Jene schöne Zeit in Jena ist, obgleich mich bald die Gicht zum erstenmale dort schmerzhaft heimsuchte, eine der glänzendsten und heitersten Perioden meines Lebens. Du und Dein Bruder Friedrich, Schelling mit uns, wir alle jung und aufstrebend, Novalis-Hardenberg, der oft zu uns herüberkam, diese Geister und ihre vielfältigen Pläne, unsere Aussichten in das Leben, Poesie und Philosophie bildeten gleichsam ununterbrochen ein Fest von Witz, Laune und Philosophie . . . . Soviel Scherz, Kritik, Gelehrsamkeit und Poesie ward ausgesprochen und bestritten, daß kein geistreiches Buch dergleichen wiedergeben oder ersetzen kann.“

Wenn die schönen Frühlingstage kommen! Wie ein seliger Bacchantenzug jauchzen die Gesellen, mit Blumenkränzen umwunden, über die sanften Hügel dahin. Und sinkt die Sonne, so streichelt ihnen die laue Nacht die erhitzten jungen Wangen; und es schwärmt sich so wonnig, wenn die Menschenwelt unter ihren kleinen Dächern im Mondschein unschuldigen Kinderschlaf schläft. Mit dichterischen Sinnen entzücken sie sich an Feld und Flur. Kein Poet hat in Thüringen den Lenz jemals besser gesehen als Dorothea: „Grünsamtene Teppiche die Berge hinan, mit Veilchen, Schlüsselblumen und Primeln gestickt und mit lauter wohlriechenden Kräutern durchwirkt; alle Bäume in der glorreichsten Blüte; Flieder und Maiblumen in dicken Haufen; eine Art Weide, die wie Orangen riecht, steht allenthalben auf allen Wiesen und Bergen. Der lebhaft rauschende Fluß, wie ein Spiegel hell; die Luft warm vom Morgen bis wieder zum Morgen, eine Luft, die sich weich, lau und blau um einen her lagert und auf den Bergen wie eine Decke ruht / so sieht der Frühling in Jena aus.“

Die Abneigung gegen Staatsvorschriften und gegen jene Philistertugend, die nur konventionelle Scheinsittlichkeit ist, / und dagegen die unbevormundete Freiheit des Ich, die Ausnahmestellung des Genies und dann noch das Zusammenfließen von Poesie und Leben, Kunst und Sittlichkeit / das alles ergab die Ethik der Romantiker in Jena. Das Problem der Ehe, wie sie sie dachten, sollte die Erlösung der Frau sein. Die Ehe hingegen, die das bürgerliche Leben zeigte, war ihnen Konkubinat. Sie proklamierten die Liebe als Anziehung selbständiger Charaktere, als in-

198

nige Gemeinschaft innerlich und äußerlich freier und unabhängiger Menschen, als eine Kameradschaft, in der das Sittliche von dem Sinnlichen nicht geschieden ist. Die „Lucinde" sollte dies Mysterium der wahren Lust und Liebe wie einen Gottesdienst verkünden. Schleiermacher hatte in seinen „Vertrauten Briefen" selbst die öffentliche Verteidigung des Buches gegen die Anklage der Frivolität übernommen. Und er hat

Bildnis von Ludwig Tieck (1773—1853) Kpfr.

denn auch in Schlegels Geiste in seinem Frauenkatechismus so gesprochen: „Du sollst keinen Geliebten haben neben ihm; aber Du sollst Freundin sein können, ohne in das Kolorit der Liebe zu spielen und zu kokettieren oder anzubeten!" Und weiter: „Du sollst von den Heiligtümern der Liebe auch nicht das kleinste mißbrauchen; denn die wird ihr zartes Gefühl verlieren, die ihre Gunst entweiht und sich hingibt für Geschenke und Gaben, oder um nur in Ruhe und Frieden Mutter zu werden!"

Und: „Merke auf den Sabbat Deines Herzens, daß Du ihn feierst, und wenn sie Dich halten, so mache Dich frei oder gehe zu Grunde!“

So genialisch auch die Romantiker in ihren Theorien taten, und so sehr auch wohl in ihrem Gebahren die Lust lag, aller Konvention ins Gesicht zu lachen, / Jena war ihnen doch kein Venusberg, und ihre von der französischen Revolution beeinflußte Emanzipation der Sitten war noch weit von skandalöser Liederlichkeit und bedenklicher Dekadenz entfernt. Man tadelt hier nicht, wenn man den Geist begreift. Die Männer und Frauen lebten ja doch schließlich alle in der romantischen Region der Poesie, aus der die Schwindsche Hochzeitsreise stammt.

Frau Fichte hatte einmal ein Gespräch mit der Frau Frommann und verlangte von dieser, daß sie gleich ihr den Verkehr mit den „leichtsinnigen Frauen“ aufgebe. Frau Frommann, die gewiß eine musterhafte Gattin war, entgegnete, daß sie in der Stille ihren eigenen festen Weg gehe, daß sie auch die Lebensanschauungen jener Frauen keineswegs teile, daß sie aber doch für ihre „sonstigen Vorzüge“ nicht blind sei.

Die Romantik feierte in Jena den schönsten Frühling. Frühlingstage sind noch niemandem zu lang geworden. Der Wind kam schnell, der an den Blütenbäumen schüttelte.

Es waren alle so eigenwillige Menschen die Romantiker; sie konnten sich einer Idee nur so lange beugen, als die Feststimmung währte. Eine Republik von lauter Despoten. Aber sie haben sich nicht gegenseitig erwürgt, wie die jenseits des Rheins.

Das Ärgerlichste waren die häuslichen Zerwürfnisse. Zwar die Treue des Brüderpaares konnte nichts scheiden; aber den Frauen war auch im Sonnenschein des Idealismus der hämische Händelgeist nicht erblichen. „Wenn die Dorothea nur jemand totschlagen wollte, ehe ich sterbe!“ schrieb einmal Karoline. Auch der Tod fand den Weg; er nahm die junge Auguste. Die goldige Prinzessin welkte dahin; auf dem kleinen Kirchhof zu Bocklet fand sie schon im Jahre 1800 ihr Grab, und das Grabdenkmal, das Thorwaldsen für sie entwarf, blieb ein Fragment. Im nächsten Jahre ging heiter lächelnd auch Novalis in die Heimat seiner Träume.

Wilhelm Schlegel fand mit seinen ästhetischen Vorlesungen unter den Studenten nicht den enthusiastischen Widerhall, dessen er bedurfte; er verließ am Ende des Sommers 1800 das Katheder für immer. Und da rief denn auch das Parteiblatt, das Athenäum, zum letzten Male zum fröhlichen Jagen. Zugleich ging Tieck.

Friedrich Schlegel suchte auf dem Lehrstuhl den Erfolg, der seinem Bruder entflohen war. Er hielt im Winter 1800 bis 1801 seine Probevorlesung „über den Enthusiasmus oder die Schwärmerei" und kündigte ein Kolleg über die Transzendentalphilosophie an. Wer aus Interesse für den Dichter der Lucinde in seine Vorlesung gelaufen war, blieb bald fort, gelangweilt von den zerrissenen Denkoperationen eines Mannes, dem zum Dozenten nicht weniger als alles fehlte. Und was wollte er gar neben Schelling, der ihn ohne Mühe tot las! „Schlegel ohrfeigte die gesunde Vernunft," sagte einer, der ihn hörte; „er sprach so verworren und mit so schlechtem Witz, daß er jetzt keine Zuhörer mehr bekommt." Mit wenig Ehren räumte er endlich das Katheder.

Im Jahre 1803 ging auch Schelling mit Karoline. Das letzte Reliquienstück der jenenser Romantik blieb der kleine Gries. Er überdauerte selbst den Kriegssturm, der über das verlassene Nest hinfuhr. Steffens fand ihn noch im Jahre 1811 wieder. Schränke, Stühle, Tische, Büsten standen gerade so wie vor langen Jahren. Dieselbe Magd begrüßte den Fremdling, und der Dichter mit dem gelben Teint und den schwarzen Augen saß immer noch auf seinem alten Stuhle, eine einbalsamierte Leiche aus einer schönen lebendigen Zeit.

Die einst im munteren Kreise zu Jena versammelt gewesen waren, gingen über die ganze Welt zerstreut und lehrten alle Heiden. Tragische Erscheinungen waren sie; sie haben die Schlacht verloren und haben doch gesiegt. Sie stehen uns heute wieder ganz nahe. Wir haben uns zu ihnen zurückgearbeitet und fühlen nun an unserem Herzen, wie laut einst das ihre geklopft hat. Was sie in ihren Tagen über die Befreiung der Frau, die Veredelung der Kultur, die Vertiefung des Lebens gesprochen, was sie gedacht und geträumt von einer großen Religion, die über allen kleinen Religionen, von einer großen Wissenschaft, die über allen kleinen Wissenschaften, von einer großen Menschlichkeit, die über allen niederen Vorurteilen und Befangenheiten steht, / das ist auch heute das Sehnen unserer Zeit.

Auch heute ist es ein Kampf gegen das Philistertum. Da bleibt die Jugend nicht daheim; und es gelten noch die Worte, die der Romantiker Achim von Arnim vor hundert Jahren schrieb: „Noch stehen mitten inne als Künstler und Erfinder der neuen Welt die herrlichen Studenten; sie heften die höchsten Blüten ihrer frischen Jahre sich an den bezeichnenden Hut und lassen die farbigen Blätter hinwehen über Berg und Tal und in die Wasser!"

Goethe und sein Kreis in Jena

chiller ging an so vielem, was ihm Jena entgegentrug, welt-
fremd vorüber. Goethe, der hier nur zeitweise zu Gaste war,
hat als unbeirrter Mensch der Wirklichkeit überall seinen
Vorteil gefunden. Die Bäume hingen ihm voller Früchte;
darum war er so glücklich hier, und darum hat er Jena ge-
liebt. Mit anderen Augen sah er in die Landschaft hinein. Schiller fühlte
mit tausend anderen nur den Zauber der schönen Jahreszeit in diesem
Tale; Goethe fand gleich das Besondere und Wesentliche. Er beobachtete von seinem Erker im Gasthofe zur Tanne die eigenartige Bildung der Bergzüge, die merkwürdigen Formen der Bewölkung, die
wechselnde Himmelsfarbe; er registrierte die Barometerschwankungen,
er suchte nach geologischer Beute. Gern wandelte er am Donnerstag
und am Sonnabend über den bunten Wochenmarkt zwischen den Körben
und Wagen dahin, freute sich über das Mundwerk der drallen Bäuerinnen
und wußte hier die Kunitzer Gänse, die Lichtenhainer Hühner, die Löb-
stedter Wurst zu schätzen. Er vergaß es nie, daß hier in der günstigeren
Sonne der Spargel um acht Tage früher reifte als in Weimar; und
es beglückte ihn, wenn er auf seinem Tisch die ersten Stangen aus Frau
Frommanns Garten sah. „Ich freue mich," heißt es in einem Briefe an

202

Knebel, „indem die Sonne höher rückt, schon auf die guten Tage, die ich in Jena mit Dir zu verbringen hoffe, wenn die Bäume nach und nach ausschlagen und die Blüten sich wieder einstellen.“ Und im Winter: „Ich gratuliere zu dem weißen Kleide, das Deine Gegend nun angezogen hat, und möchte sie wohl auch, wenn es auch nur ein Stündchen wäre, in Deiner Gesellschaft darin bewundern.“ Auf Schritt und Tritt gewann er Reichtum. „Ich gehe“, sagte er in Weimar, „auch hier weit und breit umher; doch läßt sich der Gegend nichts abgewinnen, sobald man einmal an die jenaische gewohnt ist.“ In der Ferne verlor er die Fühlung nie. Kleine Geschenke, die in Büchern, aber meist in Obst und zartem Gemüse bestanden, trug die klassische Botenfrau Christine Wenzel auf dem Rücken in ihrem Tragkorb zwischen Weimar und Jena hin und her / „poetische und vegetabilische Mitteilungen“.

In seinem „lieben närrischen Nest“ ließ Goethe gleich seinen schönen Staatsrock und die Ordenszeichen fallen, und mit ihnen glitt auch das Zeremoniöse, Geheimrätliche dahin und kam das bloß Menschliche an die Oberfläche. Dann stand er unten an Knebels Wohnung und patschte in die Hände, und das war das verabredete Zeichen zum Spaziergang.

Die ihn von Weimar her kannten, empfanden hier sein verändertes Wesen. Dort muß ich abstoßend sein, sagte er selbst, weil sonst jedermann etwas von mir will; darum gehe ich gerne nach Jena. Hier war sein Blick unbefangen, sein Gespräch liebenswürdig, seine Haltung ohne Zwang; und er holte sich hier die „Stimmung zu allerlei Gutem“.

Er fand sich bei Frommanns abends zum Tee ein oder saß bei Knebels am lustigen Abendtisch. Luden traf ihn hier gleich am ersten Abend, den er in Jena zubrachte, zusammen mit Hufeland und Riemer. In seinen „Rückblicken“ spricht er davon. Alle hatten vortrefflichen Appetit und einen anständigen Durst. Anfangs wurde hin und her geplaudert, dann aber riß bald Goethe die Unterhaltung an sich. Er führte das Gespräch mit überlegener Meisterschaft. Aus dem unendlichen Vorrat seiner Erlebnisse erzählte er Anekdoten über Anekdoten, plauderte von seinen Reisen und verstand es, wie ein trefflicher Schauspieler, die Menschen so drastisch in Sprache und Gebärdenspiel zu charakterisieren, daß die Gesellschaft oft genug in schallendes Gelächter ausbrach. „Es war eine Lust, ihm zuzuhören,“ sagt auch Frommann in seinen Erinnerungen, „er mochte nun über Bedeutendes oder Unbedeutendes sprechen. Allem wußte er einen Reiz zu geben und eine interessante Seite abzugewinnen.

Der Genuß am Lesen seiner Schriften reicht lange nicht an den seiner mündlichen Unterhaltung. Er war Meister im Erzählen; es ging aus einem Gusse, und die ausdrucksvollen Bewegungen der Hände und der Glanz der Augen erhöhten den Reiz seiner Rede!"

„Es ist eigen," schrieb Frau Schiller an ihre Freundin Frau von Stein, „welchen Eindruck Jena auf ihn macht; hätte ich ihn hier nicht kennen gelernt, so wäre mir viel von ihm entgangen und garnicht klar geworden."

In Jena hatte Goethe schon 1784 mit Rat und Tat fünf Tage lang eingegriffen, als eine Überschwemmung der Stadt große Not brachte, und hier wollte der selbst Freudige auch den anderen stets ihre Freuden unverkümmert lassen. Die Polizei gedachte die übermütigen Johannis= feuer auf den Bergen zu verbieten; da warf er sich für die alte fröhliche Sitte auf.

Goethe hat oft im alten Schloß gewohnt, wo er neben den herzoglichen Gemächern ein kleines Zimmer hatte. Knebel hatte es bisweilen vor ihm bewohnt. Auf dem Schloßhofe sah ihn Paulus stehen, als der Dichter aus Italien zurückgekehrt war. Kräftig schritt er über das holprige Pflaster, heiter=ernst, das Gesicht vom Morgenlicht beleuchtet. „Ein Apollokopf! Ein echter Apollokopf im Übergang ins kräftigste Mannesalter!" Die Schloßwohnung war Goethes Malepartus. „Dort

bin ich", schreibt er an Schiller, „immer ein glücklicher Mensch, weil ich keinem Raum auf dieser Erde soviel produktive Momente danke. Es ist lustig, daß ich an einem weißen Fensterpfosten alles aufgeschrieben habe, was ich seit dem 21. November 1798 in diesem Zimmer von einiger Bedeutung arbeitete."

In späteren Jahren, namentlich 1817 bis 1818, hat er drüben an der Camsdorfer Brücke im alten Gasthause zur Tanne, das heute der Rats= keller heißt, gewohnt, in einem heiteren Giebelstübchen. Das erste Mal kam er im heftigsten Groll. Vor dem „Hund des Aubry" war er aus der Residenz entwichen. „Carl August hat mich nie verstanden", rief er. Aber nach zwei Tagen hielt Carl Augusts Kutsche unten, und der Herzog kam selbst die Treppe emporgeeilt und hatte einen Korb Champagner und sagte: „Komm, laß uns anstoßen, wir bleiben die alten!"

Auch im botanischen Garten hat Goethe sein Quartier gehabt. Ein paar niedrige Stuben, „diese wunderliche jenaische Wohnung, wo aller Comfort nur aus der Seele des Bewohners entspringen kann". Hier hat er den Plan für das große Gewächshaus entworfen, in dem die süd= lichen Pflanzen überwinterten. Hier besuchte ihn Rauch, der seine Büste zu modellieren kam; und hier empfing er auch den jungen Professor Luden, der ihm in seiner fecken Unbefangenheit kritisch den Faust ana= lysierte, während das Gesicht des empfindlichen Dichters immer länger wurde.

Die großen Geister Alt-Jenas waren nicht so groß, daß sie über die kleinen Dinge des Lebens hinwegsahen. Auf Zetteln bestellte sich Goethe, wenn er im botanischen Garten wohnte, drüben bei Frommanns Köchin seine Mahlzeiten. Und diese gute Frau wurde noch als Greisin redselig, wenn sie von ihrer klassischen Zeit sprach: „Goethe benahm sich gegen mich nicht, als wäre ich eine Köchin, sondern als wäre ich mehr ... Ich kam mich vor, als gehörte ich der gelehrten Welt mit an." Hauste Goethe im Schloß, war die Verpflegung schwieriger. Da schrieb er an Christiane nach Weimar: „Ich übertreibe nicht, wenn ich sage, daß ich vier, fünf Tage lang bloß von Cervelatwurst und rotem Wein gelebt habe; ich bitte Dich also aufs allerinständigste, mir mit jedem Botentage etwas gutes Gebratenes, einen Schöpsenbraten, Kapaun, ja einen Truthahn zu schicken, es mag kosten, was es wolle, damit wir nur zum Frühstück, zum Abendessen, und wenn es zu Mittag gar zu schlecht ist, irgend etwas haben, was sich nicht vom Schweine herschreibt." Die Schloßkastellanin Trabitius wartete ihm auf. Einen Salat konnte sie wohl bereiten, aber brauchbares Öl war in ganz Jena nicht zu haben.

Was einst Goethes Hausgerät hier bildete, ist zerstreut oder verloren. Aber aus dem, was heute an Reliquien noch das städtische Museum im Schiller-Goethe-Zimmer birgt, mag man ein Bild von dem Interieur jener Tage zu gewinnen suchen. Da stehen um das niedliche Teetischchen mit dem durchbrochenen Rande das breite, behagliche Kanapee, die weißlackierten Stühle, deren Lehnen das schlanklinige, gerade Stabwerk des Empire zeigen, oder die braunen Sessel mit dem bronzierten Sphinxschmuck und dem grüngestreiften Überzug. Neben der Türe hängt der gestickte Klingelzug. Auf dem Spiegeltisch steht die Alabasteruhr, und im Glasschrank gewahrt man alle die vergoldeten Tassen und Kannen, die durchbrochenen, körbchenartigen Dessertteller, die vierarmigen kostbaren Porzellanleuchter oder die blauen einarmigen. An den Wänden die Kupferstiche und Silhouetten in schwarzen oder braunen Rahmen, deren Ecken Bronzerosetten zieren. Und dann ist da ein noch anmutigerer Zeuge der schönen Tage: ein weißes Empirekleid, ganz aus zartem Musselin, über dessen eckigen Ausschnitt ein kindliches buntes Perlenbändchen sich legt.

Das Behagen, das Goethe unter den Jenensern einsog, ließ alle seine Arbeiten gelingen. „Nur die jenaische absolute Stille kann mir dazu verhelfen, meinen Ideen Raum und Ordnung zu verschaffen", äußerte er zu Schiller; und zu Knebel: „Hier bin ich fleißiger und gesammelter als in Weimar, ob es mir gleich auch dort an Einsamkeit nicht fehlt." Und in einem Briefe, den Schiller an Körner im Jahre 1800 schickte, finden wir: „Goethe hat das Unglück, daß er in Weimar garnichts arbeiten kann; was er binnen vier oder fünf Jahren geschrieben, ist alles in Jena entstanden."

Ihm war es gegeben, den Augenblick zu nützen. „Jeder Augenblick seiner Zeit, den er müßig zu verbringen meint, ist mit einer Tätigkeit ausgefüllt, die anderen schon schwere Arbeit dünken würde." In der „Tanne" hat er den „Fischer" und den „Erlkönig" gedichtet. Der zweite Teil seiner „Italienischen Reise" und die „Wahlverwandtschaften" sind in Jena vollendet, viele Balladen entstanden; und dann ist ihm hier vor allem in dieser warmen bürgerlichen Atmosphäre „Hermann und Dorothea", das Hohelied behaglicher Bürgerlichkeit, mit einem Guß in die Form geflossen.

Zur Zeit, da Schiller sich in seine philosophischen Studien vergrub, ging Goethe von seiner Naturliebhaberei zur Naturforschung vor, in seiner totalen Art gleich mit beiden Armen die lebendige, schaffende Welt umfassend. Auf allen Revieren der Naturwissenschaft, in der Elektrizität und im Magnetismus, in der Chemie, Mineralogie, Physiologie und Anatomie hielten Entdeckungen über Entdeckungen die gelehrte Forschung in Atem. Von der mechanischen Erklärung der Erscheinungen, die der gestorbenen Generation genügt hatte, nun auf die Dauer abgestoßen, wandte sich der Geist mit seinen Hypothesen der Tiefe zu und suchte in ihr die treibenden Kräfte. In Jena lief eine Zeitlang alle Welt auf die Wiesen hinaus, auf die Frösche Jagd zu machen, an denen man die elektrischen Erscheinungen wahrnehmen wollte. Auch an der Universität sicherten sich die Naturwissenschaften neben der Philosophie ihren Platz. Hier fand sich Goethe bei seinen botanischen, mineralogischen, osteologischen, optischen, chemischen Beobachtungen, Experimenten und Kombinationen, denen er sich in seiner gründlichen, vom Dilettantismus weit gesonderten Art hingab, auf Schritt und Tritt unterstützt. Loder, Oken, Döbereiner, Vogt, Schelver waren seine Gesellschafter und Mitarbeiter. Seine Spaziergänge wurden wissenschaftliche Exkursionen. Man erzählte sich in Jena, daß sein Kutscher Barth oft den Wagen anhielt, wenn ihm unter den geschlagenen Steinen an der Landstraße etwas entgegenblinkte, und daß er sich, von dem mineralogischen Interesse

seines Herren angesteckt, dann umwandte und sagte: „Herr Geheeme
Rat, ich glebe, da zwischen den Steinichen is was für uns.“

Als Knebel einst zu Goethe bemerkte, daß die Studenten der Naturwissenschaften auch zugleich die humansten seien, hingegen die, die sich
mit den sogenannten Humanitätsstudien beschäftigten, die inhumansten,
lichtscheu und voll kleiner hämischer Leidenschaften, / erwiderte er:
„Schon seit fast einem Jahrhundert wirken Humaniora nicht mehr auf
das Gemüt dessen, der sie treibt, und es ist ein rechtes Glück, daß die
Natur dazwischen getreten ist, das Interesse an sich gezogen und uns
von ihrer Seite den Weg zur Humanität geöffnet hat.“

So mußten ihn in Jena auch Schellings naturphilosophische Ideen
fesseln und ihn zugleich mit dem Kreise der Romantiker verbinden. In
seinem nicht geringen Selbstgefühl hat Schelling das Bewußtsein getragen, daß seine Naturphilosophie das wissenschaftliche Gegenstück
zu Goethes Poesie sei.

Professor Batsch hatte eine naturforschende Gesellschaft gegründet.
Zu ihren Sitzungen pflegte Goethe von Weimar herüberzukommen. Am
14. Juli 1794 traf er hier mit Schiller zusammen. Bisher waren sie
fremd aneinander in Verstimmung und Mißverstehen vorbeigegangen.
Nun fügte es der Zufall, daß sie nebeneinander aus dem Saale schritten
und miteinander den Weg fortsetzten und das Gespräch. Das Gehörte
wirkte nach. Schiller fand, daß eine so zerstückelnde Art, die Natur zu
behandeln, wie man es eben gehört habe, für den Laien abstoßend sei.
Goethe pflichtete bei; sie sei auch für den Eingeweihten unerfreulich; es
könne aber wohl noch eine andere Weise geben, die Natur nicht gesondert und vereinzelt vorzunehmen, sondern in lebendigem Wirken ihr
Streben aus dem Ganzen in die Teile darzustellen. Indem standen beide
vor Schillers Wohnung an der Marktecke. Sie traten ein, das Gespräch
fortzusetzen. Goethe erging sich in einer Darstellung der Pflanzenmetamorphose und entwickelte, von ihr ausgehend, seine Ansicht von der
Natur und von der Erfahrung. Dabei skizzierte er mit charakteristischen
Strichen auf einem Blatt Papier das Entstehen der symbolischen Pflanze,
der Urpflanze. Da hört das gemeinsame Empfinden auf, und die Gegensätze bäumen sich. „Das ist keine Erfahrung,“ ruft Schiller blitzenden
Auges, „das ist eine Idee.“ Ein klaffender Abgrund zwischen beiden.
Zwei himmelweit verschiedene Naturen streiten, jene zwei Weltan-
schauungen, die die Menschheit immer zerrissen haben und die in jedem

208

Menschengeist Denken und Handeln regeln: Leben und Ideal. Mit dem ruhigen Gedankenprozeß des Kantianers setzt nun Schiller seine Ansichten von Ideen und Erfahrung auseinander. Und dann der große Moment. Jeder hat einen Blick in die unendliche Gedankenwelt des anderen getan. Die Gegner schließen Frieden. Es unterwirft keiner den anderen, und keiner unterwirft sich. Jeder steht aufrecht und hält das blanke Schwert in der Rechten, aber sie reichen sich die freie Hand zur Versöhnung.

Schon zehn Tage darauf folgt ein Brief Goethes. Die Kühlheit der Reserve ist dahin. Er drückt dem anderen aus, daß er sich auf eine öftere Auswechslung der Ideen mit ihm recht lebhaft freue. Schillers Antwort war für Goethe das beste Geburtstagsgeschenk, weil sie mit „freundschaftlicher Hand die Summe seiner Existenz" zog. Und er schrieb wiederum: „Haben wir uns wechselseitig die Punkte klar gemacht, wohin wir gegenwärtig gelangt sind, so werden wir desto ununterbrochener gemeinschaftlich arbeiten können. Alles, was an und in mir ist, werde ich mit Freuden mitteilen. Denn da ich sehr lebhaft fühle, daß mein Unternehmen das Maß der menschlichen Kräfte und ihre irdische Dauer weit übersteigt, so möchte ich manches bei Ihnen deponieren und dadurch nicht allein erhalten, sondern auch beleben." In ihrer starken Sonderart stehen die beiden auch fernerhin; jeder sucht die Urpflanze auf seinem Wege, aber sie suchen sie beide. In dem Hause aber am Marktplatz zu Jena ist in einer Sommernacht der Bund begründet, dessen Symbol das Denkmal vor dem Theater in Weimar ist; ein Bund, der auf dem höchsten gemeinsamen Interesse der ganzen Menschlichkeit ruht, erhaben über kleine eigenen Interessen und daher dauernd über das Grab hinaus und mit seinem Segen fortwirkend in alle Zeiten, zu allen Völkern.

Den offenen Sinn für die große Natur fand Goethe bei Ludwig von Knebel, der in Jena sein ältester und bester Freund war. Er war Erzieher des Prinzen Konstantin gewesen und war derselbe, der einst vor langen Jahren Goethes erste Zusammenkunft mit dem Erbprinzen Carl August herbeigeführt hatte. Ein alter Soldat, der das Soldatische in seiner aufrechten Gestalt nie abtat, ein élégant savant et homme du grand monde. Ein Sokratescharakter zugleich, prunklos, gediegen außen und innen. Gerade heraus kamen seine Worte. „Der Tod ist doch der wahre dumme Junge!" rief er mit Jenaer Kommentausdruck, als er die Kunde von Schillers Hinscheiden hörte. Ohne Lust, an den Weimarer Hof zu-

rückzukehren, zog er es vor, in beschaulicher Art nur seiner Selbstbildung
zu leben und sich abseits vom fluktuierenden Leben auf einsamer Warte
einzunisten. Dazu wählte er Jena. Schon früher war er einmal, 1789,
hier gewesen und hatte in Batsch' Hause am Markte gewohnt. Dann
kam er 1805 zurück. Er wohnte bis 1810 am Neutor. Hier besuchte ihn
1806 der Professor Luden, und die Aussicht von den Zimmern in das
Saaletal auf und ab überwältigte ihn, der noch nichts von Jena kannte, /
diese Berge mit den Ruinen bis zur Leuchtenburg hin, „die ihre Bildung, als wüßten sie, daß sie nichts zu verstecken nötig haben, von Bäumen und Gesträuch unbedeckt, aber bunt und mannigfaltig von der Natur und des Menschen Fleiß, nackt und bloß dem Auge darbieten". Bis
1834 hat dann Knebel noch im Paradies, im sogenannten Dießelschen
Garten gewohnt. Still las er seinen Shakespeare und kramte in der indischen Literatur und übersetzte seine beiden teuersten Lieblinge, den Pro-
perz und Lucrez. Da beobachtete er auch mit einer Freiheit des politischen Urteils, die keiner von den Paladinen in Weimar besaß, das auf-
gehende Gestirn Napoleons und seinen Untergang. Zu seinen Sinnen
sprach die ganze menschenlose Welt; ihr hat er sich festlich hingegeben,
und Winter und Sommer, Blumen und Vögel, Sonnenschein und
Wolken hat er sich zum köstlichsten Genuß gemacht. In der dunklen Nacht
saß er auf seinem Giebelzimmer; kein Licht durfte brennen, denn draußen
stand der Mond über den Bergen. Fließt aus solcher Stimmung etwas
in seine Briefe über, so klingt es wie ein Hymnus aus dem Munde des
Franziskus von Assisi: „Feierlicheres läßt sich nicht denken, als wenn
die keusche Luna hoch unter dem kristallnen Himmel hängt und die wun-
derreine Erde mit ihrem holden Lichte erhellt. Ein Ton herrscht dann
nur durch die ganze Natur, und Himmel und Erde scheint ein hoher
Wohlgesang ...." Im Frühling schreibt er, als er von einem Spazier-
gange heimgekehrt ist: „Ich war in den Tagen meiner Jugend unter
dem milden Himmel und bei der erweiterten Aussicht. Ich hatte an dem
Pfingstsonntage, einem der schönsten Tage meines Lebens, meinen Kirch-
gang auf den Hügeln und zwischen den offenen Gärten beschlossen, und
ich darf wohl sagen, daß mich die schöne Natur nicht unwürdig feiern
ließ. Die stille Ruhe, die dabei auf den Feldern herrscht, wenn alles in
in der Kirche ist und die Glocken ausgeläutet haben, befriedigt unter dem
Anblick der webenden Natur das Gemüt ungemein." Und ein Herbsttag
geht ihm so hin: „Möchte ich doch des schönen Nachmittags und Herbst-

abends nie vergessen, wo ich gestern an den Ufern der Saale, jenseits
meiner Wohnung, von der Schneidemühle aus bis zu den Hügeln über
Wenigenjena hin spazieren ging. Die Stimmung meines Gemüts ant=
wortete den Erscheinungen, die mir Himmel und Erde vorhielten, und
die Natur stand im holdesten Reize vor mir. Selbst die Schatten der
Berge wurden zu lieblichen Gestalten und stimmten ein in das hohe Kon=
zert. Himmel und Erde, durch den herrlichen Sonnenstrahl erweckt,
schienen in leichter Bewegung, als wenn sie sich in Liebe einander nähern
wollten, und das Ganze zerfloß in einen geheimnisvollen Duft. Wer

kann die Mannigfaltigkeit in der Übereinstimmung malen! Die wechseln=
den Gestalten und Erhebungen der Berge, die breiten Senkungen und
Rücken derselben in grünlich goldner Schattierung der Weinberge, Büsche
und Hölzer unter den nackten purpurstrahlenden Flecken und Felsen!
Mitten durch die noch grünende Natur schlängelte sich der himmelblaue
Fluß, und an seinen Ufern lebten Gestalten der Menschen und ihrer
Wohnungen. Alles war Leben, und dem empfänglichen Gemüte war
nichts ohne Bedeutung und Sprache. Leicht flogen die Wolken über den
reinen Himmel hin und schienen der beseelten Natur noch mehr Be=
14*

wegung und Sprache zu geben. Himmel und Erde waren fröhlich, und
die Geschäfte der Menschen deuteten unter Liedern und Gesängen den
Überfluß des reichen Jahres an.“

In soldatisch derben Naturen versteckt sich oft unter der Außenfläche
die herzlichste Gutmütigkeit. Knebel mußte alle Kinder, die zu ihm kamen,
beschenken; oft so überreichlich, daß die Eltern glaubten, die Gaben zu-
rücksenden zu müssen. Und kam sein Geburtstag, sah man eine lange
Wallfahrt von Gratulanten nach seinem Hause ziehen.

Eigenartig war die Erscheinung des Weisen, wie sie Luden schildert.
Er trug einen langen, weiten, an den Hüften zusammengeknüpften Ta-
lar, über den oben der breite Hemdkragen geschlagen war. Den starken
Hals und die hochgewölbte Brust ließ er unbedeckt. Auf seinem dünnen
grauen Haar saß ein schwarzes Käppchen. Seine hohe Stirn fiel den
Besuchern auf; die Augen und die Nase waren keineswegs schön, der
Mund dagegen war ungemein lieblich und sein Lächeln sogar anmutig.
„Jo, jo! Jo, jo“ pflegte er gemütlich ins Gespräch zu mischen; und hatte
er das Wort, so sprach er in einer barocken, abgehackten Art, Heiliges
und Unheiliges durcheinander. Rauchen, meinte er / und übrigens auch
Goethe / macht dumm, unfähig zum Denken und Dichten, ist auch nur
für müßiggängerische Türken, ist zudem eine impertinente Unhöflichkeit
in Gesellschaft; Rauchen gehört mit dem Biertrinken zusammen, und man
wird bald sehen, was diese Bierbäuche und Schmauchlümmel aus Teutschland machen werden; aber Schnupfen stärkt den Verstand und stärkt
das Gedächtnis; Friedrich der Große und Napoleon waren auch
Schnupfer . . . .

Knebels Frau war die hübsche, muntere weimarische Kammersängerin
Luise von Rudorf. Mit ihrer heiteren Stimme ergötzte sie immer noch,
wenn sie ein Goethesches Lied ohne Ziererei in Zelters Komposition sang,
die vielen Gäste. Denn eine Einkehr aller Berühmtheiten blieb die Ere-
mitage am Paradiese. Hier traf man alle jenenser Professoren, manchmal auch den Herzog mit seiner ganzen Familie, oder die goethegetreuen
Riemer und Eckermann, oder Wieland, Matthisson, Boisserée, Kose-
garten, Hufeland, Fernow, Passow. Einmal bossierte ihn Johanna
Schopenhauer in Wachs; dann saß wieder die „redselige Schillern“
da oder die Frau Herder und erzählten von ihren seligen Männern, oder
Frau von Stein tischte ihm Dinge über Goethe auf, die er lieber nicht
hören wollte. Selbst Frau Goethe, die in Weimar gemieden war, kam

212

gern hierher und war immer ehrlich willkommen; wußte sie doch, daß Knebel ihre ungezwungene, herzliche Art schätzte und daß er sie stets als Frau Goethe geachtet hatte, auch als die Ehe noch nicht bürgerlich sanktioniert war.

In der Dachstube mit den drei Fenstern hat Goethe seinem treuen Gesellen aus den „Wahlverwandtschaften" vorgelesen, das Gedicht „Pandorens Wiederkunft" und auch „Des Epimenides Erwachen"; und der Briefwechsel zwischen ihnen beiden ist ein prächtiges Freundschaftsdokument. Blättert man darin, so ist es einem, als höre man wieder unterm Fenster das Händeklatschen, mit dem der eine den anderen zum Wandern ruft.

Erst 1834 starb der letzte Veteran der Lustigen von Weimar, neunzig Jahre alt. Auf dem Jenaer Friedhofe zwischen Zypressen, Tannen und Platanen ist unter einem Felsblock sein Grab. Nichts als das Wort Knebel steht darauf.

Oft war Goethe im Hause des Professors Paulus zu finden, mit dessen kleiner Frau, einer Schwäbin, er sehr gerne plauderte. Eine eigene Abschrift von „Alexis und Dora" schenkte er ihr; und als sie einmal krank war, schrieb er: „Sie ist sehr übel dran, daß ich für ihre Existenz fürchte, und die Natur kann nun wieder eine Weile operieren, bis sie ein so neckisches Wesen zum zweiten Male zu stande bringt."

Seine Teestunde pflegte er bei dem Buchhändler Frommann zu verbringen. Der hatte sein Verlagsgeschäft 1798 nach Jena verlegt. Sein Haus, dem Goetheschen Quartier im botanischen Garten und auch der Griesbachschen Gartenwohnung benachbart, lag so still, von Wein überrankt, am Fürstengraben. Beinahe wie ein kleines Gutsgebäude sah es aus, zwei Flügel und ein Mittelbau, von der Straße durch einen Hof und eine Mauer getrennt. Im Erdgeschoß lagen die Geschäftsräume. Nur zwei Fenster waren unmittelbar an der Straße. Hier saß an seinem Pult der alte Frommann und sah die Wagen der Bürgler Töpfer vorbeifahren. Ach, seufzte er dann humorvoll, wer es auch so gut hätte / denen fehlt es nie an Absatz! In der schönsten Stube oben, der blauen, stand der große runde Tisch, wo jeden Abend von fünf bis acht Uhr die regsame und wirtschaftliche Frau Frommann ihre Gäste zum Tee, Butterbrot und Zwieback empfing. Daneben im Zimmer wartete der L'Hombre-Tisch des Hausherrn. Das Fremdenzimmer mit seiner Schlafkammer in der „rustiken Scheune", wie Zelter sich ausdrückte, blieb niemals leer.

Auch hier in diesem gastlichen Hause sind sie alle ein- und ausgegangen: Riemer, F. A. Wolf, Zelter, Zacharias Werner, Knebel, Griesbach, die beiden Hufelands, Loder; aber auch Fichte und Schelling und die Romantiker Schlegel, Tieck, Steffens, Ritter, Gries, und Johanna Schopenhauer mit Adele.

Hier traf Goethe einst den Osnabrücker Stüve, mit dem er sich über Politik, Geognosie und allerhand andere Sachen unterhielt. Und dann: „Sie sind Advokat, das heißt ein Mann, der aus jeder Sache etwas zu machen weiß." „Entschuldigen, Excellenz . . . ." „Recht so, ein Advokat darf nie etwas zugeben." Ins Frommannsche Haus nahm Goethe ungeduldig Reißaus, als ihn die redselige Dame Schopenhauer im botanischen Garten drüben mit unbändigen Fragen nach dem Ursprung der Seele beinahe toll machte.

Mit Frau Frommann teilte Goethe die Vorliebe zum Gartenbau. Sie tauschten Sämereien aus und die Ergebnisse ihrer Gemüsekultur. Sie stickte ihm zum Weihnachtsfeste eine Brieftasche, die er köstlich fand, und er sandte der Familie aus Karlsbad kleine Geschenke zum Andenken. Als er 1806 seinen Geburtstag in Jena feierte, schickte er ein großes Stück Bretzel, mit Blumen besteckt, herüber; kam dann noch selbst und blieb zum Abendbrot.

Frau Frommann hatte eine gute Altstimme. Oft begleitete sie, wenn sie sang, Frau Knebel oder die Frau des Juristen Hufeland; und die Vorübergehenden hörten dann die Duette und Arien aus der „Zauberflöte" erklingen oder die Goetheschen Lieder, die Reinhard komponiert hatte. Auch die Tonkünstler von Ruf hielten auf ihren Reisen hier Einkehr; und wurde in Weimar drüben eine Oper gespielt, so versäumte es Goethe nicht, eine Einladung an Madame Frommann zu schicken. Die Hausfrau pflegte auch die Malerei und war zufrieden, wenn Goethe ihre Arbeiten lobte. Neun Federzeichnungen, die sie zu „Dichtung und Wahrheit" entwarf und mit einer Widmung an ihn schickte, hängen heute im städtischen Museum. Er selbst nahm wohl zuweilen während des Geplauders hier seinen Griffel zur Hand und kritzelte nach seiner Gewohnheit irgend eine kleine Skizze hin.

In Frommanns Hause wuchs das stille Mädchen, das dem Herzen Goethes einen Frühling brachte. Minchen Herzlieb war früh verwaist, neunjährig im Jahre 1798 in die Familie gekommen, ein Pflegekind, aber immerfort mit zärtlicher Nachsicht behandelt. Ihre Bilder, die man

214

kennt, zeigen ein reines, kindliches Gesicht, dessen Anmut und bescheidene
Schönheit gerade von diesem Kindlichen verklärt wird. Auf dem einen
blickt sie ganz seitwärts; sehr dunkles, braunes, volles Haar trägt sie,
einfach geordnet, hinten in einen kunstlosen Knoten geschlungen. Auf
dem anderen neigt sie den Kopf empfindsam nach links; hier sind die
Haare zu einem dicken Flechtenkranz auf dem Scheitel gewunden; zwei
Löckchen hängen an den Ohren herab; die Nase ist leicht gebogen. Die
großen braunen Augen haben das Fragende der Unbewußten. Sie trägt
ein schlichtes weißes Kleid ohne Zier; einen dunklen Schal über die
Schulter geworfen; um den Hals einen doppelten, sternartig gefalteten
Battistkragen. Ihr Wuchs war ebenmäßig, jugendlich schlank und auf=
fallend zart. Ein Mädchen, gutmütig und herzlich, bald voller Humor,
bald in Träumereien verloren, mehr zum naiven Plaudern als zum ernsten
Gedankenflechten geneigt, / so sah sie Goethe. Und seine Besuche wur=
den im Winter 1806 und 1807 häufiger, als er 57 und sie 17 Jahre
zählte. Sie empfand wohl ohne Nachdenken mit einer gewissen kindlichen
Genugtuung, daß er sie gern hatte, „der liebe alte Herr". Sie freute
sich über seine Huldigung, über seine kleinen Geschenke, sie sang seine
Lieder mit der Innigkeit eines schwärmenden Gemüts, sie lauschte mit
Andacht seinen Worten. Aber Wunden trug sie nicht davon. „Er war
immer so heiter und gesellig", schrieb sie später (1808) einer Freundin,
„daß es einem unbeschreiblich wohl und doch auch weh in seiner Gegen=
wart wurde. Ich kann Dir versichern, liebe, beste Christiane, daß ich
manchen Abend, wenn ich in meine Stube kam und alles so still um mich
herum war und ich überdachte, was für goldne Worte ich den Abend
wieder aus seinem Munde gehört hatte, und dachte, was der Mensch doch
aus sich machen kann, / ich ganz in Tränen zerfloß und mich nur damit
beruhigen konnte, daß die Menschen nicht alle zu einer Stufe geboren
sind, sondern ein jeder da, wo ihn das Schicksal hingeführt hat, wirken
und handeln muß, wie es in seinen Kräften steht, und damit Punktum!"

Erst in späteren Lebensjahren, als längst darüber Gras gewachsen
war, kam ihr wohl das Bewußtsein, daß sie Goethes Geliebte gewesen
war. Und dann hat die Goetheforschung sie aus ihrer bescheidenen Zu=
rückhaltung herausgezogen.

In Jena und Weimar sprach man kaum über diese Angelegenheit;
man maß ihr keinen Ernst bei. War es doch zumal dieselbe Zeit, da
Goethe seiner Ehe mit Christiane die gesetzliche Form gab. Aber ihm

hat das Mädchen im Frommannschen Hause doch viel bedeutet. Er ließ
sich von ihr wie von einer Erscheinung beglücken. Die Qualen und
Zweifel aber hielt er in seiner Brust verschlossen. Sie suchten keinen
gewaltsamen Ausgang, auch nicht die Lösung, die zu einem Bunde
führen sollte. Er hat die Erregung ganz mit sich allein abgemacht und

hat nach seiner Art das Erlebnis in seinem dichterischen Schaffen über-
wunden. Ottilie in den „Wahlverwandtschaften" ist Minchen Herzlieb.
„Niemand verkennt in diesem Roman", so hat er eingestanden, „eine
tiefe, leidenschaftliche Wunde, die im Heilen sich zu schließen scheint, ein
Herz, das zu genesen fürchtet. Der 3. Oktober 1809 (als der Druck
beendet war) befreite mich von dem Werke, ohne daß die Empfindung
des Inhalts sich hätte verlieren können."

216

Viel später, 1815, reiste Goethe mit Sulpiz Boisserée nach Heidel=
berg. Eine Sternennacht war. Die Stille regte den Dichter zu Mit=
teilungen an. Alte Erinnerungen erwachten ihm. Er kam auf die „Wahl=
verwandtschaften" zu sprechen. „Er sprach von seinem Verhältnis zu
Ottilie", so berichtet der Reisegefährte, „wie er sie lieb gehabt und wie

Bildnis von
Minna
Herzlieb
(1789—1865)
Nach einem
Gemälde von
Louise Seidler

sie ihn unglücklich gemacht; er wurde zuletzt fast rätselhaft ahnungsvoll
in seinen Reden."

Auch in seinen Sonetten huldigt Goethe dieser Geliebten mit dichte=
rischer Unbeschränktheit und ganz von seiner Liebe dahingenommen.
„Lieb Kind, mein artig Herz, mein einzig Wesen" spricht er zu ihr. Aus
dem Kinde wird die Schwester, wird die Geliebte. Und diese erhebt er
auf den Thron, und sie gebietet ihm wie eine Fürstin. Sie begnadet ihn

am Advent, wie Laura den Petrarca am Charfreitag. Und in eine an=
mutige Charade versteckt er selig ihren süßen Namen Herzlieb.

Minchen Herzlieb ist ein unglückseliges Menschenkind geworden, da
sie zu schwach war, ihr Schicksal selbst zu schmieden. Ihre erste Liebe
war ein Student gewesen, Otto Heinrich Zöge von Manteuffel, der
Schwager des Malers Gerhard von Kügelgen. Die „Jugenderinne=
rungen eines alten Mannes" gedenken seiner an einer hübschen Stelle.
Er hatte bald das dreizehnjährige kleine Mädchen in Jena vergessen.
Dann trat Goethe in ihr Leben. Und dann, 1808, umfing sie eine andere
Liebe, als sie in Züllichau bei ihren Verwandten zu Besuch war. Diese
Liebe war ihrer Natur angemessen, und sie spricht daher auch aus ihren
wenigen Briefen mit starken Affekten. Doch sie endete ohne Erfüllung.
Später ging Minchen unbesonnen eine Verlobung ein, die sie wieder
löste. Und endlich 1821 heiratete sie den Oberappellationsgerichtsrat
Professor Walch, der alt, verwachsen, häßlich war. Die Ehe brachte ihr
das Unglück, das jedermann vorausgesehen hatte. Gewissenskämpfe
zwischen Pflicht und Abneigung rieben ihre weiche Seele auf. Immer
stand ihr, wenn sie Goethes Lied an den Mond sang, das Bild des

218

armen Fräuleins von Laßberg vor Augen, die in dem kalten Flusse ihr
Leiden geendet hatte. Man konnte sie einst nur mit Mühe von dem
gleichen Geschick retten. Im Jahre 1853 starb Walch. Da war es für
sie zu spät zum Leben. Ein Gemütsleiden umflorte ihren Geist, der nur
noch an den lieben Erinnerungen hing. So sah man sie still wieder in
ihrem kleinen Stübchen bei Frommanns sitzen, blaß und verwelkt. Im
Jahre 1865 ist die Beklagenswerte in einer Heilanstalt in Görlitz ge=
storben. Alle alten teuren Briefe, die nun längst vergilbt waren, nahm
sie versiegelt mit sich in das Grab.

Noch ein letztes Bild, ein Bild heiterer Art, rundet sich, wenn man
an Goethe und Jena denkt. Der alte Griesbachsche Garten heißt, seit
ihn Carl August erwarb, nun der Prinzessinnengarten, und das Haus ist
ein Schlößchen geworden. Des Herzogs Schwiegertochter, die Groß=
fürstin Marie Paulowna, und seine beiden Enkelinnen Marie und
Auguste wohnen im Sommer hier. Auf dem Balkon, zu dem der wilde
Wein aufklettert, sitzen unter dem gestreiften Leinwanddach der Marquise
die kleinen Prinzessinnen. Und neben ihnen Goethe. Und dahinter steht
der Altertumsforscher Heinrich Meyer, der Direktor der Zeichenakade=
mie. Er hat eben die ersten Zeichenstudien der Prinzessinnen geleitet.
Nun lauschen sie, indes ihre Augen ins weite lachende Tal wandern, den
Worten des Dichters, der ihnen so wundersame Märchen aus dem
Morgenlande erzählt . . . . Die Großfürstin hat ihm später einen Denk=
stein im Garten gesetzt. Drei von seinen Versen stehen darauf ge=
schrieben. Einer greift hier am tiefsten und folgt auf Schritt und
Tritt: „Zierlich Denken und süß Erinnern ist das Leben im tiefsten
Innern.“

Die Napoleonszeit in Jena

„Nur Weimar ist der Ort," schrieb Goethes Mutter, die resolute Frau, die so gar nichts Weltfremdes hatte, einst ihrem Sohne, „wo meine Ruhe gestört werden könnte; geht es meinen Lieben dort gut, so mag meinetwegen das linke Rheinufer gehören, wem es will!" Daneben muß man eine kleine Geschichte stellen, die beinahe wie eine Rache aussieht. Als im Jahre 1805 in Weimar preußische Truppen einquartiert waren, sagte ein Major zu seinen Kameraden: „Ich stehe bei einem gewissen Gothe oder Goethe, oder, weiß der Teufel, wie der Kerl heißt ... Ich habe dem Kerl auf den Zahn gefühlt, und er scheint mir Mucken im Kopf zu haben!"

In Frankreich läutete die Sturmglocke, ein Königskopf lag auf dem Schafott, der blutige Schrecken schrie seine Gesetze aus, ein Komet kam und zog seine Bahn über die halbe Erde, / in Jena und in Weimar hatte man seine eigene Welt, die Welt der Dichter und Denker. Da las man Schillers Briefe über die ästhetische Erziehung, blätterte in den Horen, deren Programm die Politik ausdrücklich ausschloß, behagte sich

220

am Xenienkampf, lebte in der Idylle oder entflammte sich mit literarischer Begeisterung an Wallenstein und an Wilhelm Tell. „Gegen uns wird man sich nicht so leicht wenden," hatte sich Goethe einst getröstet, „denn wir stecken glücklicherweise in dieser unbeweglichen nordischen Masse." Nun geschah das doch. Das heilige Donnerwetter kam gefahren. Und mehr als ein Archimedes saß in seiner Klause und starrte auf seine Kreise, indes die feindlichen Soldaten über seine Stadt herfielen.

Die großen Geister, die ihr Licht übers Land hatten strahlen lassen, waren keine „Nationalen"; mit Bewußtsein wollten sie Weltbürger sein und leugneten den Patriotismus, weil er dem Begriffe Menschheit im Wege stünde. Selbst Fichte schrieb 1806: „Welches ist denn das Vaterland des wahrhaft ausgebildeten christlichen Europäers? Im allgemeinen ist es Europa, insbesondere ist es in jedem Zeitalter derjenige Staat in Europa, der auf der Höhe der Kultur steht. Mögen denn doch die Erdgeborenen, welche in der Erdscholle, dem Flusse, dem Berge ihr Vaterland erkennen, Bürger des gesunkenen Staates bleiben; sie behalten, was sie wollten und was sie beglückt; der sonnenverwandte Geist wird unwiderstehlich angezogen werden und hin sich wenden, wo Licht ist und Recht. Und in diesem Weltbürgersinne können wir dann über die Handlungen und Schicksale der Staaten uns vollkommen beruhigen, für uns selbst und für unsere Nachkommen bis ans Ende der Tage." So hatte sich das Literatentum eine exklusive theoretische Kultur gegründet und schaute von hier aus mit Ironie und ohne Verständnis auf den Gang der Geschichte. Als Gentz sich an Friedrich Wilhelm III. mit der Forderung der Preßfreiheit wandte, bezeichnete das Goethe als den Gipfel des demokratischen Schwindels. Nur Knebel und Herder trugen die Augen unverbunden; nur sie begriffen die französische Revolution, fühlten in ihren Prinzipien den Anstoß zu einer neuen politischen und kulturellen Entwicklung und durchdrangen den zerfahrenen, haltlosen Zustand ihres eigenen Vaterlandes. Sie ahnten das Kommende, und sie prophezeiten es / tauben Ohren.

Wo die Führer die Hirtenflöte bliesen, schliefen die Geführten gerne. Ruhe war Pflicht, und Tugend war Ruhe. Die neuen Ideen machten vor dem Stadttore Halt. Die Zeitungen brachten nur spärliche, marklose Kost. Eine öffentliche Meinung fehlte. Weder am städtischen noch am staatlichen Gemeinwesen hatte der Bürgersmann Anteil. Erst die

Folgezeit stärkte sein Selbstbewußtsein und erweckte ihm aus der Freude
am Vaterlande neue Kräfte. Und der Bauer, „wozu er nicht geprügelt
oder bezahlt wird, rührt er nicht Hand noch Fuß", heißt es in einer
Erzählung Salzmanns aus jenen Tagen. Auch dem Studenten lag das
Vaterland fern, ein unentdecktes Gestade, das noch nichts von ihm forderte.

Ein „wandernder Helvetier", der im Jahre 1800 durch Thüringen
reiste, charakterisierte die Bewohner unserer Gegend so: „Ihre Gesichts-
bildung drückt mehr Phlegma als Geist aus; ihr Hauptzug ist nachlässige Sorglosigkeit und Hang zur Sinnlichkeit. Die Befriedigung
des Gaumens und Magens geht jedem anderen Bedürfnis vor; Tanz
und Musik folgen zunächst, Kleidung und Wohnung zuletzt. Blöße und
Witterung müssen sie erst daran erinnern, wenn sie hier Hand anlegen
sollen. Um Schönheit aber und Zierlichkeit kümmern sie sich nicht."
Man denkt hier unwillkürlich an die absprechende Beurteilung des
jenenser Philisters, wie sie vor acht Jahren aus der Feder eines anderen
Beobachters, Friedrich von Rehmanns, geflossen war.

Madame de Staël hatte einst geäußert, Weimar sei nicht eine kleine
Stadt, sondern ein großes Schloß; nun, auch Jena war nicht eine
kleine Stadt, sondern eine große Akademie.

Die Bürger lebten in beengter Häuslichkeit; keinerlei Aufgaben
brachten einen großen Zug in ihr Leben. Draußen gab es nur eine
Studentenwelt, und an der hingen sie mit allen ihren Interessen. Auf
die Professoren, die würdig über die engen Gassen schritten, sahen sie
mit patriotischem Stolz, denn die gaben ihrer Stadt den Ruhm. In
ihre Gedankenwerkstatt lugten sie nicht hinein.

Der „besser Situierte" lauschte bei seinem Pfeifchen, wenn die
Demoiselle Tochter am Spinett ihr gefühlvolles Lied sang. Man machte
sich auch wohl nach Weimar auf zum Theater, aber dann wählte man
sich am liebsten eins der Kotzebueschen Rührstücke, wo so selig die Tränen
flossen.

Am Ausgang des Jahrhunderts betrug die Zahl der jenenser Studenten 800. Ein paar beliebte Professoren starben, so Walch 1799,
Batsch 1802. Andere gingen in den ersten Jahren des neuen Jahrhunderts zu anderen Hochschulen über, Feuerbach nach Kiel 1802,
Christian Wilhelm Hufeland und August Wilhelm Schlegel nach Berlin
1802, Schelling, Gottlieb Hufeland und Paulus nach Würzburg 1803,

Leder und Schütz nach Halle 1803, Niethammer nach Würzburg 1804, Thibaut nach Heidelberg. Ihre Namen waren Magneten. Man fand keinen Ersatz. „Das ist sehr böse", schrieb damals Schiller, „und droht der Universität einen unvermeidlichen Fall." Wirklich ging die Zahl der Studenten sofort auf 500 hinunter.

Es war nun eine eigenartige Laune, daß sich die Weltgeschichte diejenige Stelle zum brutalen Völkerkampfe ausersah, wo immerfort die erwachenden Ideen mit den absterbenden eine Geister-Frühlingsschlacht geschlagen hatten.

Als der junge Professor Luden am 6. September 1806 Jena verließ, um seine Frau in sein neues Heim zu holen, dachte hier noch keine Menschenseele an Krieg. Man lächelte bei dem Gedanken, daß Preußen jetzt eine Entscheidung der Waffen suchen könnte, / und im schlimmsten Falle dachte man sich den Schauplatz auf dem linken Rheinufer, aber nimmermehr in Sachsen oder Thüringen. Kaum vierzehn Tage vergingen, da sah Jena in seinen eigenen Mauern und auf seinen eigenen Fluren alle die Handgriffe, die mit der Inszenierung eines gewaltigen Kriegsschauspieles verbunden sind, jenes aufregende und beängstigende Gemisch von Verworrenheit und Weisheit. Jeder Herbsttag trug nun die Krisis näher heran. Neugierde packte jeden, Furchtsamkeit durchschauerte ihn. Den Stolz der Vaterlandsliebe kannte man kaum, auch nicht den Opfermut. Nur widerwillig zogen die Sachsen mit in den Streit, der sie unter das Kommando der anmaßlichen Preußen stellte. Ihnen war man noch von dem siebenjährigen Kriege her gram.

Der Bürger hatte inmitten des Kriegslagers, zu dem seine Stadt geworden war, nicht den Einblick in die Schachzüge der Strategie; aber er nährte doch aus tausend unbedeutenden Einzelheiten seine Ahnung, fühlte unwillkürlich, wo die Schwächen der Seinen lagen, und stand unter dem Druck der Gerüchte, die die Stärke der Gegner ins Gigantische übertrieben.

In den Stuben spielten die Kinder mit Zinnsoldaten. In den Quartieren lagen die Krieger, noch alle mit der Zier des Zopfes, preußische Musketiere, Grenadiere, Jäger, korporalhaft steif und in ihre sauberen Uniformen gepreßt. Auf den Dörfern in der Runde hatte sächsische Kavallerie abgesattelt, zwangloser in ihrem Benehmen, Karabiniere, Chevaulegers, Husaren. Auf den engen Straßen dehnten sich die durchrückenden Regimenter zu endloser Länge, und die Fenster klirrten, wenn

die Bagagewagen übers Pflaster rasselten. Ritt ein General mit dem
Stern des schwarzen Adlerordens auf der Brust, mit dem mächtigen,
federbuschgeschmückten Dreimaster auf dem Kopf, auf seinem schönen
Rappen, dem der Schwanz gestutzt war, über den Markt, so folgten ihm
die Gassenjungen in hellen Haufen. Sie saßen auch in den Wipfeln der
Weidenbäume am Paradies. Dort hatte sich die preußische Feldbäckerei
etabliert. Daneben tränkten die Reiter ihre Rosse. Wallensteins Lager
war in die Wirklichkeit gerückt.

Jena lag zwischen den Schlachten. Das Hauptquartier der zweiten
preußischen Armee war in den ersten Oktobertagen hier. Im Schloß
wohnte der Kommandeur, der alte stolze Fürst Hohenlohe; sein General-
quartiermeister, der Phrasensünder Oberst Massenbach, beim Hofapo-
theker Wilhelmi. Zwei Aufrechte, Verblendete. Massenbach hatte eine
knabenhafte Idee. Ein Schriftstück hatte er aufgesetzt, das alle Sünden-
taten Napoleons registrierte. Es begann mit den Worten: „Napoleon,
ich liebte Dich!" und schloß: „Ich hasse Dich!" In Jena wollte er es
drucken lassen. Da war es Goethe, der noch im letzten Augenblick die
Torheit hinderte, die vielleicht Napoleons Erregtheit gegen die Stadt
unnötigerweise hervorgerufen hätte.

Der junge Prinz Louis Ferdinand zeigte sich oft. Er war der Nicht-
Blinde. Von seinen genialen Manieren und galanten Streichen erzählte
sich jedermann. Nun gähnte er, wenn man ihn sah.

Am 10. Oktober drang vom Süden her das Puffen fernen Geschütz-
feuers und lockte die Neugierigen vors Tor. Am nächsten Morgen kam
die Nachricht von dem Heldentode des Prinzen und der Niederlage bei
Saalfeld. Es war Sonnabend, der Markttag. Viele Bauern waren
zur Stadt gefahren. Da schleppten sich von Kahla die ersten Verwundeten und Versprengten heran, Sachsen und Preußen. Heillose Be-
stürzung fuhr in die Leute. Nun wurde es Ernst. Die alten Weiber
liefen mit Geheul umher, und ihre verzerrten Gerüchte zogen den ängstlichen Gemütern die Fassung weg. Dörfler kamen, flüchtend mit Betten
und Bündeln, gehetzt von dem Schrecken der Plünderung, die sie erlebt. Wie verschüchterte Hühner liefen die Dienstboten. Es tat not,
daß wenigstens die Hausfrauen nicht den Kopf verloren. Wer von
ihnen klug war, versorgte sich mit Brot und brachte das Gemüse aus
den Gartenbeeten in Sicherheit. Der Sonntag blieb stille. Nur Bot-
schaften flogen von Brand und Gefechten in allen jenen Dorfschaften,

wo der Bürger so oft in fröhlicher Sommerszeit im Wirtshaus ge=
schmaust und getanzt hatte. Von Winzerla und Lobeda her glaubte man
Gewehrfeuer zu hören. Zum Kirchgange fehlte da die Andacht. Der
Superintendent Marezoll las statt der Predigt nur das fünfte und
sechste Kapitel aus dem Matthäusevangelium vor.

Man sah, wie sich die Preußen zum Abmarsch zurecht machten. Der
Leutnant von Ölhafen schrieb beim Scheiden in ein jenenser Stamm=
buch neben eine Abbildung der Camsdorfer Brücke die Worte: „Sieg
oder Tod! Gleichviel für mich; nur nicht diesseits, nein, jenseits dieser
Brücke. Und in beiden Fällen möge dadurch der für uns traurige Tod
unseres geliebten Prinzen Louis von Preußen und unserer gefallenen
Brüder gerächt sein, damit Ihre Vaterstadt und unser Ruhm erhalten
sei!“ Seine Zuversicht war nicht allen eigen.

Das Korps Hohenlohes sollte den Abmarsch der preußischen Haupt=
armee, die unter dem Herzog von Braunschweig von Weimar her über
Auerstedt zur Saale und weiter zur Elbe zu rücken gedachte, gegen einen
Flankenangriff von rechts decken. So zog es am Abend des 12. Oktober
und nächtlicherweile aus der Stadt. Die Bürger mußten Lichter in ihre
Fenster stellen und Laternen vor die Häuser hängen. Ganz stille, als
duckten sie sich vor einem Raubvogel, trotteten die Regimenter dahin.
Auch die Bürgersleute wagten kaum zu sprechen, in Bangen, es könnte
ein lautes Wort das Unheil wachrufen. Nur einmal, um Mitternacht
kam eine ritterliche Schwadron über den Graben; die sang das junge
Soldatenlied „Wohlauf, Kameraden, aufs Pferd, aufs Pferd! Ins
Feld, in die Freiheit gezogen!“ Das klang gleich so fröhlich und mutig,
daß, wer es hörte, wieder eine kleine Weile frische Zuversicht hatte.

Am Montag, dem 13. Oktober, ritten die ersten französischen Chasseurs,
die von Wöllnitz über die Wiesen kamen, vorsichtig oberhalb der Brücke
durch die Saalefurt. Voltigeurs folgten. Dann geschah es, daß eine
Schar der Verlaufenen, der berüchtigten Löffelgarde, über die Stadt
herfiel und sie auf eigene Faust im Handumdrehen brandschatzte. Wo
es schnelle Gelegenheit zum Plündern gab, griffen die frechen Gesellen
leicht zu. Einen Professor hielten sie auf der Straße an und raubten
ihm die Börse. Auch den Hut wollten sie ihm nehmen, allein sie unter=
ließen es, als er sie beschwor und ihnen auseinandersetzte, daß er mit
einer Deputation zum Marschall gehen müßte und dazu doch seinen Hut
notwendig brauchte.

Um 9 Uhr war das große Heer heran. Zunächst als erste Masse die
Regimenter des Marschalls Lannes. Abgerissen und schlenderhaft
schienen sie, wenn man sie mit der preußischen Wachtparade zusammen-
stellte; indes die Grasteufel konnten beißen. Dann ritt am Nachmittage
mit seiner Armee der kleine große Kaiser ein, ehern, ganz Ruhe. Er
hatte den grauen Mantel über seine schmucklose grüne Uniform gezogen,
trug das schwarze Hütchen und klopfte gutmütig den Hals seines
Schimmels. Hinter ihm die schwirrende, klirrende Suite. Er ritt über
die Brücke zum Schloß und fast ohne Rast hinauf zum Landgrafenberge.
Das duldeten die Preußen. Da oben aß er im Biwak unter seinen
Garden das Abendbrot, das ihm zwei Stabsoffiziere aus Frau von
Knebels Küche brachten. Bis nach Mitternacht war er unermüdlich auf
den Beinen, den Aufmarsch seiner Truppen leitend, überall sorgend,
anfeuernd, beobachtend, Verderben bereitend. Und drüben in Kapellen-
dorf schlief Hohenlohe den Schlaf der Selbstgerechten. Der Marschall
Lannes war unten in der Stadt geblieben. Hier war seine Anwesenheit
ruhegebietend, denn die Offiziere bändigten kaum noch die Lust der
Soldaten zum Plündern. Die Bäcker arbeiteten nicht, die Brunnen
gaben kein Wasser mehr; und das Gerücht, die Stadt solle angezündet
werden, wurde, so haltlos es war, geglaubt. Kaum dunkelte es, da
brach die Gier aus ihrer Höhle. Die Briefe jener Tage erzählen uns
alle von den Leiden, die sich überall wiederholen, wo die widerwärtige
Bestie auf Raub ausgeht. Um 2 Uhr nachts umgellt und umglüht es
die Einwohner wie eine Hölle: Kanonen aus der Ferne, Feuerglocken
auf den Türmen, Geheul in den Gassen. In der Johannis-, Leutra-
und Mühlgasse schlagen die Flammen aus den Dächern. Zwanzig Häuser
liegen dann in Asche. Aus dem Schutt ragen die Ruinen der Brand-
mauern; und die Menschen hacken und graben, ob sie noch etwas von
ihrem Eigentum finden mögen. Die Webstätten sind niemals wieder
aufgebaut. Der Eichplatz ist heute an der Wüstung. Obdachlose überall.
Die Professoren Seebeck und Hegel kommen zum Buchhändler Frommann geflüchtet. Auf einem alten kolorierten Kupfer sieht man noch den
Brand. Die Balken stürzen zusammen mit dem verkohlten Sparrenwerk;
auf dem Pflaster liegen die Betten der Verarmten; die Bürger mühen
sich mit den ohnmächtigen Spritzen; französische Sappeurs, die der General Augereau mitleidig geschickt hat, helfen. Und dabei zieht durch das
Gewirr ein langer Zug von Verwundeten; geschleppt, gestützt, auf Trag-

Brand in der Johannisgasse und Transport von Verwundeten

Kpfr. von E. Schnorr nach H. R. Pflug

15*

bahren und Karren kommen die Elenden heran. Die Nacht ist kalt.
Man sieht am Morgen nachher überall Eiszapfen hängen. So viele
haben kein Dach mehr. Auf dem Friedhofe unter den Zypressen und
hinter den Leichensteinen kauern sie, auch an der Landstraße, in den
Krautländern, im Weidengebüsch am Ufer, überall in Todesangst.
Professor Schelver muß sich mit seiner Familie im Chausseegraben ver=
kriechen. Griesbachs ganzer Garten ist voll von Heimatlosen. Der alte
Herr selbst erzählt, wie er in die Hände der plündernden Soldaten ge=
fallen ist, würdig und gefaßt wie ein Philosoph: „Ich empfing sie voll=
kommen gelassen und freundlich; ich sagte, ich sei ein Gelehrter und die
große Nation führe nicht mit den Wissenschaften und ihren Dienern
Krieg, sondern schütze beide. Unterdessen holten sie mir und dem alten
D. Uhr und Börse und dem armen W. seine wenige Barschaft aus der
Tasche, obgleich ich schrie, er sei ein unglücklicher Blinder; worauf ich
zur Antwort erhielt, sie aber seien Clairvoyants, und setzten mir aus=
einander, ihr métier sei, de faire la guerre, und das könne man nicht
umsonst tun . . . ."

Und droben auf den Bergen bei Vierzehnheiligen brüllt die Schlacht,
in der Alt=Preußen unter der Wucht einer neuen Kriegsenergie morsch
zusammenbricht. Der Bürger hört das entsetzliche Stampfen des Krieges.
Dann wird seine ganze Stadt ein einziges Lazarett und Sterbehaus.
Über 3000 Blessierte trägt man herein. Und jeder Schrei dämpft sich
zum Seufzer und Gestöhn. Die Portale der Kirche stehen weit geöffnet.
Drin liegen die Todwunden; auf den Stufen draußen lagern sie und
auf dem Platze davor neben den Feuern, deren flatternder Glühschein
den hohen Turm unheimlich umzuckt. Trommeln rasseln. Man hört den
müden, schweren Tritt der Truppen, die vom Siegesfelde herabkommen.
In den Gassen rast schon der Taumel. Auch der jenenser Pöbel ist an
den Ausschreitungen beteiligt. Von Einquartierung sind die Wohnungen
überfüllt, selbst in den kleinsten Häusern liegen an fünfzig Soldaten.
Wo Offiziere sind, hält die Mannszucht sich. Vor dem Griesbachschen
Hause hatte der Marschall Lannes zwei Schildwachen postiert. Es
sollte sein Quartier sein. Er war dann nur auf eine halbe Stunde hier
abgestiegen und hatte schnell ein Glas Wein getrunken. Aber das
Haus blieb doch von jeder Heimsuchung verschont. Bei Frommanns
wurden in den Tagen 300 Bouteillen Wein vertrunken, vier Schock
Eier und eine Menge Federvieh verzehrt. Trotzdem fehlte nachher von

den silbernen Löffeln nur einer, und auch der fand sich später wieder. An ergötzlichen Szenen mangelte es inmitten all des Traurigen nicht. Der Anatom Professor Vogt hatte ein Pferdegeripps wohlverpackt in seinem Hause stehen. In der Nacht brachen lüsterne Banditen mit Bajonetten die große Kiste auf. Den Entsetzten fiel da mit einem Male statt der erhofften Beute das unheimliche Skelett entgegen.

Napoleon kam herabgeritten in aller Stille. Er mochte nicht die Bom= bardonmusik der Triumphatoren. Auf dem Schlosse machte er es sich auf kurze Zeit nun bequem, wo Goethe der Pflanzenmetamorphose nach= gesonnen hatte. Bald war an den Stadttoren seine Proklamation zu lesen, die die Franzosen als die Retter Sachsens vor Preußens Tyrannei bezeich= nete und das sächsische Land zum pays neutre erklärte. Er trug eine kluge Kourteisie zur Schau. Seine Anwesenheit schon schüchterte auch die grobe Wut der Soldaten ein. Am 15. Oktober mittags gingen Deputationen

229

der Bürgerschaft und der Universität zu ihm. Die Professoren führte
der Geheime Kirchenrat Gabler, der Prorektor, und der Marschall Duroc
stellte sie vor. Die Befürchtung, der Allgewaltige möchte die Universität
schließen, die er wohl einmal einen Herd der Revolution und Demokratie
genannt hatte, erwies sich als nichtig. Er gab den gelehrten Herren eine
wohlwollende Versicherung seiner protection spéciale und entließ sie mit
höflichem Lächeln. Noch an demselben Tage ritt er nach Weimar hinüber, und die Bürger lasen bald darauf die Bekanntmachung des Platz-
kommandanten Bouchard, die bei Todesstrafe den französischen Soldaten
jeden Plünderungsversuch und jede Gewalttat verbot. Da gab es allerdings in vielen Häusern kaum noch etwas zu holen. Vier Einwohner,
drei Männer und eine Frau, waren in den Straßenwirren erschossen
worden.

Nicht lange, so schob sich die ganze Soldatenmasse vorwärts nach
Naumburg zu. Nur eine geringe Garnison blieb. Im Gasthof zum
Bären saßen die Militärschneider und schnitten die weiten Mäntel der
Jenenserinnen, namentlich aber die blauen Tuchmäntel der Bäuerinnen
zu französischen Soldatenhosen zurecht. Nach und nach wurden auch die
Verwundeten fortgeschafft; doch lagen besonders im Schloß, in Goethes
Zimmern, noch monatelang die Schwerblessierten. Im November or-
ganisierte sich die Garde bourgeoise de Jéna und besorgte den Sicher-
heitsdienst.

Jena war nun, wie Jean Paul sagte, „noch durch etwas Wilderes
berühmt geworden als durch Jenenser und Fichte". Auf das Unglück kam
die Ermattung. Als der Professor Luden am 19. Oktober in die Stadt
zurückkehrte, kannte er sie kaum wieder. An allen Häusern sah er noch
die Türen und Fenster zertrümmert und die Läden in Stücken hängend,
das Pflaster aufgerissen, Haufen Unrats überall. Kein einziger reinlicher
anständiger Mensch zeigte sich. Nur Verarmte ließen sich blicken. Sie
starrten scheu vor sich hin; ihre Gesichter waren eingefallen, abgemagert,
blutlos. Die Kleider saßen den Männern und Frauen in Fetzen auf dem
Leibe. Nirgends ein freudiger Laut, eine Spur von Heiterkeit. Selbst
die Kinder waren jetzt eingeschüchtert und blickten ängstlich seitwärts
auf jeden Franzosen, der vorüberging. Vor der Kirche wartete ein großer
Leiterwagen, den man mit nackten Leichnamen bepackte, und die leichter
verwundeten Soldaten, die auf den Stufen der Kirchentüre saßen, schauten
teilnahmlos und düster dem traurigen Schauspiel zu. Als Luden dann

in seine Wohnung kam, sah er das Chaos. Alle Koffer und Kisten waren zerbrochen. Die Franzosen und der Jenaer Mob hatten alles gestohlen und geraubt. In den Stuben lagen Haufen von Stroh. Von seiner ganzen schönen Bibliothek fand er nichts als einen einzigen Band der Goetheschen Werke. Das übrige war mitsamt den zerschlagenen Möbeln ins Herdfeuer gewandert. In so trübseliger Stunde nahm sich der Hofrat Seidensticker seines Kollegen an und sorgte mit jener wackeren Treue, die das Unglück offenbar macht, daß der Arme wenigstens ein paar Stübchen für seine junge Frau zurecht machen konnte.

In den ersten Novembertagen lasen die Professoren wieder. Ein Schutzbrief Napoleons, vom 24. November aus Berlin datiert, sicherte der Universität ihr Bestehen und stellte die Professoren und die Studenten unter den Schutz der französischen Waffen. Der Kaiser wünschte ausdrücklich, daß die Studenten, die der Kriegssturm verweht hatte, zurückkehrten und ihre Studien fortsetzten. Nur einunddreißig ließen sich für das Wintersemester neu inskribieren, so daß wohl kaum vierhundert im ganzen da waren. Die Aufhebung der Nachbaruniversität Halle am 20. Oktober kam dann Jena zu statten, und die Zahl der Studenten stieg wieder. Noch immer waren merkwürdigerweise Kurland und Livland stark vertreten; aber auch Ungarn und Griechen fanden sich in stattlicher Anzahl ein.

Gleich nach der Schlacht schrieb Goethe an seinen Freund Knebel: „Jeder muß sich nur in diesen ersten Augenblicken zusammennehmen und möglichst wiederherstellen, so wird auch dem Ganzen geholfen. Man kann nun schon wieder anfangen, um sich her und für andere zu wirken." Dann fuhr er mit einem wenig günstigen Blick auf die Universität fort: „Daß die morsche jenaische Verfassung bei dieser Gelegenheit zusammenbrechen würde, ließ sich voraussehen. Jämmerlicher konnte kein gemeines Wesen geführt sein. Ich weiß es, was es mir für Not machte, meine wenigen Anstalten als ein gesundes Glied innerhalb eines absterbenden Körpers zu erhalten." Knebel antwortete aus Jena am 5. Dezember: „Hier geschieht nicht viel. Man schleppt sich unter der Last der Tage hin und wartet auf eine Erscheinung, an die man nicht glaubt. Die Physiognomie unserer Universität gibt auch nicht große Hoffnung auf Wiederherstellung. Es fehlt der Heiland, der den toten Körper wecke, denn von selbst hat er keine Kraft, sich zu beleben .... Die wenigen, die noch etwas hervorzubringen wagen, legen sich, anstatt brave Lehrer zu werden, auf das Pamphletschreiben, wie es die Franzosen nennen, oder auf die langen und breiten Artikel in den Journalen, wodurch denn niemand großes Heil geschieht, wofür sie aber doch ihren blanken Taler haben."

Diesen recht trüben Aspekten zum Trotz geschah doch manche Reform; und mehr als eine tüchtige Lehrkraft ließ sich wieder nach Jena ziehen. In der Folgezeit wurde die Sternwarte eingerichtet, das anatomische Museum, das osteologisch-zoologische und das physikalisch-chemische Kabinett begründet, die Universitätsbibliothek neu organisiert. Auch im botanischen Garten gedieh alles, obgleich der Krieg darüber gegangen war, vortrefflich zu Goethes Freude und dank der Fürsorge des jungen Vogt. Der war „ein Individuum, desgleichen zum zweiten Male nicht wieder geboren wird".

Die Notdurft des Lebens drängte sich hier wohl weniger hart auf als an anderen Hochschulen. „Jeder Professor", urteilt hier noch in den zwanziger Jahren ein Student, „wurde bald ein kleiner Krösus, und kam er arm wie Hiob hin: das wohlfeile, höchst eingezogene Leben, verbunden mit einiger Knickerei, gänzliches Verbanntsein alles Aufwandes, höchst seltene Gesellschaften, leidliche Besoldungen, mit Strenge und ohne Rücksicht eingetriebenes Honorar für die Kollegien und die vielen Nebensporteln und Nebenämter verschaffen den Jenaer Professoren Mittel, sorgenfrei zu leben und für die Zukunft und ihre Erben zu sparen und zu sammeln."

Goethe nahm seine Farbenlehre „auf den Amboß", Knebel flüchtete wie ein Zugvogel aus der unliebsamen Gegenwart in die Ferne der indischen Literatur. Beim Karneval des Jahres 1807 war man in Jena wieder recht frohgemut. Die Masken liefen wie toll auf dem Markte herum, und der französische Kommandant fand an der allgemeinen Lustigkeit Gefallen. Der „alte durchkribbelte Kerl" war kein Freund von ewigem Gebieten und Verbieten; er ließ sichs wohl sein unter der Bevölkerung und bedauerte nur, daß man ihn nicht sehr liebte. Aber als Professor Luden seine Vorlesungen über vaterländische Geschichte hielt und die Studenten eifrig zu ihm liefen, fand er es doch nötig, durch ein Kommando, das er vor dem Auditorium postierte, an seine Macht zu erinnern.

Dann kam der Frühling, und zu Knebels großer Betrübnis fehlten diesmal die Singvögel und vornehmlich die Nachtigallen. Böse Buben hatten sie rings um die Stadt alle weggeschossen.

Napoleon mit Carl August und Alexander auf dem Schlachtfeld am 7. Oktober 1808. Kpfr.

Der Herzog löste sich von der preußischen Allianz und machte in einer
Proklamation von Berlin aus am heiligen Abend des Weihnachtsfestes
1806 bekannt, daß er mit Napoleon zu Posen am 15. Dezember Frieden
geschlossen habe und mit seinem Lande und den vier anderen sächsischen
Herzogtümern dem Rheinbunde beigetreten sei.

Zwei Jahre später / am 6. und 7. Oktober 1808 / weilte Napoleon
in Weimar. Am 7. kam er mit dem Zaren, mit Carl August, der nun
Großherzog war, und mit einer stattlichen Anzahl deutscher Könige und
Fürsten herüber. Eine Jagd war veranstaltet. Die zog vom Ettersberge
bis zum Windknollen. Im Anblick der Landschaft ließ Napoleon die
Einzelheiten der grandiosen Schlacht noch einmal in der Erinnerung
wach werden. Aber das Gedächtnis der Schmach war in dem Herzen
des Volkes tot. Auf der Höhe standen zwei Altäre, und dahinter war
ein dorischer Tempel aufgebaut. Die schmeichelnde Inschrift hatte der
Professor Eichstädt ersonnen:

PRAESENTES DIVOS NUNC PRISCA THURINGIA JUNXIT,
EN NOVUS ATTONITOS JUNGET AMOR POPULOS.

Eine Professorendeputation begrüßte den mächtigsten der Divi, der einst
das Gewitter gewesen war und nun eitel Sonnenschein strahlte. Der
katholische Pfarrer Henry, ein französischer Abbé, durch die Revolution
vordem aus seinem Vaterlande vertrieben, hatte hier Gelegenheit, dem
Kaiser das Elend der Stadt Jena zu schildern, und er tat es mit so ein=
dringlichen Worten, daß dieser seine Hülfe versprach. Großmütig genug,
vergaß er sein Wort nicht und sandte am 12. Oktober ein Dekret, das
der Stadt 300 000 Franks zur Linderung der alten Kriegsleiden an=
wies.

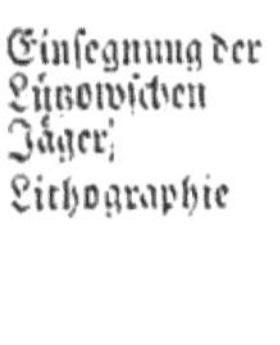

Das Jahr 1813 als Erzieher

Aus Renommisten hatte Fichte einst Lehrer des Menschengeschlechtes und Priester der Wahrheit bilden wollen / aus Kindern Männer. Allein die Philosophenschule reichte nicht aus, das zustande zu bringen. Es bedurfte der Schule des Lebens. Und dies Leben kam über die Jünglinge mit einem so erschütternden Wechsel aller Dinge, wie ihn die Welt kaum je erlebt.

Professor Luden spricht in seinen „Rückblicken" von jener Zeit. Da fühlt man, wie verloren und verworren die Menschen damals den betäubenden Ereignissen gegenüberstanden, keinen Halt fanden und keine Aussicht entdeckten / bis dann inmitten der Demütigungen, Kriechereien und Händeleien die edelsten Leidenschaften wach wurden. Das ergab eine Reinigung der Sitten, eine Entsagungsfreude, eine Opferlust. Wie eine stille Gemeinde fühlten sich die Guten, und die Feigen und die Schlechten mußten seitwärts stehen. In Ludens Haus und in so mancher anderen Jenaer Familie schuf die Not einen eigenen Stil des Lebens. Die Kostbarkeiten, die der Überfluß sich schafft, verschwanden; aller Trödel und Flitterkram stäubte dahin. Kleidung und Gerät mußten wohlanständig sein, aber was darüber hinausging, wurde als unnützer Plunder vermieden. Essen und Trinken hielt sich von jeder Verschwendung fern. Man gefiel sich bald in dieser Entsagung und glaubte sich besser und stärker in diesem Sieg über alte Neigungen. Alle Hoffart und Eitelkeit, aller Hochmut und Dünkel waren ausgetilgt. So erwuchs ein neuer Stamm.

Wie auffällig ist doch das eine: das ganze Volk sammelt sich in ernster Beichte und Andacht; nur die Studentenschaft hängt am Nichtigen und Würdelosen.

Die Weltgeschichte hatte den Atem angehalten, als zwei Völker oben auf dem Felde über Jena gegeneinander fuhren / und die Jugend, sonst so schnell fertig mit Wort und Tat, saß unten im Tale, feierte ihre Trinkgelage und focht ihre Renkontres aus.

Ein junger Student im ersten Semester, Johannes Voigt aus Meiningen, der später ein ganz bekannter Professor der Geschichte in Königsberg geworden ist, war während der Bataille in Jena. Er sagt in seinen Erinnerungen: „Die Schlacht unterbrach meine Studien. Sie kostete mir selbst fast das Leben, indem beim ersten Straßengefechte, dem ich neugierig von meinem Fenster aus zusehen wollte, mir eine Flintenkugel kaum eine Spanne weit am Kopfe vorübersauste und in die vorstehende Wand des Nachbarhauses einschlug." Neugier allein regte ihn also auf, und die Not der Zeit hauchte ihn gar nicht an / auch nicht nach dem entsetzlichen Fall des Vaterlandes. Er fährt in seiner Erzählung fort: „Nach einer lustigen, ganz in studentischer Weise zurückgelegten Reise mit fünfzehn Kommilitonen in die Heimat, wo ich mehrere Wochen verweilte, kehrte ich im November nach Jena zurück."

Goethe nahm Partei; ihm schien der Kaiser als die höchste in der Geschichte mögliche Erscheinung, dergleichen niemals war und niemals sein wird ... Darüber mag man sich wohl ärgern / aber die stumpfe Gleichgültigkeit des Studententums, der Mangel an jedem Unwillen und an jeder Begeisterung, das ist ein unsagbar unwürdiges Faktum. Nun fehlte den Jenensern ihr tapferer Fichte, der drüben in Berlin im Jahre 1807 und 1808 seine Reden an die deutsche Nation hielt.

Seit Schelling im Jahre 1803 gegangen und auch Niethammer im Jahre darauf gefolgt war, hielt G. W. F. Hegel das Ansehen der Philosophenschule in Jena aufrecht. Mit Schelling teilte er die Heimat; er

war sogar sein Studiengenosse gewesen; aber sonst schien er in allem
sein Gegensatz. Er war fünf Jahre älter als Schelling, der ihn schon auf
der Universität überstrahlt hatte, und er gelangte bei seiner bedächtigen

Entwicklung erst sechs Jahre später zu einer Professur. Niemand hielt ihn
als Jüngling für etwas Außerordentliches. Schon seine Kommilitonen
im Tübinger Stift hatten ihn wegen seiner Gründlichkeit und Gemäch-

lichkeit den „alten Mann“ genannt. Schelling war ein Poet gewesen,
Hegel, trotz seiner Freundschaft mit Hölderlin, war die Prosa. Aus jedem
Zuge seines Porträts spricht sie. Daß aber auch die Prosa zu einer
leuchtenden Flamme aufschlagen konnte, fühlt jeder, der heute die offen=
herzigen, von warmer Empfindung durchglühten Briefe liest, die der
Vierzigjährige an seine neunzehnjährige Braut, Marie von Tucher, ge=
schrieben hat. Es geschah auf Schellings Rat, daß Hegel sein Haus=
lehrertum in Frankfurt am Main aufgab und sich in Jena niederließ.
Er habilitierte sich 1801 mit einer Dissertation über die Planetenbahnen
und galt zuerst als ein Anhänger und Verteidiger der Schellingschen
Philosophie. Beide gaben zusammen „das Kritische Journal der Philo=
sophie“ heraus. In Jena erschien auch Hegels erste Schrift „Die Diffe=
renz des Fichteschen und Schellingschen Systems der Philosophie“. Da=
mals sprach er noch von „unserer“ Philosophie, indem er sich neben
Schelling stellte; bald aber entwickelten sich die gegensätzlichen Ten=
denzen stärker, und als er 1807 seine „Phänomenologie des Geistes“
erscheinen ließ, war er kein Schellingianer mehr, sondern der Urheber
eines neuen konstruktiven Systems. Das war der absolute Idealismus
oder Panlogismus, ausgedacht mit der großartigsten folgerichtigen Ein=
seitigkeit und ausgebildet mit „einer bezaubernden Architektonik“. Zum
ersten Male brachte sein System „die innere Zusammengehörigkeit aller
Geisteswissenschaften und den Gedanken der strengen Gesetzmäßigkeit
auch allen geistigen Geschehens“ zum Ausdruck. Und es war trotz seiner
Sprachbarbarei „voll verwegener Begriffsbildungen“ und voll der frucht=
barsten Gedanken und überall zu neuem Spekulieren anregend. So hat
seine Philosophie in den ersten Jahrzehnten des neunzehnten Jahrhun=
derts die herrschende Gewalt im Geistesleben errungen und sich ihre
Anhänger weit über die deutschen Grenzen hinaus geworben.

In seinen jungen Tübinger Jahren war auch Hegel, der damals so
gerne bedächtig bei seinem Schoppen saß und seinen Tarok spielte, ein
Stürmer gewesen. Das Blut hatte ihm die französische Revolution in
Wallung gebracht, und „Kopf ab!“ war das Wort, das er eine Zeit=
lang mit Vorliebe im Munde führte. Man erzählte sich später auch, er
habe zusammen mit Schelling und seinen Kameraden einen Freiheits=
baum aufgepflanzt. Die Politik nahm ihn aber auch ernstlicher in An=
spruch; er studierte als Hauslehrer in der Schweiz Gibbons, Montes=
quieus, Thukydides’, Humes Staatsschriften, Kants Rechtslehre und

das preußische Landrecht. Seine allererste Schrift, die allerdings unge=
druckt blieb, lautete „Über die neusten inneren Verhältnisse Württem=
bergs". Aus dem jungen Revolutionär wurde dann, wie aus so vielen
großen Geistern damals, ein Bonapartist. Auch diese Schwenkung war
indessen nur eine Entwicklungsstufe, die ihn weiter trug, ihn später, als
er nach Preußen gezogen war, zum Verteidiger des legitimen Königtums
werden ließ, / „zum königlich preußischen Hofphilosophen", wie seine
Neider sagten.

Als Hegel noch in Jena seine Phänomenologie schrieb und sich eben
daran gemacht hatte, die letzten Seiten des Manuskripts mit der Post
in die Druckerei nach Bamberg zu senden, zogen schon die Franzosen
hinter den abrückenden Preußen zum Tore herein. Er mußte seine Woh=
nung den aufdringlichen Gästen überlassen und im Frommannschen
Hause Zuflucht suchen. Sein kleines väterliches Vermögen hatte er
inzwischen aufgezehrt, und seine Besoldung betrug nicht mehr als
hundert Taler. Da trieb ihn die Notdurft des Lebens nach Bam=
berg, die Redaktion einer politischen Zeitung zu übernehmen. So ging
er der Jenaer Universität verloren. Für das Vaterland war er schon
verloren damals, denn es war die Epoche, da er in Napoleon die Welt=
seele sah.

Ein französischer Leutnant, La Roche, wurde 1806 im Duell von einem
jenenser Studenten erstochen. Aber dies Duell und die anderen, die
zwischen den fremden Offizieren und den Studenten folgten, leiteten sich
nicht aus politischer Empfindlichkeit, sondern aus lächerlichen gesell=
schaftlichen Reibereien her. Der französische Kommandant und auch der
Prorektor ignorierten die Vorfälle; so wenig gewichtig schienen sie.

Noch immer dominierten in der öffentlichen Meinung der Studenten=
schaft die Landsmannschaften, die die geheimen Orden, die Amicisten
und Konstantisten und Schwarzen Brüder ganz verdrängten. Gegen
ihren Terrorismus ging 1809 eine große Bewegung vor, die bald über
dreihundert Studenten ergriff. Sie wollte eine Reformation des Stu=
dentenlebens ganz im Fichteschen Sinne, eine Belebung des wissen=
schaftlichen Geistes und eine Ertötung des burschikosen Barbarentums
und der rohen Schlägerherrschaft. Allein, so schwungvoll die Neuerer
ans Werk gingen, auf die Dauer glaubte die rasche Jugend doch nicht
so recht an die Seligpreisung der Sanftmütigen. Und die Verspottung
der gutgemeinten Ideen ward dann ihr Verderben. Die Landsmann=

schaften belegten den freien Verein der Gegner mit dem Namen Sul-
phurea, Schwefelbande; sie verweigerten ihm die studentischen Ehren-
rechte und verlangten anmaßend allen Ernstes, daß die Sulphuristen
ihnen auf den Gassen einen Schritt ausweichen sollten, und drohten mit
Ohrfeigen und Stockprügel. Unter diesem Odium zerrann die Reform-
bewegung schnell. Im Jahre 1812 hörte man nichts mehr von ihr.

Im Jahre 1807 gab es vier Landsmannschaften, die Altenburger,
Thüringer, Franken und Gothaner. Bald wechselten sie Namen und
Bestand. Und die Eifersüchteleien untereinander, ihre gegenseitigen
Verrufserklärungen und Händel, die wenig ehrenvollen Prügeleien, die
Auflösungen und neuen Konstituierungen, dazu die Kämpfe mit den
Handwerksburschen, die sogenannten Gnotenbataillen zu Golmsdorf und
Lichtenhain, und schließlich noch die Aufstellung eines umständlichen und
rigorosen studentischen Komments im Jahre 1809 / das alles war es,
was das Gehirn der Jünglinge in den Zeiten der politischen Spannung
erfüllte.

Im Jahre 1812 fühlten sich die Landsmannschaften / es waren damals sieben / in ihrer schönsten Macht. Und der Prorektoratswechsel
am 8. August lockte sie, diese Macht glanzvoll zur Schau zu tragen. Auf
dem Markte errichteten sie dem Hofrat Eichstädt einen hohen Obelisken
von Holz. Ein Genius war darauf gemalt, der dem Verehrten den Lorbeerkranz bot, und oben auf der Spitze des Denkmals glühte ein Opfer-
brand empor. Im großen Fackelzuge brachten sie dann dem alten und
dem neuen Prorektor ein Ständchen. In Farben und mit wehenden
Fahnen zogen sie stattlich auf; die Chargierten prangten in gestickten
Uniformen und fürchterlichen Dreispitzen. Ein Pomp war entfaltet wie
nie zuvor, und so merkwürdig historisch dünkte das alles den Jenensern,
daß sie den ganzen Zug in Kupferstichen festhielten.

Wir mögen hier nicht mehr lesen, was die langatmigen Referate über
hundert studentische Streiche und Exzesse melden; die Ungeduld drängt
uns von den Zeilen hinweg; wir warten auf etwas ganz anderes. Aber
das bleibt stille. Indes Frommanns Knaben mit Tschakos exerzierten,
die den Namenszug des heldenherzigen Erzherzogs Karl trugen, indes
ein Erfurter Kaufmannslehrling sich im Schönbrunner Schlosse mit
einem Dolche an Napoleon herandrängte, klang nichts in dies Studententum hinein von den Brüdern, die sich bei Aspern um ihre deutsche Freiheit schlugen, nichts von Schill und dem Herzog von Braunschweig und

Andreas Hofer. Mittelalterliches Spinnengewebe klebte überall in den Ecken der kleinen Universitätsstadt, wo doch sonst jedermann mit der Prätension der Aufklärung umhergegangen war.

Nur Luden rüttelte in seinen Vorträgen über die neuste vaterländische Geschichte die Hörer auf. Fester Volkssinn, rief er, und Stärke der Ein=heit / das muß erst dem Deutschen wieder werden, wenn er seine Unab=hängigkeit erringen will! Unter seinen Hörern saß als der eifrigste ein junger preußischer Hauptmann, der aus der französischen Gefangenschaft geflohen war und unbekannt und unter fremdem Namen in Jena lebte. Als er später General wurde, kannte ihn jeder Patriot in Deutschland, / es war Karl Wilhelm Georg von Grolmann.

Und dann liest man eins gerne: Am 5. September 1812 waren die Vandalen zur Kunitzburg hinaufgezogen. Ein großes Feuer ließen sie mitten in den kahlen Ruinen auflodern, und im jugendlichen Drange sangen sie von ihrer Freiheit und Burschenherrlichkeit die ganze Nacht hindurch. Als aber dann die Sonne aufging, da schlangen sie die Hände ineinander und gelobten sich Treue gegen das Vaterland.

Gewann das Wort Vaterland endlich eine erhöhte Bedeutung und Kraft?

Wir freuen uns immer in unseren Märchen an diesen Gestalten, die

16 Borkowsky, Das alte Jena

in träger Jugend das Leben verschlafen; aber dann weckt sie eine große Aufgabe, die kein anderer lösen kann; und nun dehnen sie noch gähnend die Muskeln und recken die Arme und ballen die Fäuste, und endlich schlagen sie drein, aber dann auch gleich so, daß die Späne fliegen. Mit der Studentenschaft war es so.

Jena lag an einer vielbegangenen Militärstraße. Im Jahre 1812 wurde diese nicht leer von allerhand Truppenmassen, die aus den Rheinbundländern kamen und ihre Marschroute nach dem Osten hatten. Noch lange erinnerten sich später die Bürger der stattlichen Sappeurs mit ihren mächtigen Bärten, die den Regimentern voranschritten, oder des langen Tambourmajors, der seinen Stock häuserhoch in die Luft warf und ihn geschickt wieder auffing. Die Verbindungen der Bürger mit den Gevattern und Freunden im Reich waren unzuverlässig, und die Briefsendungen stockten, aber von den Erfolgen der großen Armee in der kalten Ferne hörte man doch, beinahe alle Tage. Aus Wahrheiten wurden Rodomontaden, und aus diesen wurden Lügen, und endlich kam wieder die Wahrheit. Das war der Anfang des großen Débacle. Napoleon zuckte in gehetzter Schlittenfahrt nach den Tuilerien als Kourier seines eigenen Mißgeschicks. Am 17. Dezember war er durch Weimar gesaust. Bald sah man zersprengte Franzosen und Rheinbündler, auch nahe Landsleute, Scherbenstücke der großen Armee. Das Entsetzen war hinter ihnen her. Am 2. April 1813 kam ganz zuletzt noch in leidlicher Ordnung, aber mutlos und abgequält, die Division Durutte, holländische und deutsche Kontingente. Sie wollten in Jena einen Rasttag halten und hatten sich darauf gefreut, als das Gerücht, es seien plötzlich Kosaken auf dem Hausberge sichtbar geworden, sie zum beschleunigten Abmarsch trieb. Den ganzen Alarm konnte man auf einen Studentenstreich zurückführen. Allein Napoleon war nicht zum Scherzen aufgelegt; ihm fing der unbändige Geist der deutschen Professoren und Studenten gerade an unbequem zu werden, und er gedachte, über die Stadt und die Universität Jena die härtesten Zwangsmaßregeln zu verhängen. Man fürchtete, er wollte sie niederbrennen lassen. Der Regierungsrat Müller, der später Kanzler wurde, reiste zu ihm nach Erfurt und hatte dort am 26. April eine Audienz. Wir wissen aus seinen eigenen Aufzeichnungen, wie es dabei zuging. Beim Kaiser stand der humane französische Gesandte von St. Aignan. Müller gab die Versicherung, daß von dem gefürchteten aufrührerischen Geiste in Jena weder unter den Professoren noch unter den

242

Trauriges Bild der Französischen Retirade in Thüringen
Man fragt noch, ist dies der große Heerführer vor dem bis jetzt ganz Europa zittern?

Studenten etwas zu finden sei, und er leugnete auch die Mitschuld der
Studenten an jenem Alarm, der die Wut Napoleons erregt hatte. Noch
immer polterte der. Er wollte diesen Herren in Jena klar machen, daß
er mit einem einzigen clin d'œil sie und die ganze Universität für alle
Zeit vernichten könnte.... „Was wollen denn alle diese Ideologen und
Radoteurs?" sagte er.... „Sie wollen die Revolution in Deutsch=
land.... Wissen sie denn überhaupt, was eine Revolution heißt? Ich
kenne ihre Schrecken, und ich will Deutschland davor bewahren, indem
ich hier Ordnung schaffe." Langsam glätteten sich Napoleons Mienen,
und Jena blieb vor dem rohen Handgriff kriegerischer Vergeltung be=
wahrt. Froh durfte auch die Deputation der Professoren Eichstädt, Stark
und Schömann, die die Universität zum Kaiser nach Weimar gesandt
hatte, heimkehren.

Aber auch so konnte jeder Tag das Verderben bringen und Jenas
Namen noch einmal in die Schlachtengeschichte einschreiben, denn wieder
lag die Stadt zwischen den Gewittern. Am 2. Mai hörte man auf der
Insel deutlich die Kanonen von Lützen. „Wie schön waren", schrieb Frau

16*

Frommann an eine Freundin, „die ersten Tage des Mai, wo alles blühte! Wie herrlich die vom Mond erleuchteten Nächte! Wie horchten Minchen und ich dem dumpfen Dröhnen, wenn abends alles still wurde! Da stieg manches Gebet für die Freunde zu Gott, / nie, nie werd' ich die Stimmung dieser Tage vergessen.“

Dann meldeten die Zeitungen von Siegen und Niederlagen und schleppenden Verhandlungen und neuem Kriege. Eine Zeitlang hielt General Thielemann mit einem Korps der alliierten Armee die Gegend besetzt, bis ihn Augereau wieder verdrängte. Dieser Franzose war le plus triste personnage du monde, und überhaupt schaute so mancher der Offiziere jetzt finster darein, der sonst über die Deutschen gespöttelt hatte.

Man fühlt auch aus den Familienbriefen, die im Jahre 1813 geschrieben sind, wie die Tage der Erniedrigung dem Bürger sein Vaterland wiedergegeben haben. Zu der aufsteigenden Hoffnung gesellte sich zwar gerade hier in Jena die Besorgnis, die alle wilden Szenen des Kriegstheaters von 1806 in der Phantasie erneute, aber die Sorgenden hatten doch jetzt die innere Kraft, alle Leiden um des Vaterlandes willen auf sich zu nehmen. Wie männlich klingt, was Frau Frommann damals schrieb: „Da wir die Schlacht 1806 hier erlebt hatten, so können Sie denken, daß wir imstande waren, unser mögliches Schicksal mit klaren Augen anzusehen! Aber dafür war es auch dieser Krieg, in dem wir lebten, der uns so nahe war. Man zagte nicht kleinlich; dem Gläubigen ging die rechte Sonne auf, und seine Hoffnung und sein Wunsch waren nur auf eins gerichtet. Wir vertrauten Gott und freuten uns gerührt der hochgefeierten Preußen, die sich zuerst mit ihrem König im Glauben an Gott und ihre gerechte Sache erhoben hatten, um das unerläßliche Werk auszuführen. Wie hat der bessere Teil der Bewohner des übrigen Deutschlands sie gesegnet, ihnen vertraut und sich gesehnt, auch mit seinen Fürsten ihnen nachfolgen zu können!“ Noch hielt Carl August mit dem Rheinbunde zu Napoleon.

Der geringe Bürgersmann war in Jena gewohnt, in den Studenten die maßgebenden Herren seines Lebens zu achten. Und nun sah er in diese Jünglinge, deren Übermut ihn oft belustigt hatte, mit einem Male einen anderen Geist fahren. Anstatt der Burschenlieder klang hier und da eine neue Weise, die zu einem neuen Ziele aufwärts hob. Die ganze Landsmannschaft Vandalia zog 21 Mann stark nach Breslau, um sich zu den preußischen Fahnen zu stellen. Nur vier körperlich Schwache und

244

ein Schweizer blieben zurück. Und eines Tages, als die Stadt einmal von den Franzosen frei war, nahm in der Johannisgasse in dem alten Regierungsgebäude aus Herzog Bernhards Zeiten als Abgesandter des kühnen Freischarenführers Lützow der Major von Blücher sein Quartier. Junge Leute in der Tracht seiner Jäger und Reiter standen im Tor, ernste Begeisterung im Herzen und kecken Mut in den Augen. Frisch angeworbene Soldaten; eben waren sie noch im Studentenfrack herumgelaufen. Und immer neue Scharen ließen sich einreihen.

Bald darauf hielt vor dem Gasthause zur Tanne ein Trupp russischer Kosaken auf kleinen zottigen Pferden. Dann kamen zur Osterzeit preußische braune Husaren und lagen in der Umgegend auf den Dörfern. Als später die Franzosen wieder da waren und das Freikorps in der Nähe operierte, glaubte man bisweilen einige dieser Kühnen als Bauern verkleidet auf dem jenaischen Markt im Kundschafterdienst gesehen zu haben; verraten hat sie niemand. Den ganzen Sommer hindurch wollte das Trommelgerassel auf der Heerstraße nicht aufhören. Oft kamen sich Freund und Feind bedenklich nahe, und im Mühltale wechselten sie einmal Schüsse.

Das Programm der Lektionen von 1806 bis 1807 hatte, mit Behutsamkeit jedes politischen Fingerzeiges sich enthaltend, die Studenten ermahnt, sich durch die äußeren Vorgänge nicht von den ernsten Studien abhalten zu lassen. Eine ganz andere Sprache aber nahm das Sommerprogramm von 1813 an. Hier wird die Alma mater, die die Freiheit der wissenschaftlichen Forschung als ihr höchstes Gut gewahrt hatte, zur Kündigerin der Vaterlandsfreiheit. Sie wächst so groß, wie sie nie gewesen war. Sie gürtet ihre Söhne zum heiligen Kampfe und weist sie auf das leuchtende Beispiel der Athener und Spartaner:

Ὦ παῖδες Ἑλλήνων ἴτε,
ἐλευθεροῦτε πατρίδ', ἐλευθεροῦτε δὲ
παῖδας, γυναῖκας, θεῶν δὲ πατρῴων ἕδη,
θήκας τε προγόνων· νῦν ὑπὲρ πάντων ἀγών.

Die weimarischen Truppen waren unter französischem Kommando gegen Kolberg gezogen, gegen die Österreicher, gegen die Tiroler, gegen die Spanier und gegen die Russen. Und noch immer setzte die Landesregierung ihre Zukunftsrechnung auf die Unbesieglichkeit der großen Nation. Da kam der Zusammenbruch bei Leipzig. An demselben Tage fiel Napoleons Brustbild, das in Goethes Zimmer an der Wand hing, von seinem Nagel; aber der Dichter tröstete seine Frau, die von Ahnungen überschattet wurde: „Es ist nichts als der Rand gebrochen; dem Helden selbst ist man noch nicht zu Leibe gegangen!"

Der Eisgang drohte die zerborstenen Schollen der haltlosen und zu jeder Gewalttat aufgelegten, verzweifelten Armee über unsere Gegend zu jagen. Allein der Kaiser fürchtete den Engpaß bei Kösen, den er von einem kleinen preußischen Korps unter dem Major Gattersburg besetzt wußte. So führte er den Marsch seines Heeres, das er am 21. Oktober mit seiner alten Meisterschaft in einem glücklichen Gefecht bei Freyburg über die Unstrut gesetzt hatte, nordwärts herum. Zur selben Zeit versuchte Bertrands Artillerie in einem Gefecht bei Kösen von den Höhen herab die feste Saalebrücke dem preußischen Streifkorps zu entreißen. Gelang ihm das auch nicht, so hielt er wenigstens seinem Kaiser den anderen Weg frei. Diese Kanonade donnerte bis nach Jena herüber. Am Abend atmeten die Gemüter endlich auf. Es blieb stille, keine Franzosen kamen, und man schloß die Handvoll Preußen ins Dankgebet ein. Sie hatten den Feinden den Einbruch ins Saaletal verwehrt und von der Stadt das grimme Verderben abgewandt.

Fröhlichere Gäste kamen, gastlich empfangen. Österreichische Scharen zogen in unabsehbaren Kolonnen hindurch. Auch die zwei Kaiser sah man. Die Leute auf dem Markte schrieen vor heller Freude. Lazarette wurden errichtet. Und zwei böse Gäste blieben zurück, indes alles zum Rheine drängte / das Nervenfieber und die Ruhr.

Erst am 22. November erließ der Herzog Carl August den Aufruf an sein Volk und ordnete zugleich die Bildung eines freiwilligen Korps aus Weimaranern, Gothanern und Schwarzburgern an. Wer von den Studenten nicht unter Lützow oder mit den Preußen gezogen war, reihte sich nun hier ein. Auch der Professor Kieser nahm die Büchse. Knebel ließ seinen Sohn ins Feld ziehen. Goethe wandte sich von der Gegenwart unzufrieden ab und verwehrte seinem Sohne die Teilnahme am Kriege.

Und dieser Krieg war ein Erzieher der akademischen Jugend.

Die Universität Jena und das neue Vaterland

Die Fichteschen Ideen von Menschenwürde und Menschenbildung gaben dem Geschlecht der Napoleonstage den Halt im Zusammenbruch und dann den Enthusiasmus des Aufschwunges. Alles Kleinliche und Enge schien abgestreift, als es galt, die deutsche Nation aus dem Inneren ihres Wesens heraus zu retten und ihr ganzes menschliches Dasein zu erhöhen.

„Du kannst, denn du sollst!" / das war die Verkündigung; das Ziel / ein neuer Staat und ein neues Bildungswesen; der Weg / Erziehung zur Selbständigkeit und Freiheit.

Die weichliche Selbstsucht war der Grund des Verderbens gewesen, wie Fichte in seinen Reden geeifert hatte; ein ernster sittlicher Wille sollte an den Platz treten. Deutschsein und Charakterhaben war ihm gleichbedeutend.

Das neue Jahrhundert stellte für alle Universitäten dieselbe Losung auf, die Wilhelm von Humboldt 1810 für die Berliner Hochschule ausgab: „Der Staat muß seine Universitäten weder als Gymnasien noch als Spezialschulen behandeln. Er muß im ganzen von ihnen nichts fordern, was sich unmittelbar und geradezu auf ihn bezieht, sondern die innere Überzeugung hegen, daß sie, wenn sie ihren Endzweck erreichen, auch seine Zwecke und zwar von einem viel höheren Gesichtspunkt aus erfüllen, von einem, von dem sich viel mehr zusammenfassen läßt und ganz andere Kräfte und Hebel angebracht werden können, als er in Bewegung zu setzen vermag." Der Geist, der auf den Universitäten genährt wird, arbeitet an ungezählten Feuerstätten weiter, geht durch das ganze Vaterland und über dessen Grenzen hinaus in die weite Welt. Die Freiheit ist sein Element.

„Die Freiheit des Denkens, Sprechens und Schreibens" ist wieder errungen / so begrüßte das Winterprogramm vom Jahre 1814 die Studenten. „Wohl uns," fuhr es fort, „wenn wir das errungene Gut recht erkennen, weise gebrauchen, treu und eifrig schützen! .... Dies zu bedenken geziemt Euch vor allen, die Ihr diese Universität, die seit ihrer Entstehung auf das unverbrüchlichste an der Freiheit festgehalten hat, zur Pflanzstätte Eurer Studien erkoren habt!"

Es ist, als deuteten diese Worte schon an, daß die Zeit des schläfrigen Friedens noch nicht gekommen war. Auf die Befreiungskriege folgte ein Freiheitskampf der Geister.

Die Studenten kamen aus Frankreich als Männer heim und fanden die Kommilitonen, die zurückgeblieben waren, immer noch als Knaben vor. Die Gereisten trugen in ihren Herzen das flammende Bild des heiligen teutonischen Zornes, der wie Hans Memlines Weltgericht über die Verächter gekommen war / und daheim empfing sie das alte schnörkelhafte, anmaßliche, barbarisch-kindliche Gebahren der Burscheneitelkeit. Charaktervolles mußte sich vom Charakterlosen sondern. Der persönlichen Ungezügeltheit trat das Leben entgegen, das sich dem Vaterlande gibt / dem Terrorismus und Partikularismus der Landsmannschaften die hohe Idee einer allgemeinen und freien Studentenverbindung, deren Organismus von sittlichem Ernst und vaterländischer Gesinnung durchsetzt sein sollte.

Den ersten Gedanken hatte schon Fichte im Jahre 1795 in Jena ausgesprochen, und „deutsche Jünger" hatte er die Mitglieder des geplanten Bundes nennen wollen. Allein das Wort Deutsches Vaterland hatten damals die Studenten noch gar nicht verstanden. In der Zeit des Elendes hatte dann draußen im Reich der sittlich-wissenschaftliche „Tugendbund", hatten Görres, Arndt, Jahn ihre Ideen und Kräfte für eine nationale Erziehung der Jugend eingesetzt. In Berlin war man tatsächlich 1810

daran gegangen, die deutschgesinnten Jünglinge aller Universitäten durch
einen burschenschaftlichen Bund zusammenzufassen. Jahn hatte einen
Statutenentwurf vorgelegt, und Fichte, der damals Rektor der Ber-
liner Universität war, hatte ein günstiges Gutachten darüber abgegeben.
Es hieß in den Paragraphen: „Sich frei und selbständig nach eigen-
tümlicher Weise im Lernen und Leben zum deutschen Mann zu bilden,
ist der Zweck des Besuches von hohen Schulen und das Kleinod der
Burschenfreiheit".... „Über alles hoch muß dem Burschen das deutsche
Vaterland gelten, und er muß deutsch sein in Worten, Werken und
Leben!"

Dann war der Krieg gekommen, und Jahn, nun Offizier bei den
Lützowern, hatte am Wachtfeuer in so mancher unvergeßlichen Nacht
seine Burschenschaftspläne in die Seelen der studentischen Kameraden
flackern lassen, die sich aus allen Universitäten zu seiner Schar gefunden
hatten. Nach dem Kriege wirkten diese Anregungen fort.

Aber nicht Berlin, sondern Jena wurde der denkende Kopf und das
treibende Herz.

Im Jahre 1814, im August, bildete sich aus solchen Jünglingen, die
vom Feldzuge gekommen waren, die „Jenaer Wehrschaft". Sie wollte
der alten studentischen Waffenfreude und der Betätigung jugendlicher
Körperkräfte ein vaterländisches Ziel geben. Noch klang viel vom Kriegs-
leben nach. Man fühlte sich als Landsturm, der die Heimat schützen
müßte; man übte sich im Exerzieren und in soldatischen Manövern, warf
Schanzen auf, verteidigte Dörfer oder griff sie an. Auch das Turnen
kam auf. Im Paradies war ein Wiesenfleck zum Turnplatze hergerichtet.
In ihren weiten Leinwandjacken sah man hier bald die Studenten am
Barren und Reck und auf dem Schwebebaum Kraft und Geschicklichkeit
proben.

So war der Boden für die Gründung der Allgemeinen Deutschen
Burschenschaft vorbereitet.

Die treibenden Elemente waren zumeist ehemalige Lützower Jäger
und zugleich alte Mitglieder der Landsmannschaften Vandalia und
Thuringia. Vollkommen studentisch war das Argument, wenn sie erst in
einer ganzen Serie von Zweikämpfen dartun mußten, daß sie auch an
körperlicher Gewandtheit und Schneidigkeit ihren Widersachern voraus
waren. Die drei Landsmannschaften der Vandalen, Thüringer und
Franken boten zur Begründung der Burschenschaft gleich ihre Hand.

Im Besitze der Vandalia fand sich eine Burschenschaftsordnung, die einst Jahn aufgestellt haben sollte. Sie wurde als maßgebend für die Statuten angenommen, die nach eifrigem Debattieren im Februar 1815 auf dem Burgkeller zustande kamen. Auch die Professoren Kieser, Oken, Luden hatten sich an der Arbeit beteiligt.

Und dies war die Idee: Freiheit und Ehre sind die Grundtriebe des Burschenlebens; sie bestimmen die Ausbildung der Persönlichkeit und müssen deshalb geschützt werden. Aber das Leben der einzelnen Persönlichkeit hat noch einen höheren und heiligeren Zweck als sich selbst, den höchsten und heiligsten nächst Gott / die Freiheit und Selbständigkeit des Vaterlandes. Daher der Wahlspruch: Ehre, Freiheit, Vaterland! „Bei diesem Spruche“, heißt es, „wollen wir eingedenk sein, daß wir, wie uns die innere Ehre unser heiligstes Gut ist, so auch die äußere Ehre, die Anerkennung unseres Wertes, mit Gut und Blut verteidigen wollen; daß wir, wie wir stets nach innerer Freiheit streben wollen, so das Urrecht jedes Menschen, die Freiheit, mit Schutz und Trutz gegen jeden Angriff verteidigen wollen, daß all unser Streben aber stets das Heil des Vaterlandes vor Augen haben muß, für das wir leben und sterben wollen!“ Das Duell, gegen das Fichte und die Gegner der alten Landsmannschaften einst geeifert hatten, behielt die Burschenschaft bei; allein es sollte nicht der Rauflust dienen, sondern nur das letzte ritterliche Mittel zur Wiederherstellung der Ehre sein und sollte stets nur auf eine Verfügung des Ehrengerichts stattfinden.

Am 10. Juni stand der Aufruf zur öffentlichen Begründung der Burschenschaft am Schwarzen Brett. Der 12. Juni war als Tag festgesetzt. Da war der Marktplatz ganz gefüllt von Studenten. Die Landsmannschaften hatten ihre alten Fahnen mitgebracht. Die Stadtmusik schritt voran. So zog man zwischen den aufgeregten Philistern hindurch durch die Saalgasse über die Camsdorfer Brücke zum Gasthof zur Tanne. Der Vandale Horn leitete hier mit ernsten Worten die Versammlung ein und legte die Ziele dar. Die Statuten wurden anerkannt, und damit wurde die Burschenschaft gegründet. 113 Studenten traten sogleich bei. Arndts Lied vom Deutschen Vaterland erklang, die Fahnen der drei Landsmannschaften breiteten zum letzten Male ihr seidenes Tuch aus; sie senkten sich, und die Verbindungen lösten sich bei diesem Zeichen auf. Die letzte Landsmannschaft, die Saxonia, ging später, 1816, mit ihren Resten auch schließlich in die Burschenschaft über. Die Zahl der burschenschaftlichen Jünglinge wuchs schon in den nächsten Tagen nach der Stiftung auf 300 an, und sehr schnell fanden die Gedanken des neuen Bundes auf den anderen Universitäten lauten Widerhall.

Von nun an gibt es in dem Bewußtsein des deutschen Studenten in Wahrheit ein Vaterland. Es ist ihm zu einer sittlichen Notwendigkeit geworden. Und ihm zum Preise erklingt sein erstes Lied. Und wie die historische Forschung nach dem Kriege mit sorgsamstem Gelehrtenfleiß in die rühmliche Vergangenheit des Volkes hinein ihre tiefen Schächte grub, und wie sich die Romantiker an den alten Volksweisen und die bildende Kunst wieder an den Ruinen gotischer Dome behagte, so wurde auch in der Lebensführung und in der Sitte des Studenten das Volkstum wieder lebendig. Der Bursche wollte sich nicht mehr welsch kleiden, er machte sich eine deutsche Burschentracht zurecht, „wie sie ernst und einfach und schön dem deutschen Jüngling geziemt". Das war der kurze schwarze Rock, der umgeschlagene breite Hemdkragen, das federngeschmückte Sammetbarett, die enganliegenden Beinkleider, die gespornten hohen Stiefel und das Schwert. Als seine Farben erkor er Schwarz und Karmoisinrot, mit Gold verziert. Das hatte nichts mit den sogenannten alten deutschen Reichsfarben zu tun, auch nichts mit den Farben der Lützower, sondern das waren einfach die Farben der Vandalen, die das meiste zur Begründung der Burschenschaft getan hatten.

Gelang die Mission, die der idealistische Sinn der Jünglinge entworfen hatte, so mußte sie eine Reformierung des gesamten studentischen Lebens zur Folge haben. Das eine schien wenigstens gleich erreicht: ein sozialer Vorsprung. Es gab nun keine Gelüste aristokratischer Absonderung mehr inmitten der Studentenschaft selbst, sondern nur eine einzige Verbrüderung aller ehrenhaften Burschen.

Indessen nicht so leicht und schnell ging es an, die jahrhundertalten Sitten und Unsitten einer eigenartigen Kultur in eine neue Form zu gießen. Allerdings die wildesten Auswüchse grober Renommisterei versteckten sich bald. Sie nahmen sich neben der ernsten Miene der Burschenschaft gar zu kanadisch aus. Und das wurde erreicht, daß in der neuen Auffassung der persönlichen Freiheit die Vernünftigen einen festen Schutz gegen den Terrorismus der Unvernunft fanden. Wer fleißig sein wollte, wer das verwegene Hazard verwarf, wer sein Leben in strenger Ehrbarkeit führen wollte und vor den Landesgesetzen Achtung empfand, der durfte sich nun offen zu seinen Grundsätzen bekennen, ohne sich in der

Die Pflanzung
der freien Eiche
am 19. Januar
1816
am Friedens-
feste zu Jena
Kpfr.

Jena
Städtisches
Museum

studentischen Bewertung lächerlich zu machen und als ein akademischer Bürger zweiten Grades zu gelten. Jena wurde deshalb noch keine Mucker- stadt, und der gesunde Jugendsinn bewahrte das Studententum vor greisenhafter Sittenrichterei und vor der Musterknabenzucht. Das Lachen klang ebenso übermütig wie ehedem, und auch die Klingen brauchten nicht zu verstauben. Es sollen in einer Woche noch 147 Duelle ausge- fochten sein.

Man freute sich in ernster Stunde der Herrlichkeit des deutschen Volkes, der schwer errungenen, die durch Opferblut geheiligt war; man sang im hohen Schwunge das Arndtsche Vaterlandslied, man feierte die Schlacht- tage von Leipzig und Waterloo, und das Wort Freiheit sprach man mit jener Inbrunst aus, wie sie sich an mystisch-religiösen Begriffen ent- zündet. Schillersche Veredelungsgedanken wirkten nach; Phantasien von der Möglichkeit einer Weltumgestaltung, von der Erneuerung eines saturnischen Zeitalters webten im Nebel.

Eine bewußte politische Agitation aber lag zunächst der neuen Ver- brüderung ganz und gar fern. Einer, der damals ein Führer war, der Professor der Philosophie Fries, sagte später: „Ich hoffte, daß ein freier und ehrenhafter Geist der Jugend nach und nach vorteilhaft auf den Geist des Volkes werde wirken können; nicht im Traume aber fiel mir ein, daß es Toren geben könne, die mit Studentenverbindungen aktiv

252

Der feierliche Einzug in die Universitätskirche zu Jena am Friedensfeste am 21. Januar 1816

Kpfr.

Jena
Städtisches
Museum

meinten politische Zwecke erreichen zu können . . . ." Und an einer anderen Stelle: „Ich könnte hoffen, daß der burschenschaftliche Geist unter den Studierenden nach und nach mit sanfter geistiger Gewalt als ein Erziehungsmittel auf den Geist des Volkes zur Freisinnigkeit und Öffentlichkeit des Lebens werde mitwirken können, wenn man ihn schonend zu leiten suchte."

Am 18. Januar 1816 feierte die Universität den Abschluß des zweiten Pariser Friedens. Da stand nach dem öffentlichen kirchlichen Festakt die Burschenschaft auf dem Marktplatze im weiten Kreise, der Fahnenträger in der Mitte, und mit entblößtem Haupte hielten die Jünglinge hier ihre Andacht schlicht und herzlich. Sie sangen das Lied, das einer von ihnen nach der Melodie „Nun danket alle Gott" gedichtet hatte, bis zu den letzten Zeilen:

> „Erfülle uns mit Mut
> Für Freiheit, Licht und Recht,
> Dann strebt zum höchsten Gut
> Ein besseres Geschlecht."

Und am nächsten Tage holten sie aus dem Rauhtal einen jungen Eichenbaum und zogen nach der Stelle, wo am Schreckenstage 1806 der Brand geflammt hatte. Die Professoren in ihrem Ornat, die Behörden der Bürgerschaft und die Kämpfer der Freiheitskriege in ihren Uni

253

formen gingen der Burschenschaft voran. Lieder, die die Begeisterung
ersonnen hatte, erklangen; dann pflanzten sie „den Baum der Hoffnung,
den Baum der Stärke, den Baum der Freiheit", den Frauenhände mit
buntfarbigen seidenen Bändern geschmückt hatten. „Wir schwören",
rief der Redner, der Student Karl Horn, „warme Liebe dem Vaterlande,
Ergebenheit unseren Fürsten, die für des Vaterlandes Wohl Gut und
Blut zu opfern bereit sind; wir schwören standhafte Treue allen deutschen
Brüdern, die mit uns einen Sinn, ein heiliges Streben teilen, und rufen

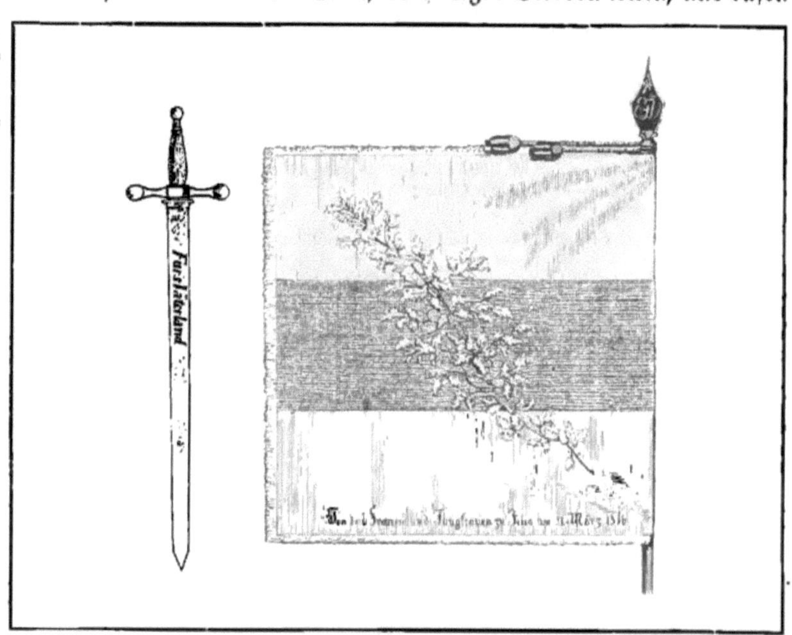

in froher Begeisterung ein Hoch der deutschen Freiheit!" Der Eichplatz
wird seitdem die Stätte genannt.

Als man am 31. März desselben Jahres den Gedächtnistag der Er-
oberung der Stadt Paris feierte, reichten die jenenser Frauen und Jungfrauen auf demselben Platze der Burschenschaft jene rot=schwarz=rote
Fahne mit goldenen Fransen, darauf sie einen goldenen Eichenzweig
gestickt hatten.

Die Professoren begünstigten alles, was die Burschenschaft tat, von
deren Einfluß sie eine heilsame Wendung der studentischen Kultur erwarten durften, und auch Carl August freute sich, als er im Sommer

1816 in Jena war, herzlich der Huldigung, die ihm die Burschenschaft
im feierlichen Aufzuge brachte. Im November des Jahres 1817 über=
gab der Staatsminister Freiherr von Fritsch dem Großherzog einen Be=
richt über die Burschenschaft. Er lobte ohne Rückhalt und ohne Ein=
schränkung ihr loyales Verhalten, und er führte es ausdrücklich auf ihren
Einfluß zurück, daß die Studenten in Jena im Gegensatz zu dem auf=
rührerischen Geiste früherer Zeiten jetzt die landesherrlichen Gesetze streng
aufrecht erhielten.

Auch die nächsten Zeiten änderten darin nichts. Am 1. April 1819
gab der weimarische Geheimrat von Hendrich im deutschen Bundestage
das Urteil ab: Es sei erfreulich gewesen, wie nach dem Kriege die Stu=
denten das Törichte und Schädliche des landsmannschaftlichen Parti=
kularismus selbst erkannt, wie sie ihr Leben deshalb einheitlich zusammen=
geschlossen und einer Idee gehuldigt hätten, die für das deutsche Vaterland
von so hoher Bedeutung sei. Die Studenten seien 1816 und 1817 leichter
als sonst zu regieren gewesen; es habe ein wirklich musterhafter Fleiß
geherrscht, von Spaltungen sei garnicht, von Zweikämpfen nur selten
die Rede gewesen; Wahrheit, Mäßigkeit, Religiosität seien als Tugenden
anerkannt worden, auf welche der Studierende unter Studierenden habe
stolz sein dürfen!

So war es ein freudiges, ungehemmtes Leben und Schaffen, ein ver=
trauensvolles Nehmen und Gewähren in diesem kleinen Staate, wo der
Fürst sein Fürstenwort gehalten hatte und wo das Volk nach einer ver=
nünftig erwogenen liberalen Verfassung sein zuerteiltes Maß von Frei=
heit in sonniger Zufriedenheit genoß. Der Jenaer Professor Schweitzer
hatte die Grundzüge dieser Konstitution zur glücklichen Stunde ent=
worfen; er ist nachher der einflußreichste Minister des Landes geworden.
Dankbar sangen die Burschen damals in ihrem Liede:

> „Das dritte Hoch, wir rufens frei
> Dir, Herzog, hier zu Lande,
> Der du dein Wort gelöset treu,
> Wie du es gabst zum Pfande,
> Verfassung heißt das eine Wort,
> Des Volkes und des Thrones Hort;
> Herzog August soll leben!"

Der Optimismus einer Zeit, die so viel Weltgeschichte in schneller
Folge gesehen hatte, machte sich daran, die sozialen und ethischen Re=
formen des Studentenlebens von Jena übers ganze Reich zu tragen.

Jeder Partikularismus mußte fortschmelzen, und die jenenser Burschen=
schaft mußte zu einem großen einigen deutschen Burschenbund wachsen.
So gingen von hier die Einladungen zu einer allgemeinen Versammlung
auf der Wartburg am 18. Oktober 1817 aus. Der Tag sollte an die
Leipziger Schlacht, das Jahr an Luthers Thesenanschlag gemahnen, und
das Gedächtnis des kriegerischen Erfolges sollte durch die Erinnerung
an eine geistige Großtat erhöht werden; Befreiung von romanischer
Tyrannei war beidemal die historische Losung gewesen.

Die Wartburg lag damals noch abseits der Völkerwanderung, war
mehr Ruine als Schloß. Sehr viel Christlich=Romantisches blühte in
dem Entschluß, gerade die Stätte des Sängerkrieges und der Bibelüber=
setzung zum Versammlungsort zu wählen. Carl August stellte den Platz
gerne zur Verfügung und schaffte den Vorarbeiten jede Erleichterung.
Die Hochschulen antworteten nach Jena mit freudiger Zusage. Sechs=
hundert Studenten fanden sich ein. Aus Jena kamen vier Professoren
mit, Schweitzer, Oken, Fries, Kiefer.

Das religiöse Moment war im Programm überall akzentuiert, das
politische kaum angedeutet. Die Glocken in Eisenach läuteten denn auch
weihevoll zu allem festlichen Treiben der Jünglinge. Oben in dem Minne=
sängersaale stand dann neben der Fahne und unter den entblößten
Schwertern der jenenser Student Riemann, mit dem eisernen Kreuz von
Waterloo geschmückt, und hob mit dem festlichen Schwung seiner Worte
alle die jungen Herzen aufwärts in den reinen Äther vaterländischer
Hingebung. Da sprach das Gefühl der Enttäuschung, daß die Hoff=
nungen des Volkes auf Einigkeit und Freiheit mißachtet waren, und das
Bewußtsein, daß der Geist der Wahrheit und der Gerechtigkeit ausziehen
müsse zum Kreuzzuge gegen die Unterdrücker. Der Ton der Rede war
hoch und ernst und voller Zuversicht der Frommen. Von Hetzerleiden=
schaft klang nichts hinein. Und die Reinheit der Begeisterung ergriff den
Professor Fries: „Sei uns gegrüßt, du helles Morgenrot eines schönen
Tages, der über unser schönes Vaterland heraufkommt; sei uns gegrüßt,
du geisteswarmer, jünglingsfrischer Lebensatem, von dem ich durchhaucht
fühle mein Volk!... Lasset euch den Freundschaftsbund eurer Jugend,
den Jugendbundesstaat, ein Bild werden des vaterländischen Staates...
Lasset aus ihm den Geist kommen in das Leben unseres Volkes, denn
jünglingsfrisch soll uns erwachsen deutscher Gemeingeist für Vaterland,
Freiheit und Gerechtigkeit!"

Zug zum Burschen=
schaftsfest auf
der Wartburg
Kpfr.

Auch der Professor Oken sprach, und ruhig wog er seine Worte, als er
die Studenten warnte, sich zu einer politischen Partei zu machen; es sei
nicht ihre Sache, zu beraten, was im Staate geschehen solle oder nicht,
sondern zu überlegen, wie sie einst als Glied des Staates mit den anderen
Gliedern zusammen würdig handeln könnten.

Die Schwärmerei und die Begeisterung mochte in allen den jugend-
lichen Köpfen stärker sein als die klare Urteilskraft, / es war doch ein
Fest und war eine Stunde, da das Gefühl groß und wahr aus allen
Herzen brach. Nichts Unwürdiges und Unfestliches wagte sich auf der
Wartburg hervor, und selbst das Autodafé der verhaßten undeutschen
Bücher auf dem Wartenberge bei dem Flammenschein, den der Eisenacher
Landsturm entzündet hatte, war nur eine ungeschickte, extemporierte
Überraschung Maßmanns und einer kleinen Schar, im Grunde nicht
mehr als ein Studentenulk. Man hätte ihn über den Abschluß der Fest-
tage, den die heilige Abendmahlsfeier der Burschen in der Eisenacher
Kirche bildete, wohl vergessen können.

Die Begründung der Allgemeinen Deutschen Burschenschaft fand, da
eine Wiederholung des Wartburgfestes untersagt wurde, am 18. Oktober 1818 in Jena statt. Es nahmen vierzehn Universitäten daran teil.
Und dies war das Prinzip des Bundes: Einheit, Freiheit und Gleichheit aller Burschen untereinander, Gleichheit aller Rechte und Pflichten,
christliche deutsche Ausbildung einer jeden geistigen und leiblichen Kraft
zum Dienste des Vaterlandes.

Was die Studenten von ihrem deutschen Vaterlande dachten, was aus
ihren festtäglichen Reden erklang, das war das Gemeingut der Nation,
soweit sie politisch fühlen konnte, / der alte Idealismus in jugendlicher
Pose. Und das wurde nun auf einmal zum Verbrechen. Und Bureau-
kratenarroganz und farbenblinder Rückschrittlergeist entrüsteten sich über
das Wartburgfest und die deutsche Burschenschaft, fielen verbündet über
die Studenten her und suchten in diesem Opfer die ganze vaterländische
Begeisterung und die Freiheitsliebe tödlich zu treffen. Wir lesen heute
die Geschichte dieser Hetzjagd nicht mehr mit der Entrüstung, die eine
Tragödie verlangt; wir haben den Abstand gewonnen und lächeln mit
der Ironie, die den Kapiteln menschlicher Torheit gebührt.

Der preußische Geheime Oberregierungsrat von Kamptz gab das Sig-
nal: „Ein Haufe verwilderter Professoren und verführter Studenten
hat die klassische Burg durch einen recht eigentlichen Vandalismus dema-

258

gogischer Intoleranz entwürdigt!" Aber noch fand sein Ruf keine Jagdgesellen im Weimarer Ländchen. Die Untersuchung, die gegen den Professor Fries wegen seiner Beteiligung am Wartburgfeste eingeleitet war, mußte auf den Befehl des Großherzogs wieder eingestellt werden. Es ergab sich hier, wo man so ruhig dachte, die Richtigkeit der Darstellung, die schon gleich nach dem Feste der Freiherr von Fritsch vorgelegt hatte: das Fest sei mit religiösem Ernst, würdiger Haltung und Rührung gefeiert worden; es sei aus einer an sich lobenswerten Idee hervorgegangen und sei frei von jeder politischen Beziehung. Auch der österreichische Gesandte am Bundestage, der Graf Zichy, der im Dezember 1817 nach Jena kam und hier persönlich einen Einblick in das Studententreiben gewann, konnte alle die schwarzen Besorgnisse, die er mitgebracht hatte, verscheuchen. Er mußte mit Beifall die Ordnung und den guten Geist der Burschenschaft anerkennen und vermochte dann seiner Regierung zu berichten, daß die Sache nicht so sei, wie man sie dargestellt habe.

Da blühte denn zunächst die Universität sichtlich auf. Neue Professoren kamen und hoben den guten Ruf. Die großherzoglich sächsische und die herzoglich gothaische Staatsregierung, denen die unmittelbare Leitung der Universität seit 1816 vertragsmäßig von den anderen beteiligten Staaten übertragen war, gewährten reichliche Mittel zur Erweiterung der akademischen Institute. Die Zahl der Studenten stieg wieder auf 800. Als der Großherzog am 7. März 1818 im alten Schlosse zu Jena verweilte, freute er sich an dem Fackelzug, den die Burschenschaft ihm brachte, und als bald darauf seinem Sohne der Erbprinz geboren wurde, lud er eine Deputation aus ihrer Mitte zur Tauffeier ein. Da zog die ganze Burschenschaft, geführt von Heinrich von Gagern, am Abend nach Weimar hinüber, 500 Mann stark, und brachte im Schloßhofe mit Fahnen und Fackeln und Hochrufen ein Ständchen. „Lützows wilde Jagd" und „Was ist des Deutschen Vaterland?" sangen sie, indes oben auf dem Balkon die großherzogliche Familie saß und lauschte. Der Täufling wurde ihnen gezeigt, und der erfreute Fürst ließ sie alle an zwölf langen Tafeln bis nach Mitternacht bewirten.

Die Schwärmerei für Freiheit und Vaterland hatte noch ein anderes Gesicht. Das war die Biedermeierei und die Deutschtümelei, das Bramarbastum und der Welschenhaß. In deutscher Turnersitte sahen die Jünger des Propheten Jahn den Verjüngungstrank der altersschwachen Welt.

17*

Turnen und Leben sollte eins sein. Die Universität hieß in ihrer Reinigungssprache „Vernunftturnplatz", das Vaterland „Burschenturnplatz", die Frauen waren die „Burschinnen". Brot und Wasser galt für die wahre Turnerspeise. Jede Richtung wird gleich zur Mode, und die exzentrische Laune des Studententums ist für neue Moden allezeit empfänglich gewesen. Nun steckte man den Hals unverhüllt aus dem offenen Rockkragen heraus und ließ das Haar ungeschoren. Aber sofort setzte auch ein Modekrieg ein. Die Opposition prunkte in der polnischen Schnürenjacke, im Stürmer, in Lederhosen und Kanonen. Man sah auf der Straße auch ganz merkwürdige Gestalten. Die gingen im langen, hellen Flausrock und in roten Beinkleidern, die mit silbernen oder goldenen Borten geziert waren. Auch ungemessen weite Mameluckenhosen aus Sammet trugen einige, dazu buntfarbige Mützen, mit Gold bestickt, und um den Hals ganz hohe, würgende Krawatten. Und mit diesem leichten, wechselnden Modekram kamen nach und nach alle Tollheiten und Reibereien, alle unbändigen Streiche und gesellschaftlichen Absonderungsgelüste wieder zu den Toren herein.

Wer weiß, ob nicht die hohen Worte Freiheit und Vaterland in dem zähen Fluß der Alltäglichkeit langsam erstarrt wären, hätte man sie ruhig dahintreiben lassen.

Zu Aachen tagte im Oktober 1818 der Monarchenkongreß, um die Mittel zu beraten, durch die man die Revolution abzuwenden vermöchte. Ihm überreichte der russische Staatsrat Alexander von Sturdza eine

Denkschrift, in der er die Wartburgfeier als ein Anzeichen drohenden
Umsturzes, die Universitäten als Herde der Demagogie bezeichnete.
Diese waren für ihn les débris gotiques du moyen âge, incompatibles
avec les institutions et les besoins du siècle où nous vivons .... réper-
toires de toutes les erreurs du siècle .... Besonders Jena offenbarte
sich seinem Argwohn als ein Schlupfwinkel aller Verworfenheit und
Nichtswürdigkeit. Er verlangte eine strenge polizeiliche Beaufsichtigung
der Akademien und die Aufhebung der Lehrfreiheit und der Preßfreiheit.
Das bedeutete soviel als den Geist der deutschen Universitäten erdrosseln
und den Körper in die Leibeigenschaft niedertreten. In demselben Tone
sekundierte ihm der Staatsrat August von Kotzebue, der in Weimar ein
reaktionäres literarisches Wochenblatt herausgab und selbst allgemein
als Spion in russischen Diensten bewertet war, nachdem der Professor
Luden in der „Nemesis" seine Petersburger Korrespondenz gebrandmarkt
hatte. In echt studentischer Art forderten zwei Burschenschafter, von
Henning und Graf Bocholtz, Sturdza zum Zweikampf; er fürchtete
aber die berüchtigten jenenser Klingen und entwich heimlich nach
Dresden.

Verstimmt unter dem trostlosen Druck der Reaktion schlich das ganze
Volk einher; nur ballte der temperamentslose Bürger die Hand in der
Tasche, und der Student schlug zu. Aber hier war doch eine Notwehr,
und er ging erst in die Kampfstellung über, als man ihn herausforderte.
Man hätte der Schwärmerei der Jünglinge mit ernstem Tadel oder
leichtem Hohn begegnen können, aber daß man aus dem Enthusiasmus
einen Kriminalfall machte, daß man ihnen einen sinnlosen und recht-
losen Krieg erklärte, das mußte erst in ihnen das Gefühl aufstören, als
seien sie wirklich einer der bedeutsamsten Machtfaktoren im Staatsleben,
als hänge es wirklich nur von ihnen ab, ob Metternich gelten sollte oder
Stein.

Es bestand in Jena eine „literarische Bildungsgesellschaft", eine Art
politischen Debattierklubs. Hier wirkte im Sommer 1818 der Dozent
Karl Follen, der eben aus Gießen gekommen war und republikanische
Ideen mit sich trug. Seine Propaganda hatte nur ganz geringen Erfolg.
Aber einen gläubigen Jünger hatte er doch. Das war Karl Ludwig Sand
aus Wunsiedel, ein Mitglied der Burschenschaft. Ein stiller Mensch,
gewohnt, für sich allein dahinzuleben, fleißig den Studien ergeben,
kein Schreier und kein Hetzer. Er brauchte ein halbes Jahr, um in ernsten

Gewissenskämpfen einen Entschluß reifen zu lassen, mit dem er sich zum Vollstrecker des allgemeinen Volkswillens machen wollte. Dann ging er nach Mannheim, ganz ohne Aufsehen, und ermordete dort am 23. März 1819 den „Volksverräter und Volksverderber" Kotzebue. Mitwisser hatte er weder in Jena noch wohl sonst irgendwo. Der ruhige Goethe selbst erkannte in dem gewaltsamen Ende des Ermordeten, wie er sich bald darauf gegen den Kanzler von Müller äußerte, „eine gewisse notwendige Folge einer höheren Weltordnung". „Die Tat", schrieb der Berliner Professor de Wette an Sands Mutter, „ist nicht nur ungesetzlich und strafbar, sondern auch unsittlich .... aber so wie sie geschehen ist, durch diesen reinen, frommen Jüngling, mit diesem Glauben, mit dieser Zuversicht, ist sie ein schönes Zeichen der Zeit; und was auch das Schicksal Ihres Sohnes sein mag, er hat genug gelebt, da er für den höchsten Trieb seines Herzens zu sterben beschlossen hat. Wer das Leben wagen kann, hat das wahre Hochgefühl desselben." Drastischer drückte sich aller=

262

dings der Berliner Philosoph Solger aus: „Was für eine stupide Dumm-
heit, durch den Mord des alten Waschlappens das Vaterland retten zu
wollen!"

Den Staatsmännern des deutschen Bundes gab die Tat Sands den
beinahe gewünschten Anlaß, endlich gemeinsam gegen die Burschenschaft
vorzugehen. Es half nun nichts mehr, daß der Vertreter Weimars und
Gothas, der Geheimrat von Hendrich, seine Universität Jena mannhaft
in Schutz nahm und daß er ganz besonders für die Burschenschaft ein
gutes Zeugnis abgab und erklärte, alle ihr zur Last gelegten politischen
Tendenzen seien böswillig oder unvorsichtig ihr angedichtet. Er über-
zeugte nicht die, die sich nicht überzeugen lassen wollten. Die preußischen
Landeskinder, die in Jena studierten, erhielten von ihrer Regierung den
Befehl, sofort abzureisen. Das traf über hundert. Für die Russen erging eine gleiche Ordre. Dann kam ein Erlaß des Prorektors, daß von
Ostern 1819 an nur solche Studenten inskribiert werden dürften, die
eine besondere Erlaubnis von ihrer Regierung oder von den dazu autori-
sierten Behörden vorzeigen und so eine besondere Empfehlung ihrer
Person beibringen könnten. Da ging die Zahl der Studenten schnell auf
600 zurück.

Die Karlsbader Beschlüsse vom 20. September 1819 stellten alle
deutschen Universitäten unter die Polizeiaufsicht landesherrlicher Kom-
missionen; über die Lehrfreiheit und über die Presse wachte eine all-
mächtige Zensur, und in Mainz wurde eine Generalkommission zur
Unterdrückung aller demagogischen Gelüste eingesetzt. Ein einheitliches
und in allen Organen durchgebildetes System lag in diesem Vorgehen
und schien den rechten Erfolg zu sichern. Nun folgten peinliche Unter-
suchungen gegen Professoren und Studenten auf allen deutschen Hochschulen. Für Jena wurde als bundesrätlicher Bevollmächtigter der Prä-
sident von Motz bestellt. Er sollte den Gesetzen und den Disziplinarvor-
schriften Autorität verschaffen, die Sittlichkeit, die Ordnung und den
Anstand des studentischen Lebens behüten und den Geist der akademischen Vorlesungen unter scharfe Kontrolle nehmen. Es lag nahe, gerade
hier eine ausgedehnte Verschwörerschar zu suchen, deren Märtyrer der
junge Sand geworden war. Aber, wie man auch suchte, man fand wohl
Sympathien mit seiner Tat, doch keine Spur, die auf Mitschuldige führte.

Unter den Professoren waren Oken, Fries und Luden am meisten
exponiert.

Oken gab seit 1816 die enzyklopädische Zeitschrift „Isis" heraus, die sich dem Metternichschen Zwangssystem mit offenem Helm entgegenstellte und für die großdeutsche Kaiser- und Reichsidee stritt. Am Wartburgfeste hatte er teilgenommen, aber er hatte mit überlegener Ruhe die Jugend vor hitziger politischer Agitation gewarnt. Er sollte nun 1819 die Leitung seiner Zeitschrift aufgeben. Das tat er nicht. So mußte er vom Katheder weichen.

Jakob Friedrich Fries war schon 1797 als Student nach Jena gekommen. Ein Zögling der Brüdergemeinde, der zum Kantianer geworden

Bildnis von Lorenz Oken (1779—1851) Lithographie

Jena Städtisches Museum

war. Er schrieb damals: „Die gesellige Abendunterhaltung der großen Gesellschaften an öffentlichen Orten, schmieriges Biertrinken, Renommieren und für Gesang gegebenes Geschrei waren mir zum Ekel; nur in einem kleinen Kreise befand ich mich wohl." Als er nach langen Reisen später nach Jena zurückkehrte, kaufte er von seinem kleinen Erbteil ein Haus und gründete darin eine freie Lebensgemeinschaft mit seinen Freunden, den „Rosenzirkel". Auch Clemens Brentano gehörte dazu. Elf Jahre lang dozierte er dann in Heidelberg, und 1816 kehrte er

264

abermals nach Jena zurück. / Er war auch mit zur Wartburg gezogen.
Sein Kollege Luden hatte ihn gewarnt: „So etwas geht einem leicht
zehn Jahre nach." Dennoch hatte er sich von seiner fröhlichen Begeisterung
tragen lassen. Und er hat es nie bereut. „Ich muß", schrieb er zwanzig
Jahre später, „bis jetzt den Augenblick den ausgezeichnetsten meines
Lebens nennen, als ich den 18. Oktober des Morgens nach der Feier=
lichkeit zwischen den Burschen auf dem Hof der Wartburg stand." Aber
er hatte auch, und zwar er als der einzige der Professoren, bei dem
Autodafé auf dem Wartenberge gestanden. In demselben Jahre war

schon sein Buch „Vom deutschen Bund und deutscher Staatsverfassung"
erschienen, „Deutschlands Jünglingen gewidmet". Gegen die Angriffe
der Reaktion vermochte ihn der Großherzog zunächst noch zu schützen.
Im Jahre 1819 nicht mehr. Fries' junge Frau war eben gestorben; er
selbst lag noch an Masern und Scharlach krank. Ein Student wollte
ihn da sprechen; er mußte aber abgewiesen werden. Das war Karl Lud=
wig Sand gewesen. Ein unseliger Zufall. Wohl möglich, daß der Jüng=
ling dem erfahrenen Mann gebeichtet und dieser es vermocht hätte, ihn

von seinem Vorhaben zurückzuhalten. Nach Sands Tat wurde Fries suspendiert, und er durfte erst 1824 auf seinen Lehrstuhl zurückkehren.

Luden war seit den Napoleonstagen 1806 in Jena; als Schriftsteller größer denn als Historiker; ein aufrichtiger, mutiger Mann, der geradeheraus das sagte, was er dachte; und ein offenäugiger Mann, der mit lebendigem Gefühl die Bedürfnisse seiner Zeit ermaß. Schon im Jahre 1808 hatte er in seinen „Ansichten des Rheinbundes" die unsicheren Fundamente dieses dritten Deutschlands scharf beleuchtet. Nach der Schlacht bei Leipzig hatte er kurzentschlossen selbst zur Flinte greifen wollen; und nur mit Mühe hatten Einsichtigere den Gelehrten vom Kriegshandwerk zurückgehalten. Nun wollte er mit seinen eigenen Waffen dem Vaterlande Treue bewähren. Er redigierte seit 1813 in Jena die „Nemesis", eine Zeitschrift für Politik und Geschichte, die sich zuerst gegen Napoleon ins Feld warf, dann nach seinem Sturze ihren Eifer der politischen Entwicklung des deutschen Reiches und dem verfassungsmäßigen Ausbau der Einzelstaaten zuwandte. Man weiß, daß er, als er an das Unternehmen heranging, eine Unterredung mit Goethe in Weimar geführt hatte. Der hatte ihm geraten, bei seiner historischen Wissenschaft zu verharren und sich nicht in den Zwist der Könige zu mischen. Goethe und Luden / Deutsche waren sie beide, aber der eine war die Resignation und der andere die Hoffnung. Luden hatte damals auf Goethes Mahnung erwidert: „Gerade das, daß der deutsche Michel bisher nur für sich selbst gesorgt, sein eigenes Steckenpferd geritten, alsdann seinen Kloß gegessen und sich behaglich den Mund abgewischt hat, unbekümmert um das gemeine Wesen, um Vaterland und Volk / gerade dies ist es ja, was Schimpf, Schande und unermeßliches Unglück über Teutschland gebracht hat. Und alle diese Schande und all dieses Unglück wird von neuem über uns kommen, wenn wir zurückkehren zu der alten faulen Weise und gleichgültig aussprechen, was vor einem halben Jahre, als ich eben durch eine Gasse in Jena ging, ein ehrsamer Bürger seinem Nachbar zurief: Ja, Herr Nachbar, wie sollte es gehen? Gut. Die Franzosen sind fort, die Stuben sind gescheuert, nun mögen die Russen kommen, wenn sie wollen." / Und dann hatte Luden weiter gesprochen von der Erhebung des deutschen Volkes, von der Notwendigkeit, gerade jetzt eine bessere Zukunft zu begründen, und von der heiligen Pflicht eines jeden guten Menschen, nach seiner Stellung und nach seinen Kräften mitzuwirken zur Benutzung dieser großen Tage des neuen

Heils.... Aber Goethe hatte den Kopf geschüttelt. Und er wird auch
wieder den Kopf geschüttelt haben, wenn er im nächsten Jahre Ludens
Nemesisaufsätze über die Preßfreiheit und über die Zensur zu Gesicht
bekam, oder wenn er las, was der Herausgeber in einer Erörterung über
die zukünftige Verfassung rief: „Was wir wollen? Ein Vaterland,
innerlich stark, mit den nötigen Bürgschaften der Sicherheit nach außen
und mit einer vernünftigen, gesetzlich geordneten Freiheit im Innern!"
Dem Großherzog machte manches der kühnen Worte der Nemesis in der

Bildnis von
Heinrich
Luden
(1780—1847)
Lithographie

Jena
Städtisches
Museum

Stille bange; indes Luden war im Grunde eine wesentlich konservative
Natur und blieb in seinen Bestrebungen mit dem Geiste der Verfassung
im Einklang, die Carl August seinem Lande gegeben hatte. Auf die
patriotische Aufwärtsbewegung des Studententums hat Luden mit
Worten und Schriften nachhaltig gewirkt; aber er hat auch mit der
ruhigen Einsicht, die ihm eigen war, die ungestümen Geister von jeder
Donquichotterie zurückgerissen. An der Wartburgfeier hatte er nicht teil=
genommen, und wenn auch trotzdem die preußische und österreichische
Polizei die Finger nach ihm ausstreckte, sein Herzog schützte ihn. Die

267

Redaktion der Nemesis hat er 1818, müde, leeres Stroh zu dreschen, niedergelegt, aber auf dem Katheder hat er in seinen geschichtlichen Vorlesungen noch zwei Jahrzehnte lang die treue Jugend mit sich gezogen.

Der schärfste Ingrimm der Inquisition warf sich auf die Burschenschaft, da ihr nach den Karlsbader Beschlüssen „die schlechterdings unzulässige Voraussetzung einer fortdauernden Gemeinschaft und Korrespondenz zwischen den verschiedenen Universitäten" zu Grunde lag. Furcht und Verdacht genügten, wo offenbare Beweise fehlten. Denn daß sich im Jahre 1818 die Burschenschaft geweigert hatte, einen Fackelzug zu Ehren der Kaiserin-Mutter von Rußland, die nach Jena gekommen war, zu veranstalten, war von den Studenten vernünftig genug auf die Begründung gestützt, sie seien nicht zur Parade da.

Jeder Student, der einer geheimen Verbindung angehörte, sollte von allen Staatsämtern ausgeschlossen werden / das war das Karlsbader Edikt. Und am 26. November 1819 wurde auf Grund desselben Edikts und infolge eines großherzoglichen Erlasses die Burschenschaft feierlich in den Rosensälen aufgelöst. In einer Adresse an Carl August wiesen die Jünglinge voll Ergebenheit gegen den Fürsten, der sie so lange nach Kräften geschützt hatte, auf all das Hohe hin, das sie in ihrem jungen Idealismus gedacht und gewollt hatten. Viele Jahre später war es, da bot die jenenser Burschenschaft Arminia vor ihrem Burgkeller dem Schöpfer der deutschen Einheit einen Willkommentrunk. Und er nahm ihn und sagte: „Meine Herren, ich trinke Ihnen gerne zu. Ich wünsche der Burschenschaft ein fröhliches Gedeihen; sie hat eine Vorahnung gehabt, doch zu früh. Schließlich haben Sie doch recht bekommen!"

Im geheimen bestand die Burschenschaft fort und manches gute Element wurde, durch die unkluge und ungerechtfertigte Verfolgung verbittert, jetzt erst auf gefährliche politische Bahnen abgedrängt. In Erlangen ließ sich der Burschenschaftler Karl Hase, auf den Jena nachher so stolz sein durfte, in den von Karl Follen begründeten Jünglingsbund aufnehmen, der geradewegs auf revolutionäre Ziele losging.

Im Jahre 1820 organisierte sich im geheimen aus den Resten der jenenser Burschenschaft auf der Wöllnse bei Ziegenhain die Germania mit den alten burschenschaftlichen Tendenzen. Daß sie nun da war / ohne die Genehmigung der Behörden / wußte jedermann, und es war auch kaum ein Geheimnis, daß wiederholt Studentenversammlungen

zur Wiederherstellung der Allgemeinen deutschen Burschenschaft gehalten
wurden. Aber gerade die politischen Prinzipien führten zu Mißhellig-
keiten und Zergliederungen, daß die alten Fäden des Bundes kaum noch
zusammenhielten. In Jena selbst sonderten sich die gemäßigten Arminen
von den radikaleren Germanen. Bisweilen fanden sie wieder Fühlung
miteinander. Brüderlich bewirteten sie die polnischen Flüchtlinge, die
1832 unter Dombrowski durch Jena zogen; und brüderlich gingen sie
auch hinter Goethes Leiche zur Fürstengruft in Weimar. Dann aber,
im Januar 1833, gab es eine wilde Schlacht unter ihnen. Ein Militär-
kommando, das aus der Hauptstadt herüberkam, stiftete Ruhe, und der

269

Senat suchte den akademischen Frieden durch das strenge Gebot zu
wahren, daß niemand mehr Waffen führe, niemand mehr ein Farben=
band trüge, und daß keine studentische Vereinigung mit einer politischen
Tendenz zu dulden sei. Da lösten die Germanen und die Arminen ihren
Bestand auf. / Das Staatsgefährliche spielte sich auf einer anderen
Bühne ab. / Noch 1831 wies ein Dresdener Burschentag jede Mitwir=
kung bei demokratischen Umsturzversuchen zurück, aber der Frankfurter im
nächsten Jahre, der auf das Betreiben der jenenser Germanen zusammen=
trat, stellte den Beschluß auf, daß unter Umständen jeder Burschenschaftler
verpflichtet sein sollte, selbst mit Gewalt die Freiheit und Einheit Deutsch=
lands zu erstreben und sogar an Volksaufständen teilzunehmen, die zur
Erreichung dieses Zieles führen könnten. Auf dem letzten Burschentage
zu Stuttgart 1832 war dann Jena nicht mehr vertreten.

So wuchsen die reinen Jünglingsideen von der Herrlichkeit des deut=
schen Vaterlandes zu einem politischen Radikalismus aus. Wo sie gar
zur Tat übersprangen, wurde eine Tollheit geboren. So, als die
Burschenschafter an dem Sturm auf die Frankfurter Konstablerwache
teilnahmen. Sie lieferten selbst damit den Verfolgern rechtliche Hand=
haben und beschworen die Energie der Gegner über Schuldige und
Schuldlose herauf. Glücklich, wer noch Humor und Güte genug in seiner
Seele fand, um wie Fritz Reuter seinen Feinden zu vergeben, die ihn
um einer Torheit willen zum Tode verurteilten und den Begnadigten
sieben Jahre lang von Kasematte zu Kasematte schleppten.

Wie auf den anderen Universitäten kamen auch in Jena wieder unter
den Trümmern der Burschenschaft die alten Landsmannschaften hervor,
eine Thuringia, eine Saxonia und bald auch eine Frankonia. Sie wollten
lediglich die alten fröhlichen Formen des studentischen Lebens in ausge=
wählter geselliger Gemeinschaft pflegen und gelobten sich Brudertreue
in Freud und Leid fürs ganze Leben. Das Fundament der heimatlichen
Zusammengehörigkeit, auf dem die alten Landsmannschaften sich auf=
gebaut hatten, verließen sie bald, und sie nahmen dann den Namen Korps
an. Alle politischen Tendenzen und alle deutschen Einheits= und Frei=
heitsgedanken schlossen sie aus; nur in der Ausbildung einer ehrenhaften,
mutigen, tüchtigen Persönlichkeit sahen sie ihre patriotische Pflicht. In
ruhiger Zeit gewann allmählich auch die Burschenschaft einen festen
Halt; freilich sah sie den romantischen Traum der unvergessenen Wart=
burgtage vor dem grellen Licht erblassen und mußte ihre geistigen Be=

strebungen von dem großen allgemeinen deutschen Vaterlande immer
mehr auf den kleineren Herd des akademischen Lebens zurückziehen.

In den zwanziger Jahren betrug die Zahl der Studenten in Jena un=
gefähr fünfhundert. Viele sorgsame Eltern hielten ihre Söhne von
dieser Stadt zurück, die wieder wie einst unter dem alten Rufe einer
wilden Schlägerherrlichkeit litt und dazu nun noch mit dem Makel des
Demagogentums behaftet war. Zahm war der Student nicht; weder die
burschenschaftlichen Reformen noch die bundestaglichen Handgriffe von
oben herab hatten ihn gebändigt. Er erschien nach Fritz Reuters Worten
als ein für die menschliche Gesellschaft sehr unverdaulicher Happen. Und
der Dichter schildert ihn, der er selbst ist, so: „Ein magerer, lang auf=
geschossener Bursche mit langem Halse und langem Haar, bedeckt mit
einer schwarzrotgold verbrämten Mütze; in der Hand trug er einen Zie=
genhainer und hatte in seinem Wesen etwas Antediluvianisches, jetzt
Untergegangenes . . . ."

„Der deutsche Student oder Felix Schnabels Universitätsjahre" heißt
ein Buch, das den Leser mit beinahe ermüdendem Realismus durch das
ziel= und haltlose Dahinleben eines jenenser Frankonen im dritten Jahr=
zehnt leitet. Voll wilden Rausches, aber jeder Poesie bar, schlendern die
Tage dahin, in denen sich der Held, der schon in Halle konsiliert war,
hier zum rechten Typus eines „Haupt= Bier= und Raufhahns" heran=
bildet, um später nach langen Irrfahrten als griechischer Soldat zu
enden. Das Leben gilt in Jena noch so wohlfeil, wie nirgends sonst auf
einer deutschen Universität. Mit zweihundert bis dreihundert Talern
vermag der Bursch selbst als Korpsstudent anständig auszukommen.
Forsch ist das Attribut, nach dem der Jenenser trachtet; den Göttinger
verachtet er als patent, den Gießener und den Marburger als renom=
mierend und roh, den Heidelberger als überstolz. Das Essen ist, wie in
alter Zeit, „anerkannt schlecht"; der Gourmand fühlt sich daher nicht be=
haglich, indes der Mäßige kann doch satt werden. „Der arme Student
wird mit Gemüse, das im Spülwasser schwimmt, und mit Fleisch ge=
füttert, das gewöhnlich einen überstarken haut goût hat. Junge Krähen
werden für Tauben, Katzen für Hasen aufgetischt, altes Kuhfleisch wird
in Hirsch=, sinniges Schweinefleisch in Wildbraten verwandelt." Im
Sommer besonders ist die Kost so erbärmlich, daß sie selbst die Hunde
verschmähen, denen man sie vorwirft. Allein der überaus billige und gute

Trunk entschädigt den Akademiker. „In sittlicher Beziehung steht der jenaische Studio, vielleicht aus Mangel an Gelegenheit, gewiß mit am höchsten“, sagt der Erzähler; er selbst hat allerdings die Gelegenheit zu sündigen oft genug mit dreister Hand gefaßt.

Als Felix Schnabel nach Jena kam, gab es in der Burschenschaft dreihundert Mitglieder und in den fünf Korps zusammen einhundertundfünfzig. Zwischen den Parteien war keine Verbrückung, nur bei allgemeinen studentischen Interessen fanden sie einen Zusammenschluß. Wer gar keiner Gemeinschaft angehörte, stand beinahe ehrlos da, erschien nicht einmal satisfaktionsfähig und führte „ein trauriges, von seinesgleichen, selbst von den Philistern und vielen der Professoren bemitleidetes Leben“.

Unter den Burschen galt durchweg der Du-Comment, und die Anrede „Sie“ war einer Injurie gleich. Rauchen durfte der Student überall ungestraft. Im ganzen Bereich der großherzoglichen weimarischen Chaussee war er ausdrücklich dazu privilegiert, und im Hörsaal nahm er sich selbst das Privilegium heraus. Im Schlafrock und in Pantoffeln ging er immer noch über die Gassen, selbst ins Auditorium, ohne daß man ihn, wie in Göttingen, eine Strafe von zwei Talern dafür auferlegte. Mit der Mode hatte seine Kleidung nichts zu schaffen. Und der Burschenschafter hatte sich gar seine eigene Mode gemacht. Er ging in Turnhosen, in kurzem, schwarzem Rock und im Barett, und die bloße Brust trug er

272

Inneres einer Studentenbude 1829 Farbige Stammbuchzeichnung

Jena Städtisches Museum

auch im Winter zur Schau. Dabei rauchte er nur Tabak mit der Etikette „Heil Dir, Deutschland! Deine Jugend ist der alten Ahnen wert!"

Der Markt ist das Forum des jenaischen Studententums. Jeder ordentliche Bursche muß hier seine drei Stunden täglich zubringen. Ganz bunt ist der alte Platz zur Mittagszeit von den vielen Mützen. In Gruppen und Farben gesondert, stehen die Verbindungen, „discurierend und disputierend" und die wichtigste Staatsaktion, die Mensuren, regelnd. Wie das Getriebe einer Börse sieht das aus. Rauchend sitzen einige Gruppen auf den Steinen der Haustürtreppen; andere ergötzen sich am harmlosen Ballspiel; noch andere haben Tische und Bänke hergeschleppt und trinken Kaffee und Bier. Bei schlechtem Wetter stehen die Gestalten, in Mäntel gehüllt, unter den Hallen des Rathauses; manch einer macht auch in den Kutschen, die ausgespannt vor dem Gasthaus zur Sonne warten, seinen Mittagsschlaf. / Und erst in der Neujahrsnacht! Da sind ganze Wagen voll Brennholz angefahren, und das Feuer lodert zusammen mit dem Brande leerer Pechtonnen himmelan. Gelächter und Singen aus allen erleuchteten Gasthäusern. Sonst ist der nächtliche Unfug mit zwei Talern sächsisch verpönt, wozu noch ein Taler acht Groschen Gerichtskosten kommen, / heute wagt sich kein Polizist herbei. Und immer toller steigt die Lust. Schwärmer und Frösche fliegen; aus Gewehren und

Piſtolen knallt es dazwiſchen. Und alle Studenten ſind jetzt Brüder und
betrinken ſich in brüderlicher Einigkeit; und jeder iſt voll von Seligkeit
und von Getränken. Keine Scheidung mehr zwiſchen den Parteien; aller
Hader und Sonderſinn iſt weggeſchwemmt. Feinde wallfahrten Arm in
Arm. Dieſer bittet jenem das zugefügte Unrecht ab. „Ein betrunkener
Altdeutſcher verſichert einen Landsknoten ſeiner Achtung, ſchiebt die
zwiſchen ihnen obwaltende Spannung lediglich auf die leidigen Verhält=
niſſe; ein Korpsburſche demonſtriert dort wankenden Burſchenſchaftern,
wie unſinnig manche ihrer Verordnungen, die feindlich zwiſchen beiden
Parteiungen ſtänden. Jeder will überzeugen, jeder ſieht dies und jenes
ein, aber doch bleibt alles / beim alten!“

Goethe ſprach einmal das Wort: „Ich habe Jena dreimal am Boden
und dreimal obenauf geſehen; es beſitzt eine ungeheure Vegetations=
kraft.“ Von dem Schlage, den die Univerſität durch Fichtes Weggang
einſt erhalten hatte, war ſie ſchnell geneſen; aus dem Zuſammenbruch in
der Napoleonszeit hatte ſie ſich allmählich auch wieder emporgerafft;
aber es dauerte doch lange, bis ihre zähe Natur die Folgen des Jahres
1819 überwand.

Seit 1826 beteiligten ſich neben Weimar und Gotha auch Altenburg
und Meiningen an den Koſten der Univerſitätsunterhaltung; aber es
blieb trotzdem Jena ſchlechter dotiert als die Hochſchulen der Nachbar=
ſchaft. Und dieſe waren auch dadurch voraus, daß ſie beizeiten ſich in das
große Eiſenbahnnetz hineinflechten konnten. Die Zahl der jenenſer Stu=
denten erhielt ſich bis zum Jahre 1836 auf fünfhundert; dann ſank die
Ziffer noch tiefer, und ſie betrug bis 1874 ſelten einmal über vierhundert.
Mit einem Male wurde das halbvergeſſene Städtchen von neuem ent=
deckt. Und die Schienengleiſe, die es nun mit Norden und Süden und
bald auch mit Weſten und Oſten verbanden, führten von Jahr zu Jahr
mehr Studenten heran. Es gab 1880 im Sommerſemeſter fünfhundert=
ſechsundvierzig Studenten, nach zehn Jahren ſechshundertneunundacht=
zig, nach abermals zehn Jahren achthundertſiebenunddreißig und 1905
zwölfhundertſiebenundfünfzig.

Der Zudrang war in alten Tagen, am Ende des ſiebzehnten Jahr=
hunderts einmal noch ſtärker geweſen, aber damals hatten ſich die zwei=
tauſend oder gar dreitauſend Jünglinge in den ſo engen Raum des alten
Stadtgebietes einfügen müſſen. Jetzt aber war auch die Zahl der Ein=

274

Kneipe in
Lichtenhain
1841
Zeichnung
von
C. Schultz
Lithographie

Jena
Städtisches
Museum

wohner gleichmäßig gewachsen. Als das neunzehnte Jahrhundert kam, waren es viertausend, nach fünfundzwanzig Jahren fünftausend, 1840 sechstausend, 1860 siebentausend, 1870 achttausend, und dann nach dem Bau der Eisenbahnen ging es in rascher Zunahme bis zu fast dreißigtausend.

Die Tore sind gebrochen, der Graben- und der Mauerring zersprengt, und aus dem alten Gassengeflecht und Häusergerage, wo einstmals das Glück im Winkel wohnte, dehnt sich junges Wachstum kraftvoll weit in Licht und Sonnenschein hinaus. Jena achtet seine Traditionen, aber es ist nicht in ihnen untätig stecken geblieben. Es fand die Sicherheit, das Überlieferte mit dem Geist des Fortschritts zu verquicken und neues Leben zu schaffen. Im hellsten Gegensatze spürt das Heute und das Gestern, wer alle die mannigfaltigen und weitläufigen Arbeitsstätten betrachtet, in denen die Gelehrsamkeit unserer Zeit webt und wirkt, die klinischen, anatomischen, physiologischen, physikalischen, chemischen, pharmazeutischen, mineralogischen, geologischen, zoologischen Institute, und darauf weiterwandert zu dem machtvollen Bau der neuen Universität, dann aber rückwärts sich wendet zu dem Kollegiengebäude, das 1861 erstand, und sich endlich in jene traumhafte Stille verliert, wo die Stiftung Johann Friedrichs geboren ward und wo die Wissenschaft ihr Genügen fand drei Jahrhunderte lang.

Die Stadt ist das halb berüchtigte, halb berühmte Jena nicht mehr. Aber es kommen Augenblicke, da alles das, womit die neue Zeit in ihrer raschen, dreisten Art die freundlichen Züge verwischen wollte, wie vor einem Hauch zerrinnt und die Seele der alten kleinen Studentenstadt wieder hervorkommt / und dann ist dieser Erdenfleck mit seinem sorgenlosen Übermut und seiner rührenden Schwärmerei, mit seinen Burschenliedern, seiner bunten Farbenlust und seinem unvertilgbaren Jugendsonnenschein doch, wie einst, „das liebe, närrische Nest".

In seinem konventionellen, zünftischen Wesen, in seiner Sonderwelt voll eigener Sitten und Ehrengesetze, voll alter Lieder und Melodien ist der Student noch immer im Grunde derselbe, der er vor vier Jahrhunderten war. Allein zwei Mächte haben in sein Leben eingegriffen, die einst in nebelhafter Ferne warteten, / die Freiheit unermüdeter wissenschaftlicher Forschung und das Bewußtsein einer Verantwortung vor dem Vaterlande.

Ein zweites Wartburgfest hat erst das Jahr 1848 gesehen. Das aber war ein demokratisches Studentenparlament, von zwölfhundert Mitgliedern der mannigfachsten Verbindungen beschickt, eine merkwürdige Blüte des tollen Jahres. Darüber lächelt heute die deutsche Studentenwelt, und sie hält sich an die besonnenen Worte, die ihr 1817 der Jenenser Oken auf der Wartburg zugerufen hat. Sie will nicht als eine politische Freischar in den Gang der Geschichte eingreifen, wohl aber mit freier Selbstbestimmung Männer bilden und Lehrer des Volkes. Die Liebe zum Vaterlande, die das Jahr 1813 in ihre Seele gesenkt hatte, blieb unangetastet im Wechsel der Zeiten, und das Hohelied von der Herrlichkeit des Deutschen Reiches klang in jeder schwärmenden Stunde. Und ob der Partikularismus der Deutschen sich hinter den buntesten Schlagbäumen verschanzte / die Studenten haben wohl alle alten Stammesnamen auf ihren Panieren, aber niemals die kleinstaatlichen Grenzen in ihrer Mitte gegeneinander aufgerichtet.

Auch die akademischen Lehrer wußten, daß es keine sächsische und keine bayrische und keine preußische Wissenschaft gab, sondern eine große deutsche; und der eigenartigen freien Universitätsverfassung sich wohl bewußt, haben sie immerdar deutschen Geist und deutsche Art gepflegt. Die Hochschulen sind so in allen Tagen politischer Kümmernis die Hochburgen des deutschen Gedankens geworden. Und mochte auch das Ausland über den schlafseligen deutschen Philister spotten, vor der Wachsamkeit der deutschen Universitäten ist es wohl auf der Hut gewesen.

Carl Augusts schlichtes und gutes Wort „Es ist mein Ehrgeiz, daß auf eine gründliche und des Ernstes des deutschen Nationalcharakters würdige Weise sich Licht und Wahrheit verbreite" ist für seine Universität der Lebensspruch geblieben. Wer heute durch die Straßen geht, dem dünkt sein Gang wie eine Wallfahrt, und er grüßt in Ehrfurcht alle die großen Namen, die hier Haus bei Haus in der Erinnerung geheiligt haben. Da reihen sich an die Männer der klassischen Zeit die Theologen Hase und Lipsius, der Nationalökonom F. G. Schulze, die Philosophen Fries und Kuno Fischer, der Pädagoge Stoy, die Historiker Luden und Droysen, die Germanisten Sievers und Kluge, der Botaniker Schleiden, der Chemiker Döbereiner und hundert andere in dichter Phalanx bis zu unseren Tagen, da Ernst Haeckel, der Begründer der Phylogenie und des biogenetischen Gesetzes, eine Macht für sich bedeutet.

In Jenas klassischen Tagen hatte die Philosophie die Krone der Gelehrsamkeit getragen. Den folgenden Generationen war als Aufgabe

erschienen, die Gedanken des kritischen und spekulativen Idealismus
weiter zu entwickeln und mit den frischen Erfahrungen des Jahrhunderts
in eine fruchtbringende Wechselwirkung zu setzen. So ging die Herr=
schaft von der Philosophie auf die Naturwissenschaften über.

Und in diesem neuen Königreich brachte das Streben, praktische Kul=
turwerte gemeinsam zu schaffen, zwei Elemente einander näher, die sich
bisher ängstlich gemieden hatten, die Wissenschaft und den Gewerbefleiß.

Aus einer wundersamen Verbindung wissenschaftlicher exakter For=
schung und technischer sorgsamer Hand= und Maschinenarbeit ging in
Jena die optische Fabrik des Mechanikers Carl Zeiß und des Gelehrten
Ernst Abbe hervor. Von einer bescheidenen Werkstätte, die mit drei
Fenstern nach der Straße sah, entwickelten sich die weitläufigen Anlagen,
die heute eine Weltstellung haben und den Namen ihres Gründers so
weit über alle Erdteile tragen, als Kultur und Wissenschaft dringen.
Ernst Abbe, der einst Universitätsdozent gewesen, sicherte das Unter=
nehmen vor privaten Spekulationen, indem er es 1891 in den Besitz der
von ihm 1889 gegründeten Carl=Zeiß=Stiftung übergehen ließ und die
Verwaltung der Firma in die Hände einer kollegialischen Leitung legte.
Ein großer Bruchteil des Gewinnes aber, der die vereinte wissenschaft=
liche und technische Arbeit lohnt, fließt als ein Zoll des Dankes der
Alma mater zu. Und das sind so reiche Mittel, wie sie nie und nirgends
in deutschen Landen ein Privatmann gespendet hat. Sie stärken der
Universität Jena die Kraft zum Wettlauf mit den anderen. Sie tragen
aber auch in ihre Physiognomie etwas hinein, was keine andere Hoch=
schule aufweist, etwas überraschend Neu=Soziales. Die patriarchalischste
aller Universitäten wird so zur modernsten.

Als 1858 die Universität ihr drittes Säkularfest feierte, ging am
15. August, einem Sonntag, am Vormittag der große Festzug von
der neuen Bibliothek den Fürstengraben hinauf nach der Johannisstraße
und durch diese nach der Michaeliskirche; und darauf nach der Beendi=
gung der Festpredigt, die der Geheime Kirchenrat Schwarz hielt, aus
der Kirche die Saalgasse hinab über den Löbdergraben und durch die
Löbdergasse zum Markt. Zu vieren schritten hinter dem Musikkorps die
Büchsenschützen, die Schulen, die Geistlichkeit, die städtischen Behörden,
die Zünfte und Innungen und bürgerlichen Vereine, das studentische
Präsidialkomitee mit der Universitätsfahne; dann, immer gruppenweise

278

von studentischen Ehrenmarschällen geleitet, die Festgäste, die großherzog=
lichen Behörden der Stadt, die Mitglieder des Oberappellationsgerichts,
die Deputationen der Universitäten, Akademien und Gymnasien und die

eingeladenen Ehrengäste, die Mitglieder der großherzoglichen und herzoglichen Ministerien mit dem Kurator, das corpus academicum und zum Schluß die Studentenschaft mit den alten Kommilitonen. Auf dem Marktplatze leuchtete da in frischer Bronze das Standbild Johann Friedrichs des Großmütigen. Mit Bibel und Schwert hat ihn Drake hingestellt. Und der treffliche Kurator Seebeck, dessen feiner Bildung und gut deutscher Gesinnung Bismarck stets so gerne in Freundschaft gedachte, sprach die Festrede bei der Enthüllung und schloß: „Wie er bis heute im Herzen des Volkes lebt, so durch die schaffende Kunst des geistverwandten deutschen Meisters neu vergegenwärtigt, stehe Johann Friedrich hier auch noch den spätesten Enkeln mahnend und ermutigend vor Augen / Gottes Wort am Herzen, seine Hoffnung im Herrn, für Wahrheit und Recht unerschütterlich fest, in echter deutscher Art ein Fürst, ein Mann!“

Erst das Jahr 1870 rief die Studenten wieder zu einer vaterländischen Tat. Sie versagten nicht. Zwei Fünftel der immatrikulierten Jenenser zogen in den Krieg.

Als der alte Kaiser nach dem Frieden eine Gesandtschaft der Berliner Universität empfing, sagte er: „Die große geistige Kraft und Bildung ist in diesem Kriege glänzend hervorgetreten, nicht nur in den gebildeten Elementen der Armee, sondern auch in dem gemeinen Mann. Das letztere ist aber nur dadurch möglich geworden, daß in den höheren Kreisen, von denen die eigentliche Hebung der Wissenschaft und des geistigen Lebens ausgeht, der rechte Sinn und Geist herrscht.“ Und als im Jahre 1885 Bismarck in einer Reichstagsrede klagen mußte, daß der nationale Gedanke im Volke schon wieder an Boden verlöre, durfte er doch von der studentischen Jugend rühmend sagen, daß in ihr eine großartigere Auffassung des nationalen Lebens herrsche als in der älteren Generation. „Lassen Sie uns einmal erst gestorben sein,“ rief er, „dann wird man es sehen, wie Deutschland in Flor kommt. Die Jugend, das ist die Hoffnung, in der ich ruhig sterben werde!“ Daß beide, der große Kaiser und sein großer Kanzler, so von ihren Studenten sprechen konnten, das mußte den alten Fichte noch im Grabe freuen.

Wer zu dem Denkmal Johann Friedrichs aufblickt, dem fällt hier zunächst das ein, was er für Jena gewesen ist: Aber den Markt schmückt noch ein anderes Monument, der Brunnen mit Hildebrands Bismarckrelief. Und der steht hier um dessentwillen, was der Held für das große

Vaterland getan hat. Johann Friedrich trägt den Kurmantel und hat
den Kurhut aufgesetzt; allein, was er zu Jenas Ruhm schuf, geschah im
Exil; und im Exil war auch der Kanzler, als Jena ihn mit aller Wärme
des thüringischen Herzens zu Gaste lud, ein Zeugnis vor der ganzen
Welt, daß Bürger und Studenten in Mannestreue zu ihm halten wollten.
Da sahen wieder einmal, wie einst in der schönen Vergangenheit, aller
Augen auf die kleine Universität, die mit ihrer impulsiven Begeisterung
den größeren voranging. Man wußte, daß Bismarck schon vor sechzig
Jahren als Göttinger Student nach Jena gekommen war, um eine Mensur
auszufechten, daß aber die akademischen Behörden ihn noch vor der voll-
brachten Tat ausgewiesen hatten. Als Gast der Franken hatte er damals
in der „Rose" gesessen. Nun, am 30. Juli 1892, gegen Abend, fuhr er
durch eine Triumphstraße nach dem „Bären". Hier hieß ihn der Prorektor mit den vier Dekanen und den Professoren im Namen der Universität willkommen und sprach dabei: „In dem Hause, in dem einst
der reformator ecclesiae gewohnt, dürfen wir heute den reformator germaniae begrüßen. Die Jahrhunderte reichen sich die Hand, und die
leuchtende Fackel der Vaterlandsliebe, die vor drei Jahrhunderten ein
Deutscher entzündete, ist unverlöscht in die Hand des Deutschen über-
gegangen, dem wir heute die Versicherung unserer treuen Verehrung dar-
bringen." Dann antwortete Bismarck und gedachte rückschauend auch
der Stunde, da Jenas Name das Stichwort der tiefsten Erniedrigung
des Vaterlandes war, und sprach: „Selbst diese Schlacht bei Jena war
notwendig, wenn die geistige Reaktion in Preußen erfolgen sollte, wenn
das in Preußen überhaupt möglich sein sollte, was ich erstrebte, das
heißt, ein königlich preußisches Heer in den Dienst der nationalen Idee
zu stellen. Das alte fridericianische Heer wäre schwerlich ein Pfleger
des heutigen verfassungsmäßigen und nationalen Staatslebens gewesen!" Es stand auch der Senior der Universität, der alte Stickel,
unter den Professoren; der sagte, als Bismarck zu ihm trat: „Ich habe
Napoleon I. noch gesehen, Deutschland im Zustande tiefster Erniedrigung.
Ich habe Goethe gekannt und damit Deutschland auf der Höhe der
literarischen Entwicklung und sehe nun in Ew. Durchlaucht den, der
unser Vaterland auf den Gipfel politischer Entwicklung gehoben hat."
Als das Dunkel kam, flammten die Freudenfeuer rings auf den Bergen
von der Leuchtenburg bis zur Dornburg hin. Am nächsten Morgen war
ein Sonntag. Der Marktplatz hatte sich zur grünen Festhalle geschmückt,

und Kopf an Kopf erfüllten ihn 15 000 Menschen, ein einziger Körper jetzt, durchschauert von dem Gefühl, Zeuge eines großen Augenblicks zu sein.

„Mag auch unsere beinahe tausendjährige Stadt" / sagte der Bürgermeister in seiner Begrüßung zum Fürsten / „mit ihren festen Türmen und Toren, den ehrwürdigen Kirchen und Klöstern, dem altersgrauen Rathause, den zahlreichen mächtigen Burgen auf den Bergen in der frühesten Zeit nicht ohne Bedeutung für das Thüringerland gewesen sein, wir wissen doch, daß seit dem Zeitalter der Reformation der politische Einfluß unserer Stadt geschwunden ist und wir uns nur freuen konnten an dem Glanze, der mit der Universität und ihren Sternen über uns aufgegangen war."

Wo heute der Brunnen fließt, stand damals zur Mittagsstunde unter einem Zeltdach Bismarck, umbraust von dem Jubel des treuen Volkes, und aus den Studentenliedern klang ein frohes Grüßen zu ihm her, und er sah voll Zuversicht über alle die bunten Mützen dahin / sein junges, starkes Deutschland.

Halb Spiel, halb Ernst / dies Nebeneinander ist das Studentenleben. Aber es ist auch noch ein andres: ein Zusammenwirken von Gelehrsamkeit und moralischer Kraft / ein Geist der Wissenschaft, der Schächte in alle Tiefen gräbt und dann wie ein Adler zu stolzen Höhen fliegt, / und daneben eine unzerstörbare altgermanische Freude am blanken Schwert, ob es nun zum Zweikampf blinkt oder zum heiligen Krieg. Solche Mischung ergibt allemal eine jener feinen Lebensformen, die das Dasein glücklich machen. Und eine Bürgschaft für die Zukunft des Volkes liegt auch darin, solange diese Mischung ihre rechten Bestandteile wahren kann.

Die mittelalterliche Landstadt 2
Die germanisch-slawische Grenzwehr (2). Grundlage der Stadtkultur (2). Die alte
Siedelung (3). Die Landstadt ohne Zukunft (3). Der Anbau der Landschaft. Der
Weinbau (4). Die Grundherren (6). Die Bürgergemeinde (6). Das Bild der mittel-
alterlichen Stadt (7). Der Siedelungsplan (7). Die Mauern und Tore (8). Die
Trümmer (10). Der Reiz des Alten (10). Schloß, Markt, Rathaus, Michaeliskirche,
Bürgerhäuser (11—13).

Das Werk Johann Friedrichs und seiner Söhne / 1548—1558 . 14
Der Eintritt des Namens Jena in die Literatur (14). Die erste Idee der Akademie-
gründung (15). Die Qualifikation der Stadt (15). Steine des Anstoßes (16). Melanchthon
(16). Stigel und Strigel (17). Das alte Heim der Akademie (20). Die erste Weihe
1548 (21). Die Tendenz der Stiftung (22). Der Kurfürst besieht sein Werk 1552 (23).
Der Weiterbau der Söhne (24). Das kaiserliche Privilegium (24). Der verdienstvolle
Professor Schröter (25). Die Vollendung 1558 (26). Die Weihe (27). Festlich-
keiten (28).

Gelehrtenleben und Studententum in Jena bis zum großen Kriege 29
Der Geist der deutschen Universitäten im sechzehnten Jahrhundert (29). Das Erstarren
der humanistischen Bewegung (30). Der Wissensstoff (30). Das Latein. Die Rhetorik.
Aristoteles (31). Die Fakultäten (33). Archaismus (33). Der Typus des Professors
in der zweiten Hälfte des sechzehnten Jahrhunderts (34). Der Gelehrte wird Beamter
(35). Toleranz und Obskurantismus (37). Flacianismus (37). Dumpfes Gelehrten-
tum (39). Justus Lipsius (40). Materieller Druck (41). Soziale Entartung (42). Der
Typus des Studenten im sechzehnten Jahrhundert (42). Aus dem Klösterlichen ins
Bürgerliche gesetzt (44). Modetracht (44). Frequenz der Jenaer Universität (45).
Lebenspreise (46 u. 49). Studentenleben (46). Das Gängelband (48). Studenten und
Philister (49). Der Grobianismus (51). In taberna mori (52). Die Deposition (53).
Der Pennalismus. Schoristen und Füchse (57). Cornelius (59). Kämpfe gegen den
Pennalismus (60).

Gelehrtenleben und Studententum in Jena vom großen Kriege bis zur
klassischen Zeit 62
Jena im Kriege (62). Die Universität im Kriege (63). Johannes Gerhard (63). Die
Dekadenz der Kultur und die Gesundung (64). Jena als herzogliche Residenz (65). Der
Barockgelehrte (67). Der Galanthommegelehrte (69). Der alte theologische Hadersinn (69).
Der neue Geist der Toleranz (70). Das neue Bildungsideal der Menschheit (72). Der
Ausgleich der Gelehrsamkeit mit dem Leben (73). „Bericht von der Didactica oder Lehr-
kunst Wolfgangi Ratichii" (73). Das Ende der Alleinherrschaft des Lateinischen (74).
Die Realien an der Universität Jena (75). Werner Rolfinck (75). Der botanische
Garten (76). Erhard Weigel (76). Der Geist des Modernen in Jena (79). Pufendorf
und Leibniz (79). Die Befreiung der Philosophie (80). Le parfait homme sage (81).
Das Bürgerrecht der Muttersprache (81). Die Begründung der Deutschen Gesellschaft
in Jena (81). Der Rationalismus in Jena (82). Der Rest des Aberglaubens (84). Die
Teufelsbeschwörung 1715 (84). Der Typus des Studenten im siebzehnten Jahrhundert (85).

Dandy und Kraftburfche (86). Ein jenenfer Student 1631, Eberhard Wolff von und zu Todenwarth (86). Studenten und Philister (87). Faulheit, Unfittlichkeit (89). Trinkfitten (90). Tabakrauchen, Mufizieren, Körperübungen (90). Der Fechtmeifter Wilhelm Kreußler (92). Renkontres (93). Mandate gegen den Zweikampf (93). Soziale Abfonderungen im Studententum (95). Das Entftehen der Nationalitäten, Landsmannfchaften (97). Der Typus des Studenten im achtzehnten Jahrhundert (97). Die feine Conduite (97). Allongeperückenherrlichkeit (98). Der galante Student (100). Petitmaitres und Renommiften (100). Frequenz im achtzehnten Jahrhundert (103). Der junge Fuchs zieht ein (103). An der Delmühle (104). Nationalitätenverbindungen in Jena (105). Akademifche Geheimbündelei und Ordenswefen (106). Jenaifche Studentenherrlichkeit im achtzehnten Jahrhundert (108). Hofpize, Bierdörfer, Hazard, Schlittenfahrten, Raufhändel (109). Auf dem Markt. Krawalle, Schulden, Bußtränen (112). Der bemofte Burfche zieht aus (114). Das Stiftungsfeft 1758 (115). Die Ernüchterung (119).

Jena in der klaffifchen Zeit / Das alte Jena und das neue Gefchlecht 120
Dichten und Denken (120). Das droit de souveraineté der Profefforen (121). Vom Brotftudium zur freien Wiffenfchaft (121). Der Univerfitätsbereifer Gedike (121). Das Leben in Jena (122). Die Stadt innen und außen nach den gleichzeitigen Berichten (123). Die Zeit des Rokoko und der Empfindfamkeit (125). Der Typus des neuen Studenten (126). Die Roheit flieht (127). Der Humanitätston (128). Freiheit und Vernunft im neuen ftudentifchen Sittengefet (129). Reformbeftrebungen, Antiduell-Liga (129). Mißgriff der Regierung (130). Der Exodus nach Nohra 1792 (131). Die Landsmannfchaften florieren wieder (132). Studententrachten in Jena um 1800 (133). Carl Auguft und die anderen herzoglichen Schützer der Univerfität (135). Einfluß der franzöfifchen Revolution, Humanität und Liberalismus (136). Glückliche Konftellation (137). Gelehrte Sonderlinge (137).

Drei Erzieher zur deutfchen Bildung: Reinhold, Fichte, Schelling 138
Reinhold. Die „Kantifche Morgenröte" (139). Reinholds Vergangenheit (139). Seine Perfönlichkeit (141). Seine Macht über die Studenten (141). Die Anhänglichkeit der Studenten (142). Fichte. Seine Perfönlichkeit (143). Er rüttelt die Studenten auf (144). Der Glaube an Fichte (145). Sein Kampf gegen ftudentifche Vorurteile (147). Fichte im Atheismusftreit (148). Die Haltung der Studenten bei feinem Weggange (149). Schelling. Sein Vortrag (151). Seine Perfönlichkeit (152). Das Beftrickende feiner Lehre (153). Der Eifer der Studenten (154). Seine Stellung zu den Studenten (155).

Schiller und fein Kreis in Jena 156
Schillers Profeffur (156). Sein Empfang (157). Seine Dozententätigkeit (158). Das „akademifche Karrenführen" (159). Er fcheitert als Profeffor (160). Schiller im Verkehr mit der Jugend (160). Schillers gute Tage in Jena (161). Er verliert die Fühlung mit den Studenten (162). Schillers materielle Lage in Jena (163). Die Schrammei, die Wohnung am Markt und am Löbdergraben (163). Das Gartenhaus (164). Schillers Erfcheinung (166). Schiller in der Jenaer Gefellfchaft (166). Sein Urteil über die Gefelligkeit (167). Griesbachs Haus und fein Kreis (168). Schillers Verkehr mit Paulus, Schütz, Fichte, Schelling (172). Verkehr mit Wilhelm von Humboldt (175). Schiller geht den Menfchen aus dem Wege (176). Sein Überdruß an Jena (177).

Der Kreis der Romantiker in Jena 178
Studenten und Philifter in romantifcher Auffaffung (178). Fichtes Naturphilofophie

ebnet den Boden für die Romantik (179). Das große Jahr der Romantik 1799 (179). Die beiden Schlegel, Tieck, Novalis, Schelling, Ritter, Gries, Steffens (180). Das Jugendliche in der Romantik (183). Die Feindschaft Schillers (184). Die Freundschaft Goethes (184). Das Programm der Romantiker in Jena (185). Das Athenäum (186). Die Fragmente Friedrich Schlegels (186). Die Wirkung der Romantiker auf die studentische Jugend (187). Karoline (187). Dorothea (191). Die romantische Lebensgemeinschaft (192). Das Interieur und die Mode (192). Auguste Böhmer (193). Das Wilhelm-Meister-Dasein (194). Wie die schönen Tage vergehen (194). Der Frühling in Jena (198). Die Ethik der Romantiker (199). Ausgang und dauernde Wirkung (200).

Goethe und sein Kreis in Jena 202
Goethes Behagen an Jena (202). Flucht aus dem Geheimrätlichen (203). Goethes Wohnungen in Jena (204). Wie er in Jena lebte (206). Sein Hausgerät (206). Die „jenaische absolute Stille" (207). Goethes naturwissenschaftliche Studien (207). Goethe und Schelling (208). Schiller und Goethe / der große Moment (209). Goethes Verkehr im Knebelschen Hause (209). Sein Verkehr im Frommannschen Hause (213). Minna Herzlieb (214). Goethe im Prinzessinnengarten (219).

Die Napoleonszeit in Jena 220
Im Reich der Träume (220). Weltbürgersinn und Spießbürgergeist (221). Der Rückgang der Universität (222). Wallensteins Lager in Wirklichkeit (224). Die Preußen in Jena (224). Die Franzosen kommen (225). Der Schrecken (225). Die Katastrophe (226). A la guerre (228). Napoleons Protektion (230). Die Ermattung (230). Die „morsche jenaische Verfassung" (231). Die Jagd auf dem Windknollen (234).

Das Jahr 1813 als Erzieher 235
Die Not und die Schule des Lebens (235). Die vaterlandslose Jugend (236). G. W. F. Hegel in Jena (237). Studentische Tändeleien (239). Der Terrorismus der Landsmannschaften (240). Ludens Vorlesungen (241). Das Erwachen der Träumer (242). Die französische Retirade (243). Der neue Geist (244). Der Auszug der Studenten 1813 (245). Die Alma mater gürtet ihre Söhne zum Kampfe (245). Der Aufruf des Herzogs Carl August (246).

Die Universität Jena und das neue Vaterland 247
Neue Ziele (247). Erziehung zur Selbständigkeit und Freiheit (248). Auflösung der Landsmannschaften in Jena (249). Die Begründung der Burschenschaft 1815 (250). Das Vaterland im Bewußtsein der Studenten (253). Die Feier auf dem Eichplatz 1816 (254). Die Loyalität der Studentenschaft (255). Carl Augusts Liberalismus (255). Die Wartburgfeier (256). Die Stiftung der Allgemeinen Deutschen Burschenschaft in Jena 1818 (258). Carl August schützt die Burschenschaft (259). Die deutschtümelnde Richtung (260). Die Denkschrift Sturdzas (261). Karl Ludwig Sand (262). Die Verfolgung (263). Oken, Fries, Luden (263). Die Auflösung der Burschenschaft in Jena 1819 (268). Die Trümmer (268). Demokratische Tendenzen in der Burschenschaft (270). Landsmannschaft, Korps, Burschenschaft (270). Der Typus des „Haupt-, Bier- und Raufhahns" (271). Studentische Art und Sitte in Jena (272). Auf dem Jenaer Marktplatz (273). Die Frequenz im neunzehnten Jahrhundert (274). Das Wachsen der Universität (276). Die Universität und der nationale Gedanke (277). Der Lebensspruch (277). Wissenschaft und Gewerbefleiß im Bunde. Ernst Abbe (278). Das Säkularfest 1858 (278). Im neuen Deutschen Reich (280). Bismarck in Jena 1892 (281).

Verzeichnis der Abbildungen

Portraits

	Seite
Bernhard, Herzog	66
Böhmer, Auguste	194
Buddeus, J. F.	71
Carl August	136
Döderlein, J.	173
Eichhorn, J.	172
Fichte, J. G.	111, 150
Flacius, M.	38
Fries, J. F.	265
Frommann, K. F. E.	216
Griesbach, J. J.	170
Hardenberg (Novalis)	196
Hegel, G. W. F.	237
Heider, W.	17
Herzlieb, M.	217
Humboldt, W. v.	175
Karoline	189
Knebel, K. L. v.	211
Kreußler, W.	93
Lipsius, J.	10
Luden, H.	267
Luther, Martin	36
Melanchthon	18
Novalis s. Hardenberg	
Oken, L.	264
Paulus, H. E. G.	174
Reinhold, K. L.	110
Schlegel, A. W.	183
„ Friedrich	182
Schelling, Fr. W.	150, 152
Schnepf, E.	22
Schröter, D. J.	25
Stahl, D.	70
Tieck, L.	199
Walch, J.	117
Weigel, E.	77

Aus dem Studentenleben

	Seite
Burschenschaftsfahne und -schwert	251
Burschenschaftsfest	257
Christnachtstragödie	81
Comitat	269
Depositionsszenen	31, 36
Examenskommission	83
Feier auf dem Marktplatz	133
Friedensfest	105, 252, 253
Fuchsankunft	101
Gelehrter, Beschäftigter	35
Hospiz	107
Kneipe in Lichtenhain	275
Kneiperei	272
Konzert auf dem Markt	112
Naturhistorisches Kabinett	71
Promotion	29
Prorektoratswechsel	211
Rauhtal, Vergnügungen im	110
Rektor magnificus	68
Revolte auf dem Marktplatz	130
Rhetorik, Allegorie auf die	32
Sand im Gefängnis	262
Schlittenfahrt	111
Scholaren, Singende	52
Serenade	201
Studententrachten	48, 50, 91, 96, 101, 109, 131, 260
Studentenbude	273
Universitätslehrer beim Unterrichte	43
Vita Corneliana	58, 59, 91
Wiederkunft an der Ölmühle	132
Zweikampf auf dem Markt	113

Ansichten und Kriegsszenen

Jena

	Seite
Ansichten	9, 13, 62, 99, 120
Burgkeller	217
Frommannsches Haus	218
Fuchsturm	178
Fürstengraben	122
Griesbachscher Garten	168

Seite

Jena

Grundriß ... 8
Johann-Friedrich-Denkmal ... 279
Landgrafen, Der ... 220
Löbder Tor ... 202
Marktplatz ... 11, 138
Paradies ... 125
Schillers Garten ... 156, 163
Tanne, Gasthaus zur ... 205

Seite

Universität, alte ... 11
Weigelsches Haus ... 78
Zwätzen ... 127

Brand in der Johannisgasse ... 227
Lützowsche Jäger, Einsegnung ... 235
Napoleons Rückzug ... 213
Schlachtfeld ... 233
Stadtkirche, Wachtfeuer an der ... 229

Das Titelbild „Johann Friedrich der Großmütige"
ist nach dem Gemälde von Tizian in der Kaiserl.
Gemäldegalerie zu Wien reproduziert. (Verlag
Franz Hanfstaengl-München)

Den Druck besorgte die Frommannsche Buchdruckerei in Jena
und F. H. Ehmcke in Düsseldorf zeichnete Titel, Initialen und
Leisten / Die Bilder sammelte Eugen Diederichs / Es wurden
50 Abzüge auf Kunstdruckpapier zum Preise von fünfzehn Mark
für jedes Exemplar hergestellt / in Ganzpergament gebunden und
handschriftlich numeriert